아산재단 연구총서 제467집

대한민국에서 난민으로 살아가기

의미 탐색과 정책 과제

대한민국에서 난민으로 살아가기: 의미 탐색과 정책 과제

This Edition was published by Jipmoondang in 2020, Seoul, Korea.

아산재단 연구총서 第467집

대한민국에서 난민으로 살아가기

의미 탐색과 정책 과제

박순용
서정기
박진숙

집문당

박순용(朴淳庸) 인류학 박사(Ph. D., Anthropology, University of Wisconsin-Madison)
(전) 한국 교육인류학회 회장
한국 국제이해교육학회 회장
유네스코 아시아태평양국제이해교육원(UNESCO-APCEIU) 이사
하버드대학교 옌칭연구소(Harvard-Yenching Institute) 방문 교수
연세대학교 교육과학대학 교육학부 부교수

서정기(徐禎基) 연세대학교 교육학 박사(Ph.D.)
연세대학교 교육연구소 전문연구원
회복적정의 평화배움연구소 에듀피스 대표
(전) 연세대학교 교육학과 겸임교수

박진숙(朴眞淑) 연세대학교 아동가족학 석사
라브리공동체 간사 역임
에코팜므 설립, 대표 역임/현 이사
난민 인권활동가

아산재단 연구총서 제467집

대한민국에서 난민으로 살아가기: 의미 탐색과 정책 과제

2020년 12월 30일 1판 1쇄

저자 | 박순용, 서정기, 박진숙
발행인 | 임동규
발행처 | **(주)집문당**
등록 | 1971. 3. 23. 제2012-000069호
주소 | 03134 서울시 종로구 돈화문로 82, 5층
전화 | +82-1811-7567
이메일 | sale@jipmoon.com
홈페이지 | www.jipmoon.com

ISBN 978-89-303-1891-4 94300
978-89-303-1500-5(세트)

가격 13,500원

이 도서의 국립중앙도서관 출판시도서목록(CIP)은 e-CIP홈페이지(http://www.nl.go.kr/ecip)와 국가자료공동목록시스템(http://www.nl.go.kr/kolisnet)에서 이용하실 수 있습니다.
(CIP제어번호: CIP2020051946)

머리말

몇 해 전 우리나라에 정착하려 하는 난민의 실태에 대한 발표를 학술대회에서 한 직후 질의응답 시간에 난민문제는 정치적인 해법 외에 과연 어떤 해법이 있겠는가를 질문받은 적이 있다. 그때 나는 수용국에서 보편적 인권보장의 차원에서 난민문제를 접근하고 난민의 입장에 서서 바라보며 꼬인 실타래를 풀어가듯 세심하고 조심스럽게 사례별로 한 건, 한 건 다루어 나가야 한다고 대답했다. 이와 더불어, 더 거시적으로는 난민이 애초에 발생한 원인을 짚어보고 근본적인 대책을 국제적 공조를 통해 그 원인을 제거하는 방향으로 만들어가야 한다는 점을 강조했다. 그런데 학술대회를 마치고 오른 귀갓길에 내가 답변한 내용 중 '난민의 입장에 서서'라고 한 말이 자꾸만 머릿속에 맴돌았다. '난민의 입장'을 너무 쉽게 말한 것은 아닐까? 난민이 짊어지는 삶의 무게를 너무 가볍게 표현한 것은 아닐까? 과연 평생 가꾼 삶의 터전을 뒤로하고 환영받지 못하는 낯선 곳으로 아무런 기약 없이 떠나는 마음을 알 수 있을까? 이때 언뜻 떠오른 생각은 바로 우리 부모님도 해방 직후 불행하게 맞이한 한국전쟁의 와중에 난민의 경험을 불가피하게 하셨다는 점이다. '피난민' 또는 '실향민'이라는 용어로 전쟁경험의 피해자로 통칭되는 부모님 세대와 조부모님 세대는 사실상 전쟁 난민으로서 혼란과 트라우마의 과정을 고스란히 경험한 세대이다. 개인적으로는 전쟁 중 잃어버린 친척, 친지들에 대한 그리움, 강제이주 과정과 피난처에서의 고생에 대해 익히 들은 바가 있지만 나는 그냥 어른들의 옛날이야기로만 들었던 것 같다.

돌이켜보면 난민의 경험을 몸소 체험한 분들과 한 가족으로 살아왔는데 정작 이러한 가족 생애사적 주요경험은 간과하고 난민 문제를 먼 나라에서 온 분들의 문제로만 접근한 데 대해 반성하며 '난민의 입장'에 조금 더 다가갈 수 있는 연결고리를 찾은 것만 같았다. 이 책 또한 독자들이 '난민의 입장'을 보다 더 이해할 수 있도록 하는 데 보탬이 되었으면 하는 마음으로 써나갔다. 난민에 관한 연구를 구상하는 단계에서부터 난민의 삶을 근거리에서 조망할 방법을 고민했고 그 결과 우리나라에서 삶의 터전을 마련하기 위해 버거운 하루하루를 보냈을 난민신청자와 난민지위 인정자의 실제 모습을 찾아 담기로 했다. 이들의 이야기는 개인사를 넘어 지구촌의 역사이자 이 시대의 증언이기 때문이다. 이러한 미시적인 접근과 더불어 오늘날 지구촌의 난민 문제를 21세기 인류의 현주소를 진단하는 차원에서 거시적으로 바라보려고 노력했다.

오늘날 분쟁, 정치적 박해, 환경 파괴, 경제적 고통 등으로 강제이주를 경험하며 난민으로 전락한 지구촌의 인구는 2019년 집계된 통계로 79,500,000명에 이른다.[1] 이는 불가피한 사유에 의한 비자발적 이주에 대해 통계가 집계된 이래 가장 높은 수치를 기록한 것이다. 우리나라의 경우 1994년에서 2019년 사이에 64,358명의 난민신청을 접수했고 그 가운데 1,015명만이 난민지위를 얻었다. 2019년 한 해만을 놓고 볼 때 15,452명이 난민지위를 인정받고자 하였으나 0.4%에 해당하는 79명만이 인정되었다.[2] 유럽연합(EU)의 2019년도 난민 인정률이 33%임을 감안할 때, 소위 선진국 반열에 오른 대한민

1) UNHCR, Global Trends 2019.
2) 법무부 2020년 3월 자료.

국의 난민 수용률은 낯부끄러울 정도로 지나치게 인색하다. 혹자는 북한이탈 주민도 사실상 난민의 범주에 속하기 때문에 이 수치도 포함되어야 한다고 하고, 또 다른 이들은 민족주의 정서에 기반한 국가 교육이 '우리'와 '타자(他者)'에 대한 이분법적 경계 짓기를 공고히 한 결과라고도 한다. 또한, 난민법은 제정되었으나 난민 수용의 범위와 기준에 대한 사회적 합의가 불충분했다고 보는 사람들도 있다. 어찌하였든 난민을 대하는 경계심리와 감정적 연민이 복합적으로 작용하는 집단 정서가 이성적인 수용논리를 구축하는 데 분명히 영향력을 행사한다고 볼 수 있다. 대표적인 사례로 2018년, 500명이 넘는 예멘인들이 무비자 입국이 가능한 제주도로 입도해 이 중 484명이 난민신청을 하면서 이를 계기로 그동안 우리 사회에서 별다른 이목을 끌지 못했던 난민 수용에 대한 이슈가 주요 화두로 급부상했다. 뒤이어 곧바로 찬반 논란이 거세게 일었으며, 청와대 국민청원 게시판에 난민신청 허가폐지 청원이 올라와 청와대 답변 필요 수인 20만 명을 단기간에 뛰어넘어 무려 70만 명의 동의를 얻기도 했다. 결과적으로 2명의 언론인 출신만 난민지위를 획득하게 되었으며 412명이 인도적 체류허가를 얻는 선에서 일단락되었으나 난민 수용의 명분과 논리에 대한 우리 사회의 논란은 이후에도 이어지고 있다.

나라 밖으로 눈을 돌리면 그동안 난민 수용에 비교적 포용적인 태도를 보였던 것으로 알려진 독일과 프랑스 등 유럽연합 국가들의 수용양상이 변화하고 있다. 일단, 지난 10년간 자국 인구 대비 난민 수용 비율이 가장 높은 나라 10개국을 추려보면 유럽연합 국가는 9위의 스웨덴(2.7%)을 제외하고는 전무하다.[3] 유럽에서는 급증하는 난민

3) Norwegian Refugee Council(NRC), Global Displacement Overview 2020.

과 이민자 때문에 최근 몇 년간 반난민 정서와 난민 혐오가 오히려 확산하는 우려스러운 추세를 볼 수 있다. 미국의 경우 45대 대통령인 도널드 트럼프는 재임 기간 내내 미국의 건국이념을 훼손한다는 비판을 들으면서까지 공공연한 반난민 행정명령과 정책을 강행했다. 이러한 가운데 코로나-19(COVID-19)로 인해 국경통제가 전례 없이 강화되면서 난민들을 더욱 어려운 상황으로 내몰고 있다. 난민 수용캠프 또한 집단감염의 위험으로 위태로운 상황에 놓여 있는 가운데 이들을 돌봐야 할 국제사회는 온통 자국 내의 감염병 확산 추이에 주의를 기울이면서 난민에 대한 관심사가 멀어지고 있다.

이처럼 국내외 상황이 난민 문제를 더욱 어렵게 만들고 있다. 그러나 무엇보다 걱정되는 것은 난민에 대한 지속적인 무관심이다. 언론에 잠깐씩 보도되는 난민의 참상은 이내 잊히거나 먼 곳의 일이 되어 버린다. 이 책은 2020년에 8천만 명을 넘어설 것으로 추산되는 전 세계 곳곳의 난민들이 잊히지 않기 위한 작은 기록으로 남기기 위해 제작되었다. 아산사회복지재단의 지원으로 진행한 연구의 결과를 책으로 다시 수록하는 작업이 탈고까지 유난히 긴 시간이 걸렸음에도 더 많은 이야기를 담지 못한 아쉬움이 남는다. 이런 아쉬움을 원동력으로 관련 주제의 새로운 연구를 가까운 미래에 구상하고자 한다. 연구와 집필에 함께 참여해 준 든든한 지원군인 서정기 박사와 박진숙 대표의 노고에 감사하고 오늘도 어려움 속에 하루를 버티고 인내하는 지구촌 곳곳의 난민에게 경의를 표한다.

2020년 11월 29일

박순용 씀

차 례

제1장 서 론 · 1

1. 연구의 목적과 필요성 ··· 3
2. 이론적 배경 ··· 7
   1) 난민의 개념과 분류 ··· 7
   2) 선행연구 고찰 ··· 9
3. 연구 범위 및 내용 ··· 20

제2장 난민 현황 및 실태 · 23

1. 난민의 역사 및 현황 ··· 25
   1) 한국의 난민 현황과 분석 ··· 25
   2) 한국의 난민인정 절차 ··· 30
2. 난민의 인권 실태 ··· 33
   1) 난민의 권리에 대한 국제기준 및 국내법 ··· 33
   2) 난민지위인정절차에서의 인권침해 ··· 35
   3) 경제 · 사회 · 문화권과 관련된 인권침해 ··· 38
3. 난민의 사회경제적 삶의 모습 ··· 46
   1) 차별 ··· 46
   2) 경제적 어려움 ··· 48
   3) 주거문제와 난민지원센터 ··· 50
4. 난민의 심리·정서적 문제 ··· 53

5. 난민의 민관 지원 단체 사업과 활동 ······ 57
1) 민간단체의 지원활동 ······ 57
2) 정부의 지원활동 ······ 60
3) 국제기구의 지원활동 ······ 60

제3장 난민으로 살아가기 경험에 대한 현상학적 이해 · 63

1. 난민으로 살아가기 경험에 대한 현상학적 연구 ······ 65
1) 우리나라 난민 약사(略史) ······ 65
2) 연구방법 ······ 70
2. 난민으로 살아가기 경험: 치타공 산악지역 줌머(Jumma) 난민을 중심으로 ······ 76
1) 연구방법 ······ 76
2) 연구결과 ······ 79
3) 소결 ······ 98
3. 난민으로 살아가기 경험: 콩고 난민을 중심으로 ······ 100
1) 연구방법 ······ 100
2) 연구결과 ······ 104
3) 소결 ······ 138

제4장 난민들을 위한 국내외정책 및 제도에 대한 사례조사 · 143

1. 서 론 ······ 145
2. 일본의 난민 정책 ······ 147
1) 최근 난민 동향 ······ 147
2) 난민인정제도 ······ 152
3) 난민지원제도 ······ 154
4) 일본의 난민제도의 특징과 시사점:

인도적 지위 인정으로 불법체류 예방 …… 156
3. 미국의 난민 정책 …… 157
1) 최근 난민동향 …… 157
2) 난민인정제도 …… 160
3) 난민지원제도 …… 163
4) 미국의 난민제도의 특징과 시사점:
난민불인정자에 대한 인권보호 노력 …… 165
4. 영국의 난민제도 …… 167
1) 최근 난민동향 …… 167
2) 난민인정제도 …… 168
3) 난민지원제도 …… 171
4) 영국 난민제도의 특징과 시사점:
지방 분산화와 신속절차 소송 …… 172
5. 호주의 난민제도 …… 175
1) 최근 난민동향 …… 175
2) 난민인정제도 …… 176
3) 난민지원제도 …… 180
4) 호주 난민제도의 특징과 시사점:
취업허가 요건 및 기간의 탄력적 운영 …… 182
6. 프랑스의 난민제도 …… 184
1) 최근 난민동향 …… 184
2) 난민인정제도 …… 186
3) 난민지원제도 …… 187
4) 프랑스의 난민제도와 시사점: 난민인권 보호를 위한
국제협력 주도 …… 188
7. 캐나다의 난민제도 …… 191
1) 최근 난민동향 …… 191
2) 난민인정제도 …… 191
3) 난민지원제도 …… 194

4) 캐나다 난민제도의 특징과 시사점: 난민심사의 독립성 …… 198
8. 소 결 …… 199

제5장 난민을 위한 정책 제언 · 205

1. 경제 사회적 지원 …… 207
1) 노동 및 취업 …… 207
2) 주거 …… 208
3) 의료 …… 209
4) 관계망 …… 210
2. 교육지원 …… 211
1) 직업교육 …… 211
2) 성인교육 …… 212
3) 아동교육 …… 213
3. 문화적 지원 …… 214
1) 다문화 시민교육 강화 …… 214
2) 문화지원 사업 …… 215

제6장 총 결 · 217

참고문헌 …… 224

| 표 차례 |

〈표 2-1〉 한국의 연도별 난민 심사 현황(1994~2015) ······ 26
〈표 2-2〉 사유별 신청자 수(2015~2019) ······ 27
〈표 2-3〉 주요 국적별 난민 신청 현황(1994~2019) ······ 28
〈표 2-4〉 2019년 주요 국적별 난민인정자, 가족재결합 현황(2019년 1~12월) · 28
〈표 2-5〉 난민의 사회보장 적용 범위 ······ 40
〈표 2-6〉 난민법의 주요 내용 ······ 45
〈표 2-7〉 난민지원 민간단체 소개 ······ 58
〈표 3-1〉 연구 참여자 명단 ······ 77
〈표 3-2〉 난민으로 살아가기 경험에 대한 범주화 ······ 80
〈표 3-3〉 연구 참여자 명단 ······ 101
〈표 3-4〉 난민으로 살아가기 경험에 대한 범주화 ······ 105
〈표 4-1〉 전 세계 난민 및 보호대상자 현황 ······ 146
〈표 4-2〉 주요국가의 연도별 난민신청자 수 ······ 146
〈표 4-3〉 한국-일본의 난민신청자 수 추이 ······ 148
〈표 4-4〉 일본 내 출신국별 난민신청자 수 ······ 151
〈표 4-5〉 미국 내 출신국별 난민신청자 수(2012) ······ 159
〈표 4-6〉 미국의 난민 수 연도별 변화 ······ 159
〈표 4-7〉 난민인정자 국적별 현황 ······ 162
〈표 4-8〉 영국의 난민신청자 수 연도별 변화 ······ 168
〈표 4-9〉 영국 내 주요 출신국별 난민신청자 수(2011~2012) ······ 169
〈표 4-10〉 2009~2012년 영국의 난민지위인정 심사현황 ······ 170
〈표 4-11〉 호주 내 출신국별 난민신청자 수(2011~2012) ······ 175
〈표 4-12〉 호주의 절차별 난민인정 현황(2011~2012) ······ 180
〈표 4-13〉 프랑스 내 출신국별 난민신청자 수(2011~2012) ······ 185
〈표 4-14〉 캐나다 내 주요 국적별 난민신청자 현황(2009~2012) ······ 192

| 그림 차례 |

〈그림 2-1〉 난민신청자 현황추이(2004~2019) ······ 31
〈그림 4-1〉 일본의 난민인정 심사 과정도 ······ 153
〈그림 4-2〉 프랑스 내 난민들의 입국 추이(1981~2012) ······ 184

제1장

서 론

제1장 서 론

1. 연구의 목적과 필요성

오늘날 세계 각지의 다양한 분쟁과 반인권적 행위 감소를 위한 국제사회의 노력에도 불구하고 지역별 복잡다단한 정치적 상황에 지속적으로 난민이 발생하고 있다. 이와 더불어 인권 차원에서 이들의 수용에 대한 국제사회의 요구와 압력이 나날이 증가하고 있다. 이러한 현실 속에 최근 십 년간의 상황에 비추어 한국의 난민 수는 앞으로 지속적으로 증가할 것으로 예상된다. 따라서 난민들이 한국 사회에서 경험하고 있는 다양한 삶의 문제에 대한 연구로 난민의 상황의 정확한 이해를 구하고자 한다. 이 책은 난민들의 삶의 실재를 구체적으로 확인하고 그 삶의 양태를 정확하게 이해하는 것을 목적으로 한국 난민들의 삶에 대한 실태를 조사하고 현상학적 연구를 통해 난민으로 살아가는 것의 실제적 의미 탐색을 바탕으로 정책을 제언·제시하고자 한다. 세계 각국의 난민정책과 지원을 비교연구를 통해 한국의 사회문화적 상황에서의 난민 정책 방향을 점검하고 정책을 수립하는 준비에 일조하기 위해, 이 책은 거시적 관점으로 난민들을 둘러싼 사회문화적 삶의 조건들의 현상과 실태를 조사하는 것과 더불어 미시적으로 접근하여 난민으로서 살아가는 것을 해석하고 심층적 의미를 찾는 미시적 연구를 병행하였다.

지금까지 본 연구를 통해 확인된 바로는 난민의 대부분은 일반 이민자와는 확연히 다른 경로로 이 땅에 오게 되었으며 이주에 대한 기대와 선행 경험의 차이로 인해 이민자 연구와는 분리해서 연구하는 것이 바람직하다. 우선 많은 경우 일반 이민자들과 달리 난민들은 그들이 선택해서 정착지를 결정하기보다는 그들의 의지와 상관없이 가장 빠른 경로로 핍박이나 위해로부터 벗어나기 위한 선택을 한다. 따라서 이주 대상국에 대한 정보 부재와 준비 부족에도 불구하고 난민 신청의 접수를 가장 먼저 받는 국가에 대부분 오게 된다. 둘째, 난민들의 상당수가 모국에서의 트라우마(trauma)를 치유받지 못한 채 낯선 땅에 정착해야 한다. 친숙한 환경에서 갑자기 격리되어 인적 네트워크가 전무한 낯선 곳에 정착해야 하는 어려움에 이들은 이중고를 겪는다. 또한 트라우마를 심리적으로 치료할 기회가 거의 없으며 이들을 위한 상담 창구가 마련되더라도 언어적인 제약으로 충분한 효과를 기대하기 어렵다. 셋째, 난민의 상당수는 모국에서의 상황이 개선되면 귀국하고자 하는 의지를 갖고 있어서 정착지에서의 경험을 일과(一過)적인 것으로 생각하는 경우도 있다. 가족 단위의 난민 또는 새로운 정착지에서 가정을 이룬 난민의 경우, 이주 1세대의 모국으로 회귀하려는 기대가 가족 구성원과의 마찰을 야기할 수도 있다. 특히 2세들이 취학연령인 경우 모국의 언어와 문화를 이해하기 전에 학교 교육을 통해 이주국의 문화를 빠르게 수용하고, 결과적으로 이민자 자녀들의 경험과 유사한 정체성과 자아관에 대한 고민을 하게 된다. 또한 이주국에서 교육 경험이 없는 1세들과 가치관 및 세계관의 차이로 갈등이 생길 가능성이 높다. 넷째, 난민 신청의 길고도 불확실한 승인 과정 때문에 난민들은 경제적인 어려움을 겪는다. 모국에서 갖고 온 재산이 미미하고 새로운 정착지에서 난민으로 승인받기 이전에는 합법적 취업이 불가능하므로 경제적으로 궁핍한 생활을 면하기 어렵다. 즉 구체적인 목적을 가진 경제적 이민이나 결혼 이민과는 달리 생계를 일차적으로 보장하는 수단이 때문에 난민 인정을 받기까지 오랫동안 많은 고통을 겪는다. 이들은 난민 신청자 지위로 강제추방에는 보호를 받지만 직업을 갖지 못하는 법적 제약으로 인해 일을 못하게 되고 수입이 없어 생존 자체를 위협받게 된다. 또한 의료보험 같은 사회보장 혜택이 없어 수입도 없는 상태에서 의료서비스를 받지 못해 당사자를 비롯해 자녀들까지 크고 작은 질병에 고통받게 된다. 난민 신청자들은 이러한 어려움의 시기에 이주국에 대해 원망이 생기고 생계를 위해 발각 시 심사에 불리하게 작용할 수 있는 불법적인 수입원을 찾게 된다. 이는 제도적으로 난민들의 삶을 진퇴양난에 빠지게 만드는 상황을 야기한다.

열거한 바와 같이 난민과 이민자의 차이가 분명하게 있다. 그럼에도 불구하고 여태까지 난민연구는 이민자연구의 한 분과로 다루어지거나 난민들을 이주민이라는 영역 속에 일반 이민자들과 묶어서 연구되어 온 경향이 있다. 이와 같은 맥락에서 한편으로는 이러한 경향에 대한 비판과 난민연구의 특수성을 전제한 순수 난민연구의 필요성이 꾸준히 제기되어 왔다(Gibson 1988; Gilroy 1991; Mossleson 2007). 우리나라도 난민신청자가 증가하고 난민을 처우하는 데 국제적 주목을 받게 된 이 시점에서 난민정책 수립이 단순히 이주민정책의 포괄적인 프레임워크의 하위 영역으로 다루어지기보다 난민의 특수한 지위와 경험을 감안해서 독립적으로 검토해 볼 때가 도래하였다. 아울러 난민의 공통된 이주 경험과 각 난민 그룹의 독특한 선행 경험을 토대로 케이스 중심으로 그들의 상황을 이해하고 처우를 개선할 수 있는 지원 정책의 방향을 모색할 필요가 있다. 이 책에서는 이러한 점에 착안하여 매우 상이한 이주와 정착 경험을 갖고 있는 난민집단의 대표들을 선정하여, 그들의 경험을 현상학적 연구를 통해 보다 상세하게 그들의 입장에 서서 경험의 주관성을 공론의 장으로 이끌어내는 시도를 하였다. 그리고 자료수집과 분석과정을 통해 대한민국이라는 공간적 · 사회문화적 특수성에서 난민으로서의 삶이 이들에게 어떻게 경험되는지를 상당 부분 이해할 수 있었다.

한국이라는 사회문화적 환경에서 난민에게는 살아가는 것 자체로도 매우 독특한 경험이므로 이들이 이주해 온 정치 · 사회 · 문화적 환경에서 겪는 살아 있는 체험의 본질에 대한 이해 없이는 난민의 삶을 정확하게 파악하는 것은 불가능할 것이다. 특히 이들에게 양적연구를 하기 어려운 상황(동질적인 대상 집단의 적정 인원 확보 어려움, 설문지 이해도 부족 등)을 감안할 때 질적 연구를 통해 대면적인 상황에서 이들의 실제 삶(lived experiences)을 접하는 것은 여러모로 유익하다. 질적 연구의 한 분야인 현상학적 연구는 비슷한 처지에 있는 다수의 사람들의 주관적인 경험에서 의미를 이끌어내고 그들의 삶을 보다 구체적으로 이해할 수 있다는 점에서 이 책에서 진행한 연구에 매우 적합하다는 것을 재차 확인할 수 있었다. 즉 대한민국에 난민 자격 또는 난민신청자 자격으로 살아가는 데서 겪는 차별, 난민에 대한 몰이해, 정책적 지원 부재 등과 같은 공동 경험과 트라우마 유무, 단독 또는 가족 단위의 이주, 이주 전 경험 등의 개개의 특수상황에 대한 일차적인 자료를 대면적 상황에서 수집할 수 있어 보다 풍부한 자료를 바탕으로 분석과 해석이 진행될 수 있었다.

2. 이론적 배경

1) 난민의 개념과 분류

(1) 난민의 개념

난민의 개념은 특정 시점이나 관점에 의거한 이해의 맥락에 따라 다르게 정의 내려진다. 따라서 난민의 개념은 이를 둘러싼 국제사회의 관점과 이해가 무엇인지를 이해하는 것과 밀접하게 연관되어 있다. 한국 사회는 1970년대 '보트피플'을 통해 난민에 대한 막연한 기억과 경험을 공유하고 있을 뿐 구체적인 사회 인식은 부족하다. 그렇기에 난민에 대한 논의에 가장 일반적인 반응은 여전히 '우리나라에도 난민이 있어요?'라는 반문이다.

국제사회는 난민의 최소한의 법적보호를 위해 국제협약과 의정서를 발전시켜왔다. 이들은 난민의 개념을 공식적으로 규정하고 난민을 지원할 수 있는 국제법적 토대를 마련하였다. 대표 문서가 1951년 채택된 '난민의 지위에 관한 협약(Convention relating to the status of Refugees, 난민협약)'과 1967년 채택된 '난민 지위에 관한 의정서(Protocol relating to the status of Refugees, 난민의정서)'이다. 이 문서에 따라 난민은 무엇이고 누구인가 정의 내려 볼 수 있다. 1951년 제정된 국제난민지위에 관한 협약은 난민에 대해 다음과 같이 정의한다.

> 인종, 종교, 국적, 특정사회집단의 구성원 신분 또는 정치적 의견을 이유로 박해를 받을 우려가 있다는 충분한 근거가 있는 공포로 인하여, 자신의 국적국 밖에 있는 자로서, 국적국의 보호를 받을 수 없거나, 또는 그러한 공포로 인하여 국적국의 보호를 받는 것을 원하지 아니하는

자, 또는 그러한 사건의 결과로 인하여 종전의 상주국 밖에 있는 무국적자로서, 상주국에 돌아갈 수 없거나, 또는 그러한 공포로 인하여 돌아가는 것을 원하지 아니하는 자

난민협약과 의정서는 국제법상 난민의 자격요건에 따르면 '박해를 받을 우려가 있다는 충분한 이유가 있는 공포'로서 이는 난민의 성격을 결정짓는 주요 요건이 된다. 여기서 '박해'란 난민협약에 의거 인종, 종교, 국적, 특정 집단의 구성신분 또는 정치적 의견을 이유로 한 생명 또는 자유에 대한 위협으로 해석할 수 있다.(이용호, 2007) 또한 난민협약은 난민을 '난민지위 신청일 현재 자신의 국적국 밖에 있는 자로서 자국 정부의 보호를 받을 수 없거나 또는 그러한 공포 때문에 그 국가의 보호를 받기를 원하지 아니하는 자'로 규정하고 있다. 이는 국적을 가진 자가 전쟁, 분쟁, 소요사태 등으로 자국정부의 보호를 받을 수 없는 상황과 더불어 박해로 인해 정부의 보호를 받길 거부하는 것을 그 요건으로 함을 보여준다. 이와 함께 무국적자의 경우 역시 이러한 사건으로 자신의 상주국으로 돌아가지 못할 경우 국제법은 난민으로 인정해주고 있다.

그러나 국제 협약상 난민에 대한 정의는 1951년도에 채택된 만큼 오늘의 시대 상황을 반영하지 못하고 있다는 비판을 받는다. 우선 그 범위에 있어 환경파괴나 사회경제적 빈곤 등으로 발생하고 있는 난민의 국제법상의 보호가 이루어지지 못하고 있다. 유엔난민고등판무관실(UNHCR)은 난민의 넓은 의미로 실향민, 환경난민 등 삶의 터전으로 돌아가지 못한 채 살아가고 있는 이들을 난민으로 보고 있다. 또한 난민협약과 의정서의 규정요건의 표현과 번역에도 논란이 있다. '충분한 이유가 있는 공포'라는 요건에서 '충분한'이 추상적 표현이라

그 범위에 대한 해석과 적용에 혼란을 주고 있다. 따라서 '충분한'보다는 '합리적인'이라는 표현이 난민협약규정의 보다 명확한 해석이라 본다(박진숙, 2009).

2) 선행연구 고찰

최근 들어 국내의 난민 연구가 다양하게 이루어지고 있으나 여전히 다른 이주민의 연구에 비해 상당히 부족한 편이다. 이에 이 책에서는 난민이 경험해 온 맥락적 접근을 통해 경험의 본질적 의미를 해석하고 이해하는 것을 목적으로 하며 다음과 같은 이론적 논의에서 연구를 수행할 것이다.

난민의 경험과 지속되는 삶의 양태에 관한 연구로는 크게 사회 적응에 대한 이론적 연구와 함께 특정 종족·국가출신 집단의 난민이나 난민이 이주하게 된 특정 정착국에서의 구체적인 실례를 살펴보는 사례별 연구로 나누어 볼 수 있다.

먼저 난민의 삶과 사회 적응에 관한 연구로 Montgomery(1996)는 난민이 정착국에서 조정(adjustment; 심리적·가족역동성 차원)과 적응(adaptation; 사회문화·경제적 차원) 과정을 어떻게 경험하는지를 살펴보고 있다. 교육, 성별, 연령, 거주지역의 크기, 민족(ethnicity), 민족네트워크, 후원, 여행 과정에서의 트라우마, 결혼 여부, 거주 기간 등을 변수로 놓고 유효성을 검증하였으며, 조정 및 적응의 평가에서 객관적·주관적 측면을, 내용에는 경제적·사회문화적·주관적 적응의 세 영역을 두어 평가를 진행하였다. Montgomery는 캐나다에 정착한 베트남 난민들을 대상으로 조사를 진행하였는데, 이때 경제적 적응은 월수입, 주당 근무시간, 월간 지출 대비 수입 등을 이르며, 사회문화적 적응은 기준에 따른 영어 구사 능력, 캐나다에 도착한 이후 영어 발전 정도에 대한 자기 평가 수준, 베트남에서 공산주의가 전복될 시 고국으로 돌아갈 것인지의 여부, 캐나다에서 사귄 친구의 수 등이 포함된다. 마지막으로 주관적 적응은 앞의 두 유형과 달리, 본인이 자신의 생활을 어떻게 인지하고 어떤 수준으로 평가하는 지에 관한 것이다. 여기에는 삶 전반에 대한 만족도, 현재 직업에 대한 만족도, 봉급 및 직업 인식의 평가, 캐나다에서 차별이나 선입견을 경험한 사례 등이 기준이 된다.

이러한 영역과 요인을 기반으로 조사를 수행한 결과, Montgomery는 난민의 조정과 적응 과정은 단일 요인에 의해 이루어지지 않으며, 복합적 요소를 가지고 있음을 발견하였다. 또한 이주국 정부 관점에서 수행되는 객관적 지표에 근거한 평가만큼이나 본인의 경험에 대한 느낌, 자기 성장에 관한 평가 등 주관적 측면의 평가가 중요하다는 사실을 다루고 있다. 또한 몇몇 변수는 경제적, 사회문화적, 주관적 영역의 적응에 모두 유효하지는 않음을 확인하였다. 때문에 난민의 이주국에서의 삶과 사회 적응은 소득 수준 같은 단일한 기준에서가 아니라 다차원적으로 다루어져야 함을 볼 수 있다. 또한 객관적 지표뿐 아니라 본인의 자기 평가에 해당하는 주관적 지표가 주요한 것으로 나타날 때, 특히 출신국에서 탈출하는 과정에서 난민이 겪는 트라우마의 문제, 즉 정신건강 문제 고려의 중요성을 발견할 수 있다 (Montgomery, 1996).

여러 영역의 사회 적응 중에도 구체적으로 난민의 경제적 적응 부문에 관해 Potocky-Tripodi(2003)은 Kuhlman(1990)의 모델을 기반으로 하여, 미국 미네소타주 미네아폴리스(Minneapolis)에 거주하고 있는 몽(Hmong)족, 소말리아 및 러시아 출신 난민을 대상으로 조사를 실시하고, 각 요소를 세부적으로 파악하였다. 주로 고용, 복지 및 소득의 결과로 경제적 적응이 평가되는 반면, Kuhlman이 제시하는 난민의 경제적 적응의 요소로는 ① 성별, 연령, 민족, 교육 수준, 가정 구성 등의 인구사회학적 요인, ② 출국 사유, 이동의 방법, 이동 태도 같은 출국 관련 요인, ③ 경제적 상황, 민족 구성, 이주국 내의 난민을 바라보는 태도 등 이주국 관련 요인, ④ 국제, 국가, 지방 및 지역의 정책 사항과 같은 정책 관련 요인, ⑤ 체류 기간, 2차적 이주(이주국 내부 이동) 등 체류 관련 요인, 마지막으로 ⑥ 적응에 따른 스트레스 및 문화적응의 특징사항과 같은 비경제적 요인이 있다. 조사 결과 요인 중에서 단연 독보적인 영향을 끼치는 것은 인구사회학적 요인이다. 그리고 성별, 연령, 민족, 가정 구성 등 인구사회학적 요인의 다양한 세부조건이 주로 선천적이고 고정된 조건임을 감안할 때, 변화와 개선이 가능한 변수로서 교육이 가지는 중요성이 크게 나타난(Potocky-Tripodi, 2003).

이외에 보다 구체적인 지역 연구의 맥락에서 이주자의 정착국의 삶을 구체적 양태로서 다루는 연구로는 다양한 국가와 사례 기반의 연구가 존재한다(Åberg, 2010; Vrecer, 2010; Djuraskovic, 2009; Her & Buley-Meissner, 2012; Knezevic & Olson, 2014; Žmegač, 2007).

난민의 정체성 재형성은 새로운 사회적·문화적 조건에 스스로의 정체성을 평가하고 재정의해, 다시 정립하기 위한 목적으로 이루어진다(Her & Buley-Meissner, 2012; Žmegač, 2007). 난민의 정체성 재형성의 문제와 관련하여 Žmegač(2007)은 전쟁 이후 세르비아에서 크로아티아로 이주한 스리옘(Srijem) 출신 난민들을 관찰하여 새로운 정착국에서 이민자들이 정체성 형성을 위해 세 가지 전략을 사용하는 것을 발견하였다. 세 가지 전략은 각각 체념, 비애, 그리고 통합의 전략이다. 첫 번째 전략인 체념은 스리옘 출신의 나이든 정착민이 새로운 환경에 취하는 기본적인 태도로, 노년의 나이에 떠나야만 하였던 마을에 강한 애착을 가지고 있어 정체성 재정의에 있어, 자녀에게 의존하며 체념의 정서를 강하게 보인다. 두 번째 비애의 전략에서는 자신이 떠나온 스리옘과 마을을 되돌아보며 과거를 이상화시키는 전략이다. 이 유형에 해당하는 난민은 새로운 환경에 극도로 비판적이며, 부정적인 설명을 한다. 그리고 절대 "새로운 환경에 익숙해질 수 없을 것"이라고 주장한다. 그는 이주 이전에 가지고 있던 자기인식(self-definition)을 고수하며, 새로운 환경에서의 정체성 재발견(re-identification) 작업을 거부하고, 그의 실제 정체성보다 존재론적 정체성을 강조하는 모습을 보인다. 마지막 유형인 통합 전략을 택한 난민은 이주 사실을 받아들인다. "돌아갈 수 있는 길은 없다. 앞으로 나아가야 한다"고 말한다(Žmegač, 2007).

또한 Her & Buley-Meissner(2012)는 미국에 정착한 소수민족 몽족을 대상으로 연구를 진행하였다. 몽족은 중국의 소수집단으로 국가를 이루다가 중국 정부의 탄압으로 라오스과 베트남으로 이주하고, 베트남 전쟁 이후 공산주의자의 탄압으로 태국의 난민캠프로 이동하였다가 1975년부터 미국에 집단 이주한 역사를 가지고 있어, 난민이면서도 정착국인 미국에서의 거주 기간이 40년이 다 되어 간다는 특수성이 있다. 특히 정체성 연구의 측면에서도 Her & Buley-Meissner의 연구는 통시적 관점에서 몽족의 정체성 형성이 상황이 변하고 시간이 흐르며 세대가 이어짐에 따라 어떻게 변화하였는지를 제시한다. 이는 앞선 Žmegač(2007)은 공시적 관점에서 스리옘 출신 난민의 정체성 형성의 유형을 살펴본 것과 비교가 되는 지점이다.

이민자 그룹이 수입, 직업, 교육 및 타 그룹과의 결혼에서 정착국

국민의 평균 수준과 유사성을 보이는 정도를 동화(assimiliation)의 일반적인 기준으로 보았을 때, 미국 사회에 이주한 몽족은 평균에 비해 뒤쳐진 속도를 보였다. 그러나 1세대에서 2세대로 이동하면서, 교육과 직업의 수준 등 정착국 문화로의 적응 수준이 높아졌음을 볼 수 있다. 이때 정착국 문화의 적응은 대개 제로섬게임(zero-sum game)의 개념으로, 정착국에 적응할수록 고유의 문화는 유지하지 못하는 것으로 이해한다. 그러나 유태인의 경우와 유사하게, 몽족은 씨족 및 하위씨족을 중심으로 하여 미국 시민 문화에 적응하면서도 고유의 종족 정체성을 유지하고 있다. 때문에 미국사회에 이주한 몽족 연구를 통해 이민자 그룹 정체성을 유지하면서도 정착국 문화에 적응하는 예시를 살펴볼 수 있다.

한편 정착국 문화 적응이 소수자 위치의 변화는 아닌 탓에, 몽족이 아시아 출신 미국인 커뮤니티와 미국 사회에서 가지는 이중적 소수자 위치는 여전하다. 그러나 난민의 시기(1975~1991)와 전환적 시기(1992~1999), 그리고 현재에 이르는 몽족 출신 미국인의 시대(2000~)를 지나며 새로운 도전을 마주하고 변화하는 몽족의 연구에서 난민의 적응을 넘어서 이주민 그룹의 사회 적응에까지 그 논의의 실마리를 얻을 수 있을 것으로 보인다(Her&Buley-Meissner, 2012).

그리고 미얀마의 소수민족인 카렌(Karen)족 난민들이 태국에서 정착해가는 양상을 다룬 Åberg(2010)의 연구는 카렌족의 정체성 형성 과정을 종족, 민족주의 및 '난민됨(refugeeness)'의 관점에서 살펴본다. 이에 따르면 카렌족의 난민됨의 인식은 떠나온 카렌 주에 대한 인식과 궤를 같이 한다. 카렌족은 카렌 주를 진정한 행복을 찾을 수 있는 완전한 공간인 동시에 버마의 지배 아래 고통과 고난을 겪었던 공간으로 인식하는데, 이 점이 난민 됨의 정체성 형성에도 영향을 미친다는 것이다. 그래서 '난민'이라는 구분에 대해서 주변화되고 절망적인 상태로 인식하며 분개하는 한편, 악에 대한 '고귀한 희생자(noble victim)'의 순교로 볼 수 있기에 수용하는 양상을 보인다. 자신들을 미얀마에서 내쫓은 정권에 대한 저항과 버마 사람에 대한 희생자 의식이 카렌족의 종족정체성 이해에 중심요소가 된다. 또한 난민의 전반적인 정체성 문제와 함께 카렌족 난민 내부의 젠더 문제도 다루고 있는데, Camino and Krulfeld(1994)의 주장을 빌어 난민이 되고 난민캠프로 이동하는 과정에서 자원 분배에 대한 접근이 달라지고 새로운 고용기회가 발생하였으며, 결과적으로 성 역할과 지위, 젠더 모델 역시 변화하였음을 함께 지적하고 있다.

한편 Vrecer(2010)는 보스니아와 헤르체고비아에서 강제 이주되어 슬로베니아에 거주하게 된 난민의 케이스를 통합 관점에서 살피며 이를 '경계에서의 삶(living in limbo)'으로 설명하고 있다. 여기에서는 난민의 사회통합 과정을 크게 정치적 통합, 경제적 통합, 심리적 통합의 세 가지 측면으로 나눠 오랜 기간 관찰하며 양상을 살펴보고 있다. 장기간 연구를 통해 Vrecers는 효과적인 통합전략은 강제이주민의 신체적 · 정신적 건강의 전제조건이며, 동시에 애도의 과정(mourning process)을 성공적으로 마치기 위한 전제조건이 된다고 결론을 내린다. 그리고 이주민에 대해 효과적인 통합전략이 취해지지 않을 경우, 이는 사회적 차원에서 슬로베니아와 다른 EU 회원국의 고령화 상황을 고려하였을 때 중요한 사회적, 문화적, 경제적 자원을 간과하는 것뿐 아니라, 이주민에게 이주 후의 경험이 전쟁의 트라우마만큼 스트레스와 악영향을 끼칠 수 있음을 지적한다. 심지어 강제이주민이 어려운 환경을 겪게 만드는 국가 정책은 일종의 숨겨진 송환을 목적으로 한다는 것이다.

난민의 정신건강 문제 역시 주요하게 다루어지는 연구 주제 중 하나이다. 앞서 난민의 정착국 적응과 관련해 주관적 인식이 중요함을 살펴보았는데, 출신국에서의 탈출과 이주국으로의 이동 과정에서 있었던 여러 사건들, 그리고 이주한 국가에서의 어려움으로 인해 자신의 지위 및 상태를 낮게 평가하거나 정체성 및 정신건강에 혼란을 겪을 수 있기 때문이다. 그에 관련하여 난민의 정신 건강을 위해 상담을 수행하며 난민의 경험에 대해 연구하며, 상담의 관점에서 난민의 사회 적응을 다룬 보고서들을 찾아볼 수 있다(Djuraskovic, 2009; Knezevic & Olson, 2014).

Djuraskovic(2009)는 캐나다에서 난민인정을 받은 구 유고슬라비아 출신 난민 6명을 대상으로 상담을 수행하며, 자발적 이주자와 달리 난민이 이주국 문화 적응과정에서 겪는 여러 양상을 문화 적응 및 정체성 재구성의 차원에서 연구하였다. 그리고 상담 과정에서 나타난 75개의 세부 주제를, 발견적 조사방법(heuristic inquiry)을 통해 4개의 주요 주제로 정리하여 제시하였다. 주요 주제는 국가 상실 및 전쟁 결과에 대한 '이주로의 유인(Triggers of Immigration)', 그리고 이주 결과 도착한 캐나다에서의 자유와 더 나은 삶에 대한 기대, 그러나 이주 후 발생하는 문화충격을 다루는 '기회의 땅(Land of Opportunities)', 모두 겪지만 세부 유형을 정리하기 어려울 정도로 다양한 양상을 보이는 '문화 적응의 과정(Acculturation Process)', 마지막으로 문화 적응의 과정과 동시에 이루어지며, 난민의 민족 정체성 상실 및 새로운 정체성의 재구성을 이르는 '정체성의 재구성(Identity Reconstruction)'이다. 다양한 주제와 유형을 정리하면서, Djuraskovic는 난민으로 살아가는 것, 즉 이주국에서의 문화 적응과 정체성 재구성은 다면적으로 이루어지며, 평생 동안 계속되는 과정임을 설명한다.

Knezevic & Olson(2014) 역시 전쟁으로 인해 북미(미국)로 건너간 구 유고슬라비아 출신의 난민을 대상으로 질적 연구를 진행하였다. 앞선 Djuraskovic(2009)의 연구가 상담 현장의 주제 도출에 초점을 맞춰 진행되었다면, 이 연구는 이들이 전쟁의 피난 과정에서 난민이 되었다는 점에 초점을 맞추어, 이주 이전과 이후 경험을 살펴보고 구체적으로 어떤 유형의 스트레스 요인이 있고, 어떻게 극복하고 있는지를 살펴보았다. 조사에 따르면 이주 이전 관점(premigraion perspectives)에서의 주요 요인은 웰빙, 긴장 형성, 전쟁 경험 및 그로 인한 결과이며, 이주 이후 관점(post-migration perspective)에서는 문화충격, 재정착 지원, 도전에 대한 대처가 주요 요인으로 등장한다. Knezevic & Olson은 이러한 주요 유형에서 중간 유형, 세부 유형으로 수준을 달리하며 상담 과정에서 발견하는 난민의 트라우마 경험을 살핀다. 난민의 이주 이전과 이후의 다양한 요인을 살펴보며, Knezevic & Olson은 난민의 정신 건강의 필요가 충족되고 있지 못하다는 결론을 내리면서, 상담가 교육에 난민 이슈가 추가되어야 하며, 난민 정착 지원에 정신건강 서비스가 포함되어야 함을 강조한다. 이를 통하여 상담자는 난민 이슈를 다룰 문화적 민감성을 갖추고 난민의 구체적 상황에 민감하고 적합한 도움을 제공할 수 있을 것이며, 난민은 역량을 강화하고 트라우마 경험을 극복할 수 있을 것이다.

앞선 논의에서 난민의 경제적 적응에 영향을 미치는 여러 요소 중 변화가 가능한 변수로써 교육의 중요성을 지적한 바 있다(Potocky-Tripodi, 2003). 그와 관련하여 난민의 교육 역시 연구에서 자주 다루어지는 주제 중 하나이다(Demirdjian, 2012; Cole, 1998; Lin,S ymoto, and Kiang, 2009; Qumri, 2012; Taylor and Sidhu, 2012).

Cole(1998)은 인구통계자료를 통해 전 세계 난민의 반이 어린이며,

특히 캐나다에 난민으로 이주한 어린이 가운데 1/4이 12세 미만이라는 점에 주목한다. 그리고 기존에 캐나다에 거주하는 어린이에 비해 훨씬 높은 비율로 불안하고 열악한 조건에서 생활하고 있다는 통계를 제시하며, 난민 어린이를 대상으로 한 교육과 문화적응이 시급한 문제임을 주장한다. 이 때문에 난민의 정착국 사회적응의 중심에 난민 어린이, 더 나아가 난민 가정을 대상으로 한 교육과 정신 건강 서비스를 우선순위에 둔다. 특히 다문화 적응, 외국어 교육, 평가 트렌드 및 개입에 대한 세부 이슈를 다루는 데 있어서 이민자와 난민 교육, 건강 및 정신건강서비스의 문제는 복합적이기 때문에 단일 직종이나 하나의 시스템만으로 다루어질 수 없으며 통합적이면서도 다학제적인 접근이 필요하다고 설명한다.

Lin et al.(2009)의 연구는 전쟁과 트라우마에 영향 받은 난민 가정의 소통을 위한 촉매로써의 교육을 제시한다. 특히 이 연구는 미국에 있는 여러 출신의 이민자 집단 중에서도 취약성이 두드러지는 캄보디아 출신 난민 가정을 다루고 있다. 이들이 겪은 전쟁과 집단학살로 인한 트라우마는 심각하나 사회와 교육에서 충분히 다루어지지 않아, 이로 인한 일종의 사회적 침묵이 가정과 세대 사이에서 이어지고 있다. 특히 트라우마를 겪었거나 겪지 않았더라도 그러한 가정환경을 가진 아이들에게 다양한 방식으로 영향을 미치고 있다는 것이다. 이로 인해 가정 내, 세대 간의 부서진 서사를 회복하고 침묵을 깨는 촉매로써 교육과 교육자의 역할을 제시하고, 교육을 통하여 난민 아동을 치유할 수 있을 뿐 아니라 더 나아가 난민 가정과 공동체적인 회복에 기여할 수 있으리라고 전망한다.

그렇다면 구체적으로 학교라는 장에서 어떻게 난민 청소년을 지원할 것인가? Taylor and Sidhu(2012)는 난민 청소년의 정착과 시민으로의 전환에 중요한 역할을 하는 공간을 학교로 보고, 난민 청소년 교육에 있어 바람직한 관례를 분석하며 4개 학교 대상으로 사례 연구를 진행하였다. 그리고 사례 연구를 기반으로 난민 청소년 교육의 통합적 모델을 위한 특징으로써 특정 정책 및 제도적 지원, 사회적 정의로의 헌신, 교육과 복지에 대한 총체적 접근, 리더십, 포용적 접근, 학습필요에 따른 지원, 다른 기관과의 협업을 제시한다. 특히 포용적 접근을 강조하는 것은, 난민 청소년을 대상으로 한 지원이 자칫하면 '타자화'시키는 결과를 나을 수 있기 때문이다. Taylor and Sidhu는 포용적 교육이 사회적 통합에도 중요함을 다룬다. 사회를 민주적이고 통합하는 공간으로 만들기 위해서는 먼저 학교의 교실이 그러한 공간이 되어야 한다는 것이다. 따라서 포용적인 교육을 중심으로 난민 유아 및 청소년이 사회의 시민으로 성장하게 되며, 학교와 사회는 세계화와 다양성의 증가, 다원주의 속에서 진정한 사회적 통합을 이루어가게 될 것이라는 것이 이들의 전망이다.

이러한 '난민 살이'가 경제적 세계화의 체계가 고도로 발달함에 따라 또 다른 양상을 맞고 있음을 지적하는 연구들이 있다. Smith(2012)는 미국에 재정착한 소말리아의 소수민족인 반투족을 대상으로 연구를 진행하였는데, 난민보다는 국가와 국가 기관의 필요를 우선시하는 자본주의적 패러다임으로 인해 하향식, 사업 중심의 접근을 하게 되고, 난민 개인이나 집단의 역량 강화에 중요한 교육이나 지원보다는 취업률 같은 결과에 집중하는 것을 지적한다. 특히 연방제도에서는 교육 접근을 제한하고 초기 취업을 과도하게 강조해, 이는 난민을 최소임금 수준의 직업에 머무르게 한다는 것이다. 이와 같은 시장주도적 추세가 계속되면서, 난민 재정착을 다루는 기관 간에 경쟁을 증가시켜 협력이 부족하게 되고, 난민을 대상으로 한 서비스의 전반적 효과성이 감소할 뿐 아니라 난민 당사자를 주변화시키는 결과를 낳았음을 Smith는 지적하고 있다.

마지막으로 국내 난민 연구의 경우 최근 그 수가 증가하고 있으나 주로 법학 분야에서 이루어지고 있으며, 난민 일반에 대한 연구와 국내에 거주하고 있는 난민 및 특정 국가와 종족 난민을 대상으로 한 연구 역시 소수이다.

법학 분야에서의 난민 연구는 2012년 2월에 제정, 2013년 7월부터 시행된 난민법 이전에 국제난민법의 국내 적용과 이행 및 국내 난민인정 절차와 실태에 대한 지적이 주를 이루었다면(고문현, 2008, 2011; 박병도, 2007; 이용호, 2007; 장복희, 2003, 2007, 2009), 난민법 이후에는 난민법 제정의 의의를 분석하는 한편 난민법이 가진 문제점 비판, 난민법의 구체적 적용에 대한 지적, 한국의 난민법과 다른 나라 난민법과의 비교연구 등이 나타난다(김종철, 2012, 2014; 박선욱, 2013; 서창록, 2014; 안성경, 윤이숙, 2013; 오승진, 2012; 유은정, 2012; 이재강, 2014). 특히 김종철(2012)과 서창록(2014)은 난민법 제정의 과정과 결과를 살펴보며, 이는 동아시아 최초의 독립적 난민법으로 의미가 있으나 난민법의 제정 과정과 제정된 법률 내용에서 시민사회가 제안한 부분이 상당 부분 제외되는 등 초안과 내용에서 많은 부분 차이가 났음을 지적한다. 김종철은 난민요건 중 'well founded fear'의 번역과 인도적 체류자의 처우, 국고 보조로 변호사 조력을 받을 수 있는 권리, 귀화 등에서 제안과 달라졌음을 설명하며, 서창록은 이와 같은 사항들로 인해 난민법의 취지가 법안에 충분히 반영되지 않아 제한된 영향력만 미치게 되었다고 주장한다.

이외에도 국내 난민 연구는 난민 일반 연구 및 정책에 관한 연구(강은숙, 2013; 김경연, 2012; 남옥정, 2013; 박종일, 이태정 외, 2011; 이병렬,

김희자, 2011)와 국내에 거주하는 난민 집단에 대한 연구(노영순, 2013; 오경석, 2011; 한건수, 2014), 그리고 특정 국가 및 특정 종족 난민을 대상으로 한 지역학 연구를 찾아볼 수 있다(김광수, 2010; 김진희, 2012; 김철민, 2011, 2012; 사토 노리코, 2011; 이광수, 2007, 이상국, 2009, 2013; 이채문, 2012). 다만 난민의 교육이나 난민 가정, 정신 건강, 사회통합 등 다양한 측면에서 난민의 사회 적응을 다루는 연구는 여전히 부족한 상황이다(박진숙, 전혜정, 2009; 유나래, 2014).

3. 연구 범위 및 내용

이 책은 타국의 낯선 문화 속에서 난민으로 살아가며 경험하는 삶의 과정과 양태를 구체적으로 이해하기 위해 질적 연구방법인 현상학적 연구에 따라 '난민으로 살아가기의 경험'에 대한 연구를 수행한다.

난민으로서의 삶은 국제법이 제시하는 조건으로서 제시되는 삶의 정황이나, 난민 인정기준으로 이해할 수는 없다. 한국이라는 사회문화적 환경에서 난민의 살아가는 것, 그 자체로 특수한 경험이며 이들이 이주해 온 정치·사회·문화적 환경에서 겪는 체험의 본질에 대한 이해 없이는 난민의 삶을 정확하게 이해하는 일은 불가능할 것이다. 따라서 거시적 관점으로 난민들을 둘러싼 사회문화적 삶의 조건에 대해 그 현상과 실태를 조사하는 것과 더불어 미시적 접근을 통해 난민으로서 살아가는 것을 해석하고 심층적 의미를 찾는 미시적 연구를 병행하고자 한다. 이 같은 미시적 연구는 연구자의 편견과 개입을 최소화하고 이루어지는 난민의 삶에 대한 이해는 이들의 관점에서 살아가기 경험의 실재를 이해하도록 도와줄 것이다.

한국 사회의 이주자들은 결혼이주여성, 외국인 노동자, 북한 이탈주민 그리고 유학생으로 나누어 볼 수 있다. 이들 외에도 다양한 형태의 이주민이 존재하고 있지만 결혼이주여성을 중심으로 한 다문화가정 지원 외에는 이주민에 대한 국가 차원의 지원은 전무한 것이 사실이다. 이들 가운데 국제 난민협약과 의정서에 따라 난민지위를 신청하는 난민의 수가 늘어가고 있지만 체계적 연구는 많이 이루어지지 않았다. 한국의 난민은 매년 늘어 난민법이 시행된 이후인 2013년에 1,574명, 2014년에 2,896명에 이어 2015년 난민신청자는 5,711명에 이르렀으며, 2017년에 9,942명으로 한 해 신청자 수가 만 명에 근접한 이후 2018년에 16,173명, 2019년에 15,452명으로 급증했다. 향후 이 숫자는 더욱 늘어날 전망이지만 이들에 대한 사회적 관심과 이해는 여전히 부족한 실정이다.

이 책은 한국의 다문화 사회를 이루는 이주민 가운데 난민에 대한 연구이다. 첫째로 현재 한국 법무부에 난민지위를 신청한 이들을 중심으로 난민 지위신청자와 인정자들에 대한 정치·사회적 그리고 문화적 삶의 양태에 대한 실태조사와, 민관의 지원현황, 인권상황 등에 대한 실태조사로 한국에서 살아가는 난민의 현실을 이해하고자 한다.

둘째로, 질적 연구방법인 현상학 연구로 난민의 삶을 미시적으로 이해하도록 할 것이다. 한국의 사회구조 속에서 살아가는 난민의 정치, 사회, 경제적 삶의 양태를 거시적 관점에서 살펴보고자 한 것이 실태조사이다. 난민에 대한 현상학적 이해는 난민으로 살아가는 체험의 본질 탐색을 통해 한국 사회에서 살아가는 난민으로서의 독특한 체험을 서술하고 이들의 경험을 해석하는 것이다. 이를 통해 이들만의 체험의 내면적 의미를 심층적으로 이해하는 것을 목적으로 한다. 구체적으로 난민으로 살아가는 것은 무엇을 의미하는가, 그들의 체험적 현상은 어떠한 의미의 본질로 구성되는가라는 질문을 통해 한국 사회에서 '난민 됨'의 의미를 이해하고자 하는 것이다. 현상학적 연구를 통해 거시적 관점으로 사회구조 속 난민의 삶을 이해하는 것을 목적으로 한 실태조사의 부족한 부분을 미시적 차원에서 접근하여 개인이 경험하고 살아가는 난민 됨의 본질적 의미를 이끌어내고자 하였다.

셋째로 타 국가의 난민의 실태와 정책에 대한 연구를 통해 비교연구를 수행하는 것이다. 유럽과 북미, 호주와 일본 등 각 지역과 국가의 난민에 대한 정책을 사례연구를 통해 난민문제를 다양한 국가 차원의 입장과 이해, 정책의 차이를 이해하고 한국에서 실현가능한 난민 정책을 발굴하는 데 목적이 있다. 따라서 각 대륙별로 대표 국가들의 난민법과 난민에 대한 정치, 사회 및 경제제도, 사회보장제도, 교육지원과 인권 실태 등을 조사하여 그 사례를 정리한다.

마지막으로 위 세 연구를 바탕으로 한국의 난민 문제에 대한 정책 제안을 한다. 앞에서 밝혔듯이 정부와 학계의 다문화에 대한 관심은 편향적이다. 결과적으로 다양한 이주민에게 필요한 적절한 정책을 제시 못하는 것이 현실이다. 이 책은 난민에 대한 연구 성과를 바탕으로 본질적인 문제 해결을 위한 정책을 제안할 것이다.

이를 위해 난민을 위한 사회·경제적 정책, 법 제도 그리고 교육 정책으로 구분하여 그 정책방향과 내용을 정리하고자 한다. 사회·경제적 제도와 관련해서 한국 사회에서 난민의 인권보장과 생존을 위한 제도적 지원의 필요한 정책을 제시할 것이다. 법 제도에서는 현재 한국 난민법의 문제와 한계에 대한 이해를 바탕으로 실제적으로 난민인정 절차와 이들의 법적 지위를 보장하는 제도개선을 위한 정책적 대안을 제시할 것이며 마지막으로 교육 제도의 정책 제안을 통해 난민과 가족들이 경험하는 교육문제를 해결하고 난민이 한국 사회문화적 환경에서 적응하기 위해 필요한 교육제도와 정책을 제안할 것이다.

제 2 장

난민 현황 및 실태

제2장 난민 현황 및 실태

1. 난민의 역사 및 현황

1) 한국의 난민 현황과 분석

한국은 1992년 12월 3일 「난민지위에 관한 협약」과 「난민지위에 관한 의정서」에 가입함으로써 국제적 난민보호의 의무를 지니게 되었다. 그 후 출입국관리법 내 난민관련 조항이 신설되고 1994년 7월 1일 발효되면서 난민신청자를 받기 시작하였으나, 2000년까지 당시 100여 명에 달하는 신청자를 단 한 명도 인정하지 않았다. 그러다가 2001년과 2002년에 각각 1명을 난민으로 인정하면서 본격적으로 한국은 난민보호를 시작하게 되었다. 그 후 2003년부터 지속적으로 난민지위 인정자가 꾸준히 증가하다가 2019년에는 감소했다. 특히 최근 5년 간(2016~2019년) 인정자가 645명으로 전체 누적 인정자의 63.5%, 인도적 체류허가자가 1,468명으로 전체 인도적 체류허가자의 66.7%에 해당하는 등 미미하지만 난민인정과 난민신청자의 인도적 사정을 고려한 결정이 꾸준히 증가하고 있지만 전체 난민신청자 수를 고려하면 난민인정률은 현저하게 낮아지는 추세다. 법무부 발표에 따르면

〈표 2-1〉 한국의 연도별 난민 심사 현황(1994~2015) (단위: 명)

연도 \ 구분	신청	인정	인도적 체류	불인정	철회
총계	30,500	1,156	1,837	13,245	3,614
'94-'03	251	14	13	50	39
2004	148	18	1	7	9
2005	410	9	13	79	29
2006	278	11	13	114	43
2007	717	13	9	86	62
2008	364	36	14	79	109
2009	324	70	22	994	203
2010	423	47	35	168	62
2011	1,011	42	20	277	90
2012	1,143	60	31	558	187
2013	1,574	57	6	523	331
2014	2,896	94	539	782	363
2015	5,711	105	194	3976	280
2016	7,541	98	198	10,250	735
2017	9,942	122	252	9,196	1,197
2018	16,173	144	317	6,220	2,305
2019	15,452	79	508	9,012	4,139
합 계	64,358	1,015	2,203	48,606	10,739

※ 심사대기 25,574명

※ 인도적체류: 난민협약상의 난민에 해당하지는 않으나 출신국 내 인권 상황 등을 고려하여 인도적 견지에서 상황이 호전될 때까지 체류 허가

자료: 법무부 출입국·외국정책본부(2019.12)(출처: 난민인권센터 홈페이지www.nancen.org)

2019년 12월 말을 기준으로 누적된 난민신청자는 총 64,358명으로 심사결과는 인정 1,015명, 인도적 체류허가 2,203명, 불인정 48,606명, 철회 10,739명이다(〈표 2-1〉 참고). 그리하여 전체 난민인정률[1])은 1.5%

1) 난민인정률=인정자/심사종료자(인정+인도적 체류+불인정+철회)

〈표 2-2〉 사유별 신청자 수(2015~2019) (단위: 명)

	총계	정치	인종	종교	국적	특정 집단	가족 결합	기타
전체 신청자	64,358	7,925	2,828	13,650	205	6,096	1,477	21,220
2019년 신청자	15,452	1,934	758	3,792	118	1,462	378	7,010

자료: 법무부 출입국·외국인정책본부.2019(출처: 난민인권센터 홈페이지www.nancen.org)

에 불과하다.

이보다 더욱 주목되는 현상은 더 큰 폭으로 꾸준히 증가하고 있는 난민신청자의 수다(〈표 2-1 참고〉). 2018년부터 2년 연속으로 연간 난민신청자는 10,000명을 돌파하는 등 급증하고 있으며 2019년에는 15,000명을 넘어섰다.

2015년에서 2019년까지 최근 5년간 난민신청자는 54,820명에 달한다. 이를 사유별로 살펴보면 종교가 13,650명(24.8%)으로 가장 많고 정치적 의견7,925명(%), 특정 사회집단 구성원 신분 6,096명(%), 인종 2,828명(5.1%) 순이다. 2019년만 보면 종교가 3,792명으로 총 신청자(15,452명)의 24.5%를 차지하였고, 그 뒤는 정치적 의견(1,934명), 특정 사회집단 구성원 신분(1,462명), 인종(758명), 가족결합(378명) 순이었다(〈표 2-2〉 참고).

전체 신청자를 지역별로 살펴보면, 아시아 국가들(중국, 카자흐스탄, 파키스탄 등)이 가장 많고 그 다음이 아프리카(이집트, 나이지리아, 모로코 등), 중동(시리아, 예멘 등) 순이다. 지리적 접근성과 관계없이 30여 개의 국가에서 난민들이 유입되고 있다. 아시아 경우 미얀마의 민주화 운동가들과 소수민족들, 방글라데시의 소수민족인 줌머인, 스리랑카의 소수민족들이다. 아프리카 지역은 인종, 종교, 정치적 의견, 특정 집단 등 다양한 원인으로 비호 신청자들이 유입된다. 최근에는 시리

〈표 2-3〉 주요 국적별 난민 신청 현황(1994~2019) (단위: 명)

국적	1차 신청				2차 신청(이의신청)[2]		
	신청	심사완료	철회	대기	신청	심사완료	대기
중국	6,840	3,030	1,558	2,252	2,133	1,658	101
파키스탄	6,178	3,920	767	1,491	3,390	3,024	94
이집트	4,228	3,177	1,011	625	2,799	2,591	34
방글라데시	2,555	1,402	300	317	1,792	1,522	20
시리아	1,412	1,239	115	58	249	247	0
모로코	1,101	484	149	468	363	292	16
예멘공화국	1,071	874	99	98	282	234	8
미얀마	655	550	64	41	253	247	6
에티오피아	511	359	32	120	278	234	5
콩고민주공화국	215	156	25	34	117	108	2

출처: 난민인권센터www.nancen.org

〈표 2-4〉 2019년 주요 국적별 난민인정자, 가족재결합 현황(2019년 1~12월)

(단위: 건)

	합계	방글라데시	에티오피아	미얀마	부룬디	파키스탄	이란	예멘	기타
난민인정자	79	6	6	34	-	-	6	4	23
가족재결합	23	6	4	2	2	2	-	-	7

출처: 난민인권센터www.nancen.org

아와 예멘에서 내전으로 인해 난민들이 다수 들어오고 있다.

국가별로 난민신청자와 인정자를 비교하면 국적별 난민인정자 수가 일부 국가에 편중되어 있는 것을 알 수 있다. 미얀마(335명, 33%)와 에티오피아(131명, 13%), 방글라데시(119명, 12%)가 다수를 차지하

2) '난민불인정 결정통지서 및 난민불인정 사유서'를 받은 날부터 30일 이내에 법무부 장관에게 이의신청을 할 수 있음 * 출처: 서울지방변호사회, 난민사건 법률지원 매뉴얼, 2018, p. 65.

는 반면 네팔, 중국, 스리랑카, 파키스탄, 나이지리아 같은 국가 출신들은 상당한 수가 난민신청을 하였음에도 불구하고 단 한 명도 난민의 지위가 인정되지 않았거나 극소수만 인정되었다(〈표 2-3〉, 〈표 2-4〉 참고). 특히, 전 세계적으로 시리아(85%)와 예멘(82%) 출신이 난민인정자 중에 가장 많은 비중을 차지하는데 비해 한국은 이들 국가 출신의 난민인정자가 극히 소수에 머무른다는 점이 주목할 만하다.

이러한 격차 발생의 원인은 첫째로 한국 정부가 난민제도의 오·남용을 우려하여 이주노동자가 다수 유입된 국가 출신의 난민신청에 대해서는 부정적인 시각을 갖는다는 점, 둘째로 외교적 마찰 등을 우려하여 일부 국가 출신의 난민심사에 대해 소극적이라는 점, 셋째로 역량 있는 통역자의 제공 여부가 난민지위심사에 미치는 영향을 들 수 있겠다.[3)]

연령은 20~40대에 가장 많이 분포되어 있고, 개신교가 가장 많다. 고국에서의 학력수준은 평균 대학 1학년이며, 직업은 자영업이나 학생이 주를 이룬다. 난민신청에 관한 정보나 도움은 출입국관리사무소 보다는 난민신청경험이 있는 본국 또는 다른 나라 출신의 사람이나 시민단체에서 받는다. 한국에 첫 입국 뒤 3개월 이내 난민신청을 하는 사람들이 늘고 있다.[4)]

마지막으로 성별 난민신청자 수를 살펴보면, 남성이 여성보다 월등히 많다. 법무부 난민과에서 제시한 통계를 보자면, 1994년에서 2019년까지 누적된 남성 난민신청자는 49,513명으로 전체 신청자 수(64,358명) 중 76.9%를 차지한다. 여성의 경우는 14,845명으로 전체 중 23.07%

3) 김현미 외(2010). 「2010 한국 체류 난민 등의 실태조사 및 사회적 처우 개선을 위한 정책 방안」. 서울: 법무부 출입국·외국인정책본부. pp. 16-17.
4) 위의 글(2010). p. 63.

로서 남성 신청자 수의 30%에 불과하다. 이 숫자만으로 난민 사유가 여성보다 남성에게 훨씬 많이 발생한다고 단하기는 어렵다. 경험적으로 볼 때, 남성 난민이 여성 난민에 비해 국외로 탈출하기 유리한 여건에 처한다고 보는 것이 합리적이다. 참고로 여성의 경우, 이미 난민으로 인정받은 남편이 가족결합을 신청하여 입국한 경우가 다수인 것으로 파악된다.

2) 한국의 난민인정 절차

한국의 난민인정 절차는 크게 세 단계로 이루어져 있다. 서울출입국사무소에서의 난민인정신청서 접수와 이에 대한 서울출입국사무소의 면담, 사실조사 및 심사, 결정과 통지가 1단계이다. 불허된 경우에는 불허사유가 적시된 난민인정불허통지서가 발급되는데 이에 대한 이의신청 접수, 법무부의 난민인정협의회(추후 '난민위원회')에서의 심의, 결정 및 통보가 2단계를 구성한다. 마지막 단계로, 이의신청에서도 난민인정이 불허되면 서울행정법원에 행정소송을 제기할 수 있다. 여기서 승소할 경우, 법무부에 의한 난민지위불허 결정이 취소되어 난민으로 지위를 인정받게 된다.

1차적 심사를 담당하는 출입국사무소가 난민 인정에 매우 소극적인데다, 2차적 심사에서도 난민인정협의회가 제 구실을 하지 못해 난민보호의 실질적 책임이 법원으로 전가되는 상황이 벌어졌으며, 난민소송의 경험 미숙과 증거재판에 익숙한 사법부의 속성 상 난민 보호가 지연되고 실현되지 못하였다.[5)] 결국 한국의 난민인정 절차는 3년

---

5) 김성수(2013). 『이민과 난민: 현실, 정책, 법제의 상호작용과 변화, 한국』 토론문. 2013.6.28. 연세대학교 광복관. 이민학회/휴먼아시아/연세대 정치외교학과 동아시

(단위: 건)

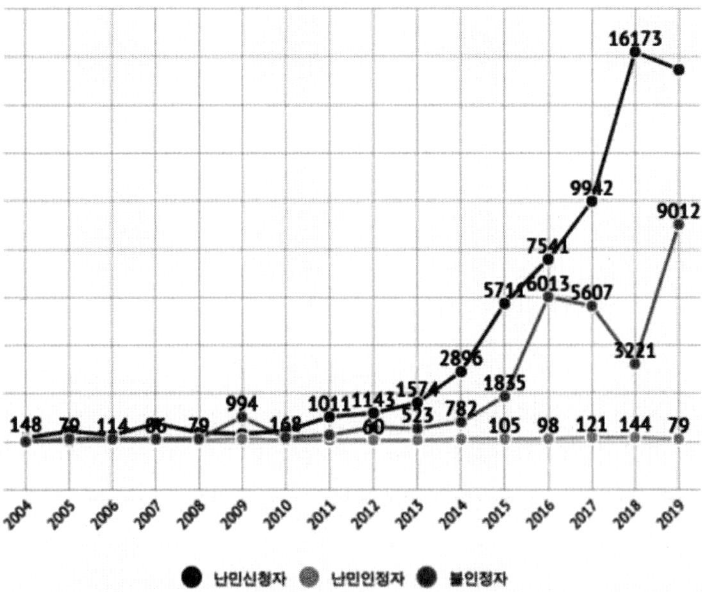

출처: 난민인권센터www.nancen.org

〈그림 2-1〉 난민신청자 현황추이(2004~2019)

여 전까지도 난민신청 후 심사 결과가 나오기까지 최장 8~9년 정도가 걸렸고[6] 지금까지도 평균 2~3년가량 소요될 정도로 심사의 장기화와 적체현상이 고질적이다.[7] 이로 인해 체류 연장 목적을 위한 난민제도의 남용 발생하였을 뿐 아니라 생계지원이 전무하고 취업이 금

아연구사업단; 서울출입국관리사무소에서 난민 신청과 심사 업무를 전담하는 인력은 3명뿐이다.

6) 김성인(2013b). "난민인권의 보장과 지방정부의 역할." 『외국인인권침해 예방 토론회』. 2013.8.29. 안산글로벌다문화센터. 경기도외국인인권지원센터.

7) 법무부 출입국·외국인정책본부(2010). pp. 15-16.

지 된 가운데 오랜 기간 동안 1단계에서 3단계까지의 과정을 밟는 난민신청자들은 인권의 사각지대에 놓이게 되고 말았다. 김성인은 난민신청 접수 단계에서의 지나치게 장기화된 난민심사기간은 난민인정자의 자립역량을 저하시키는 요인이라고 지적한다.[8)]

2015년 12월 기준으로 심사대기 중인 난민신청자 수가 5,542명으로 역대 최고이다. 2009년에 행정청은 적체되었던 사건들을 한꺼번에 심사하면서 사상최대인 74명을 난민으로 인정하는 동시에 944명이 불허한 적이 있다. 심사의 공정성과 정확성 문제가 떠올랐고, 행정소송 제기가 크게 늘었다.[9)] 법무부가 난민법 시행을 계기로 인력증원 등의 인프라 정비를 목표로 하고 있지만,[10)] 최근 난민신청자가 급증한 만큼 현재 역대 최고의 수에 달하는 난민신청자들(절반은 난민법에 시행되는 2013년 7월 1일 이전에 난민신청을 한 자들로서 난민법의 소급적용을 받지 않는다.)[11)]의 대기시간이 크게 완화될 것이라 예상하기 어렵다(〈그림 2-1〉 참고).

---

8) 김성인(2013a). “새 난민법 시행에 대한 우려.” Amnesty Magazine. 2013. vol.3.
9) 법무부 출입국・외국인정책본부(2010). pp. 15-16.
10) 박재현(2012). “난민법 시행과 난민정책.” 『난민법의 바람직한 이행을 위한 정책 심포지엄』. 국회의원회관. 2012.12.12. 국회인권포럼/유엔난민기구.
11) 김종철(2012). “난민법 제정의 의미와 향후 과제.” 『난민인권보호 및 증진을 위한 정부와 시민사회의 역할과 협력방안』 발제문. 2012.8.21. 고려대학교 국제관. 국가인권위원회/휴먼아시아/고려대학교 국제대학원. 김종철은 난민법을 2013년 7월 1일 이후에 난민신청한 사람에게 한해 적용하는 것은 헌법상 평등권 위반의 소지가 크다고 보고 있다(p. 45).

2. 난민의 인권 실태

1) 난민의 권리에 대한 국제기준 및 국내법

난민은 본국에서 박해를 받았거나 받을 위험에 놓인 "권한이 부족하거나 무력한(lack of empowerment or powerless)"[12] 이들로 "인권의 관점에서 특별한 보호나 관심을 받는 혹은 받아야 하는 인구의 구성부분"[13]이다. 언어와 문화가 다른 타국에서 비호를 구할 수밖에 없는 이들의 취약성(vulnerability)은 특별한 보호조치와 적극적 평등실현조치를 요구하기 마련이다.[14] 그러나 한국의 「난민의 지위에 관한 협약(이하 '난민협약')」 가입 당시 난민의 특수한 상황에 대한 고려나 특별한 보호조치의 필요성조차 논의되지 않았다. 예컨대, 난민협약규정 중 사회보장과 긴밀하게 관련된 제23조(공공구제)나 제25조(행정적 원조) 등에 대해 국내법 규정과의 비교 검토가 이루어지지 않았다. 난민협약 가입 이후, 한국에서 사회보장법제의가 크게 완비되었는데 사회보장기본법, 국민기초생활보장법, 국민건강보험법, 고용보험법, 기초노령연금법, 긴급복지지원법, 장애인·노인·임산부 등의 편의증진보장에 관한 법률, 건강가정기본법, 청소년보호법 등의 개별 법률이 난민에게 적용되는지 여부와 방법의 논의는 미미하였다. 그리고 2013년 7월 1일 난민법이 시행되기 전까지 출입국관리법의 입법방식과 적용

---

12) Bustamante, J. (1998). Working paper of the working group of inter-governmental experts on the human rights of migrants, UN Doc. E/CN.4/AC.46/1998/5, para.28.

13) Committee on Economic, Social and Cultural Rights(CESCR), General Comment No. 12, 1999, para.13.

14) 황필규(2009). "한국의 이주민 법제의 시각과 관련 쟁점." 조선대 법학논총, 제16집 제1호. pp.7-10.

은 '난민보호'의 차원이 아니라 '출입국관리'의 성격을 띠었고 난민의 기본 지위 및 사회적 처우의 적절한 규정을 둘 수 없던 문제를 가지고 있었다. 그 결과 오랫동안 난민은 난민협약에서 보장하는 권리마저도 제대로 보장받지 못하였다.[15] 난민의 권리를 포괄적으로 이해하기 위해서는 난민협약과 난민협약을 수정·보완하고 있는 여러 국제인권협약들[16], 보호국의 헌법과 그 밖의 개별 법률을 살펴보아야 한다. 우선, 대한민국 헌법 제6조 1항과 제2항에 따라 난민협약 그리고 한국이 가입·비준한 「경제적, 사회적 및 문화적 권리에 관한 국제규약」, 「모든 형태의 인종차별 철폐에 관한 국제협약」, 「아동의 권리에 관한 협약」 등의 인권협약은 국내법과 같은 효력을 가진다. 또한 한국 내 난민은 귀화를 통해 국적을 취득하지 않는 한 기본적으로 외국인의 지위에 관한 일반적 법률의 적용을 받는다. 따라서 「헌법」과 「출입국관리법」[17]을 비롯하여 「재한외국인처우기본법」[18], 「외국인근로자의 고용 등에 관한 법률」[19], 「다문화가족지원법」[20], 그리고 「거주외국인 지원조례」와 「외국인주민의 인권 증진에 관한 조례」 같은 외국인 관련 지방자치단체 조례가 난민과 관련이 있다.[21]

---

15) 황필규(2013). "난민법 제정의 의의와 경위." 이민과 난민: 현실, 정책, 법제의 상호작용과 변화, 한국 발제문. 2013.6.28. 연세대학교 광복관. 이민학회/휴먼아시아/연세대 정치외교학과 동아시아연구사업단. pp.7-14.

16) Edward, A.(2009). "Human Security and the Rights of Refugees: Transcending Territorial and Disciplinary Borders". Michigan Journal of International Law. vol.31. no.3. pp.792-795.

17) 법률 제9142호, 1994년에 난민 규정 신설, 그 후 여러 차례 일부 개정

18) 법률 제8442호, 2007.5.17. 제정

19) 법률 제10339호, 2010.6.4. 타법개정

20) 법률 제9932호, 2008년 제정, 2010.1.18. 타법개정

21) 김철효(2010). "한국 내 난민의 경제적, 사회적 및 문화적 권리: 법률 및 정책의 현황 및 국제법에 따른 검토." 난민 사회권의 제도적 보장: 현황과 과제 발제문. 2010.11.17. 국회 헌정기념관. 국회인권포럼/유엔난민기구/한양대학교.

2) 난민지위인정절차에서의 인권침해

한국 정부의 난민지위 인정은 난민의 한국 체류 허가와 외국인보다 불리하지 않은 대우 또는 내국민과 동일한 대우를 받기 위한 선결조건이다. 그러므로 난민보호를 위해 난민지위인정절차가 신속하고 공정하게 이루어져야 하며, 이때 난민의 특수성과 취약성이 고려되어야 할 것이다. 그러나 그간의 제도와 관행은 인도주의와 초국적 책임의식, 제도적 정비와 전문성이 심각하게 부족하였다고 평가할 수 있다. 이로 인한 난민인권침해를 단계별로 살펴보자. 우선 난민신청접수 단계에서 담당 공무원이 자의적 판단으로 접수를 보류하거나(추가 증거자료 제출을 요구하며 보류시킴. 필체가 알아보기 어려워서 보류시킴) 난민에 해당되지 않는다고 설득하는 일이 종종 있는데 난민신청자는 한국 정부가 신청 자체를 거부하였다고 여기기도 한다.[22] 또, 한국어나 영어 이외 언어로는 난민신청서와 진술서를 번역본 없이 받지 않고 있어(신청 시 번역인도 동반해야 한다) 다른 언어 구사자에게 큰 장벽이 되고 있다. 난민법의 시행규칙에서 접수과정의 통역인 통역 가능성을 규정하고 있는데,[23] 언제 실현될 수 있을지 미지수다.

그리고 가장 문제되는 사항은 정상적인 출입국 절차를 통해 영내에 완전히 입국한 후에야 난민신청을 할 수 있어 출입국 항의 난민신청 절차 접근이 불가능하다는 점이다. 이를 시정하고자 난민법 제6조는 출입국 항의 신청을 규정하고 있다. 그러나 시행령에서 심사회부결정 여부를 심사할 수 있어 난민신청 접수거부 또는 심사거부가 정

22) IOM(2012). 한국 난민정책의 방향성과 정책의제 연구. p. 33.
23) 황필규(2013). p. 29; 어필. 2013. "[보도자료] 난민법 시행령(안)의 개선 필요성." 2013.6.19.

당화될 수 있다는 점, 심사 불회부 결정이 있는 경우 이의신청 등의 후속절차의 여부에 대한 언급이 없는 점, 심사 회부 결정이 있는 경우에도 주거제한, 보증금 등의 조건부 입국허가를 가능케 해놓은 점에서 논란이 불거지고 있다.[24)]

출입국관리 공무원과의 면담도 주목해야 한다. 난민신청서와 진술서, 면담기록부는 난민의 자격요건을 판단하는 데 핵심적 근거가 되므로 공정성, 난민의 특수성과 취약성 고려가 필수적이다. 그러나 여러 가지 문제가 지적되고 있다. 첫째로 원활한 통역을 제공하지 못하고 있다. 소수언어일수록 문제는 심각해진다. 둘째로 면담 시 변호인 또는 법적 대리인의 동석, 면담의 녹음이나 녹화가 제도적으로 허용되지 않았다. 난민법 제8조, 제13조가 이 부문을 개선하고 있는데, 난민신청자가 자신의 동성(同性)의 면담 공무원 요청 등의 권리를 신청 단계에서 알 수 있도록 하는 추가 조치가 필요하다. 셋째로 면담 기록부 문제가 있다. 기록부는 한국어로만 기록되고 면담 후 난민신청자가 진술의 진실성을 확인하는 서명을 하도록 되어 있다. 문제는 신청자가 그 내용을 제대로 확인하거나 숙지하지 못한 채 서명하여 소송단계에서 진술을 번복하는 상황이 부지기수라는 것이다. 난민법 제15조, 제16조가 이 부문을 개선하고 있다. 마지막으로, 면담 공무원의 자질과 역량 부족도 지적할 수 있다. 다른 나라의 경우 면담 역량 강화를 위한 교육프로그램 이수가 필수이고, 면담 참가자들(면담 공무원, 난민신청자, 통역인, 변호사 등) 간의 언어적·문화적 차이(cross-cultural differences), 난민의 특이한 하위문화, 면담 시 형성되는 구조적 권력 관계(power relations), 면담 참가자들의 이해관계와 스트레스

---

24) 황필규(2013). pp. 29-30.

가 의사결정에 미치는 영향, 난민신청자들이 겪는 외상후 스트레스가 진술에 미치는 영향 등에 대해 전문훈련을 받는다.[25] 그런데 난민법 시행령(안) 제6조는 난민 심사관의 자격에 '난민 관련 업무에 대한 전문적인 지식과 경험이 있는 5급 이상 출입국관리공무원'이라는 불명확한 기준으로만 명시하여 실효성이 없으므로 그 기준을 구체화할 필요가 있다.[26]

마지막으로 난민인정소송단계에서는 난민신청자들의 법적 절차에 대한 지식 부족과 소송비용 문제, 그리고 통역인의 자질 문제가 오랫동안 비판받아 왔다. 무슬림 여성의 문화를 고려하지 않고 한국인 남성 통역자를 지정한 법원의 조치, 통역인 고용의 적은 예산과 그에 따른 저조한 통역인의 역량 등이 비판의 대상이 되었다.[27] 이에 법무부는 2012년 5월 14개국 출신의 64명의 통역인 전담 예비 인력을 구성하여 18개 외국어의 통역서비스 지원 체계를 구축하였다고 밝혔다.[28] 한편 소송 관련 문제들은 법원, 대한변호사협회, 서울변호사회

---

25) Asylum Officer Basic Training Course(2002), Participant Workbook, US citizenship and immigration services-RAIO-asylum division. December 5, 2002.

26) 어필(2013).

27) 임아영(2011). "난민신청 4년 지나 '불허' 통지… 알고 보니 엉터리 통역 때문." 경향신문. 2011.6.15.(http://news.khan.co.kr/kh_news/khan_art_view.html?artid=201106152150015&code=940100) (검색일: 2013.10.28.); 난인인권센터. 2012a. "[난민자료실] 통역, 그 언어의 벽을 넘어." 2013.5.7.(http://www.nancen.org/762): 난인인권센터. 2012b. "[난민자료실] 난민에 대한 부실한 통역 서비스는 바벨탑의 저주" 2009.5.9.(http://www.nancen.org/764); 난민인권센터. 2013. "국내난민현황(2013.05.31.)." (http://www.nancen.org/1029)

28) 법무부(2012). "[보도자료] 법무부, 난민을 위한 통역지원체계 구축." 2012.5.23. http://www.moj.go.kr/HP/COM/bbs_03/ListShowData.do?strNbodCd=noti0005&strWrtNo=2733&strAnsNo=A&strNbodCd=noti0005&strFilePath=moj/&strRtnURL=MOJ_30200000&strOrgGbnCd=100000&strThisPage=2&strNbodCdGbn>

등 기관의 소송구조와 법률구조[29], 그리고 공익법 단체들의 활동 덕분에 많이 해소되었다.

3) 경제 · 사회 · 문화권과 관련된 인권침해

(1) 취업 및 노동의 권리

난민협약 제17조는 임금이 지급되는 직업에 종사할 권리에 관하여 난민 및 난민지위신청자에게 외국인에게 부여하는 것 중 가장 유리한 대우를 할 것과 자국민과 동일한 권리를 호의적으로 고려할 것을 규정하고 있다. 자영업과 자유업(대체로 전문직을 뜻하며 해당국의 관할기관이 인정하는 자격증 소지 필요)의 경우 일반적인 외국인에 대한 대우만큼 보장해야 한다(제18조, 제19조). 한편 「경제적, 사회적 및 문화적 권리에 관한 국제규약」 제6조는 해당국은 모든 사람의 근로 권리를 인정해야 한다고 규정하는 바, 모든 난민 체류의 합법성 여부와 관계없이 노동할 권리가 있다. 그리고 난민협약 제24조, 「경제적, 사회적 및 문화적 권리에 관한 국제규약」 제7조와 제8조, 「모든 형태의 인종차별 철폐에 관한 국제협약」 제5조에 의하면 근로조건을 자국민과 동일한 대우와 보수, 승진, 휴식, 유급휴일 등의 권리를 부여해야 하고, 노동조합 설립 및 가입이 가능하고, 인종 및 성별에 따른 차별이 금지된다.

문제점은 다음과 같이 요약할 수 있다. 첫째, 인도적 체류자와 난민신청자는 난민협약에 따르면 합법적 체류자인 데도 제한적인 취업허가를 받았을 때만 취업활동을 할 수 있어 노동 권리를 인정받는다

---

29) 소송구조: 법원에서 소송비용을 면제시켜주기로 결정하는 것.
법률구조: 법률구조재단에서 소송비용을 대신 납부해주는 것.

고 보기 힘들다. 한국에서 인도적 체류자와 난민신청자는 G-1의 체류자격을 받아 기본적으로 취업활동이 금지되어 있고, 법무부에서 취업을 허가해줄 수는 있다(난민신청자는 난민신청을 한 날부터 1년(난민법 시행으로 6개월로 변경됨) 경과 후 가능). 이때 고용계약서와 사업자등록증 사본을 제출을 요구하는데 이는 취업허가도 받지 않은 상태에서 고용계약을 먼저 체결하도록 요구하는 것과 같아 취업을 어렵게 하는 요인으로 작용한다. 재외동포 외국인이 고용계약 없이 사증을 발급받고 사후 취업신고를 할 수 있는 것과는 사뭇 다르다. 또, 취업허가 기간도 인도적 체류자는 1년 6개월, 난민신청자는 3개월로 제한하고 재연장하도록 규제하고 있다.[30]

둘째, 취업지원 및 일자리 창출 지원, 창업지원을 하는 여러 가지 국내법과 프로그램에서 난민 및 외국인을 정책 대상에서 명시적으로 배제하고 있지는 않지만, 시책의 대상이 되지 않는다는 해석도 가능하고 난민 참가자의 여부 또한 확인되지 않고 있다. 다만, 지방자치단체의 공공근로사업은 난민 등 외국인도 참여대상에 포함될 수 있는 여지가 있어 보인다.[31]

셋째, 외국인, 특히 단순노동직 종사자는 보수, 승진, 휴식, 유급휴일 등의 근로조건에서 불리한 대우를 받는 것이 관행되어 있다. 게다가 난민들은 피부색이 짙을수록 인종차별을 경험한 적이 있거나 그렇게 느낀 적이 많았다.[32]

---

30) 김철효(2010). pp. 26-30.
31) 위의 글. pp. 28-37.
32) 김현미 외(2010). p. 81.

〈표 2-5〉 난민의 사회보장 적용 범위

	4대 보험	국민 기초 생활 보장법	노인장기 요양 보험법	긴급복지 지원법	의료 급여법	노인 복지법	아동 복지법	영유아 보육법	장애인 복지법
사회보장 적용	○	○	○	○	○	×	○	△	×

※ △는 외국인을 배제하는 조항이 없어 적용 가능한 것으로 해석되는 경우.
자료: 한겨레 21. 제982호. (2013.10.21.).

(2) 사회보장에 대한 권리

난민협약 제20조, 제24조, 제25조에 따르면 배급제도에서, 산업재해 및 직업병, 모성보호, 질병, 불구, 노령, 사망, 실업, 가족부양 및 국내법령에 의해 사회보장제도의 대상이 되는 기타 사고에 대해, 공적구호와 공적원조에서 난민은 자국민과 동일한 대우를 받는다. 「경제적, 사회적 및 문화적 권리에 관한 국제규약」 제9조와 제11조는 각각 모든 사람의 사회보장 권리와 당사국이 의식주를 포함한 적절한 생활수준을 향유할 권리를 규정하고 있다. 「아동의 권리에 관한 협약」 제26조와 제27조 역시 아동의 동일한 권리를 규정하고 있다.

대한민국의 「사회보장기본법」은 사회보험(국민연금, 건강보험, 산업재해보상보험, 고용보험), 공공부조(기초생활보장, 의료급여, 긴급복지지원), 사회복지서비스(아동복지, 영유아보육, 한 부모 가족, 성매매·가정폭력·성폭력 피해자 관련), 복지제도를 사회보장의 범위로 정의하고 있다. 상호주의의 적용을 받지 않는 난민인정자도 원칙적으로 모든 사회보장제도를 적용받는다. 그러나 이러한 제도가 실제로 시행되는지는 완전히 다른 문제이다. 많은 난민인정자들이 일부 지역을 제외하고는 소재나 현황이 제대로 파악되지 않아 사회통합적 관리 및 지원을 받지 못하는 실정이다. 실제로 국민연금관리공단 자료를 보면, 2013년 9월 24일 기준 국민연금 가입자 중 난민은 13명에 불과하였고, 〈한겨레 21〉이 2013년 7월 15일부터 8월 30일까지 설문조사한 난민인정자 97명 중 16명은 의료보험조차 갖고 있지 않았다.[33]

난민협약 상 난민인정자와 마찬가지로 합법적 체류자인 인도적 체류자와 난민 신청자가 사회보장제도에서 누락되어 있는 점은 더욱 큰 문제이다.[34] 예를 들면, 취업이 불허된 난민신청자는 국민건강보험에 가입할 방법이 없다. 대신 보건복지부가 제공하는 무료진료사업과 출입국의 의료비 일부 지원, 외국인노동자의료공제회 가입, 공제회보험료 지원이 사회적 의료안전망 역할을 하고 있는데, 이마저도 정보의 부족과 홍보의 부족으로 접근성이 보장되지 않고 있다.

(3) 교육에 대한 권리

다른 권리에 비해 외국인에게도 즉각 적용되어야 하는 권리로 널리 이해되는 교육권을 살펴보자. 난민협약 제22조는 초등교육에서는 난민에게 자국민과 동일한 대우를, 중·고등교육과 직업훈련, 공납금 면제와 관련해 일반 외국인보다 유리한 대우를 정하고 있다. 「경제적, 사회적 및 문화적 권리에 관한 국제규약」 제13조는 초등교육의 무상의무교육뿐만 아니라 중·고등교육에도 무상교육을 점진적 도입할 것을 정하고 있고, 교육선택권 관련 부모가 신념에 따라 자녀의 종교적, 도덕적 교육을 확보할 수 있는 자유의 존중을 정하고 있고,

33) 박현정(2013). "기본권이라는 이름의 '숭강기'." 한겨레 21. 제982호.2013.10.21. (http://h21.hani.co.kr/arti/special/special_general/35557.html)(검색일: 2013.10.28.).

34) 김철효(2010). pp. 37-50; 이호택. 2012. "난미법의 바람직한 이행을 위한 제언: 난민/인노석제류자/난민신청사의 처우 및 난민시원시설의 운영." 난민법의 바람직한 이행을 위한 정책 심포지엄. 국회의원회관. 2012.12.12. 국회인권포럼/유엔난민기구. pp. 56-57.

교육내용과 관련해서는 민족, 인종, 종족, 종교 간의 이해, 관용 및 친선을 증진하도록 하고 있는 등 난민협약보다 높은 수준의 권리를 규정하고 있다.

국내의 「초·중등교육법」에 따르면 초등학교의 입학은 읍·명·동장이 입학할 학교를 지정하여 해당 아동에게 취학통지를 함으로써 이루어진다. 난민 등 외국인 아동, 그리고 미등록 외국인 아동도 외국인등록사실증명이나 임대차계약서 등 거주 사실을 확인할 수 있는 서류를 확인해 아동을 입학시킬 수 있다. 그러나 학교장의 재량으로 입학을 허가하지 않을 여지가 있어 난민이 내국민 아동과 동일한 초등학교 교육에 대한 권리를 완전히 인정받고 있다고 보기 힘들다. 중고등학교 입학 여부는 전적으로 학교의 학칙 및 학교장의 결정에 따르게 되어 있어 체류자격이 없는 외국인 아동의 경우 실상 중학교 입학을 못한 경우가 대부분이다.[35] 실제로 이러한 절차를 모르거나 학교장이 입학을 거부해 어려움을 겪는 사례가 종종 있다. 또 입학을 하더라도 언어와 종교, 문화의 차이로 적응이 어려워 학업성취도가 낮거나 중도 학업 포기를 하는 경우도 나타난다. 특히 난민 자녀가 중도 입국한 경우, 부모의 법적 지위가 불안정하고 경제적으로 어려운 경우 문제가 심각해진다. 이런 탈학교 외국인 청소년을 위해 교육과학기술부는 다문화 학생 예비학교를 운영한다. 그러나 여기서 말하는 '다문화'란 부모 중 한 명은 한국인이기 때문에 난민 가정은 '다문화'에 포함되지 않는다.[36] 최근 시민사회가 준비하고 있는 "이주아동권

35) 김철효(2010). pp. 50-54.
36) 김현미 외(2010). pp. 133-139; 박현정. 2013. "아빠, 학교에 오지마세요" 한겨레 21. 제980호. 2013.10.07. (http://h21.hani.co.kr/arti/cover/cover_general/35460.html)(검색일: 2013.10.28.).

리법(안)"에서는 학교장의 재량을 제한하여 이주아동의 입학이나 전학을 거부할 수 없도록 하고자 하고 있다.37)

아동과 청소년의 교육을 받을 권리 외에 성인 난민의 교육에도 관심이 필요하다. 김현미 외(2010)의 연구에 의하면 대다수의 난민의 한국어 교육과 직업교육에 대한 열망이 높은 것으로 나타났다.38) 특히, 20-30대의 경우 본국에서의 학업을 지속하거나 전문 기술을 습득함으로써 미래를 설계하고자 하는 강한 열망을 표출한다. 많은 이들이 고국에서 구조적으로 양질의 교육을 받을 기회가 박탈되었다는 점도 또 다른 동기다. 그러나 경제적 이유, 체류자격, 정보부재, 고국에서의 교육이나 경력의 불인정, 한국어로만 된 입시제도나 자격증시험 등이 제약요인이 되고 있다. 난민인정자의 경우, 생계문제 때문에 대학교육이나 직업교육을 선택하기 힘들고 극소수만이 시민단체나 공익재단의 장학금 혜택을 받는다. 난민신청자의 경우 난민심사를 기다리는 동안 자비로 단기어학프로그램은 수강할 수 있으나 대학 입학은 할 수 없다. 향후 난민의 사회통합을 위해서 고등교육과 취업교육 관련 정책 개발이 필요하다. 또, 영국의 난민지원네트워크(Refugee Support Network) 프로젝트 경험을 보면, 난민에게 교육은 교육열 충족 이외에도 심리 치료는 향후 삶에 대한 항구적인 해결책(durable solution)이 될 수 있다. 교육의 기회는 난민이 심리적 동사(psychological hypothermia, 凍死)—불안정한 지위 때문에 미래를 계획하지 못하는 동시에 과거를 돌아보고 정리하지 못하는 증상상태를 벗어나 삶의 목적을 찾고 불확실한 시기를 이길 수 있게 돕는다. 또, 난민이 비호국에 남거나 고국 또는 제3국에 가는 경우 교육은 난민의 생존에 도움이 된다.39) 아프

37) 김철효(2010). p. 54.
38) 김현미 외(2010). p. 140.

리카 출신인 한 난민은 한국에서의 삶을 위해 가장 필요한 것이 무엇이냐는 물음에 이렇게 답한다. "사람마다 사정은 다르지만, 일을 하면 살아갈 수 있다. 오직 교육만이 삶의 두려움에서 벗어나 인간답게, 독립적·발전적으로 살 수 있는 길이라고 생각한다. 고등교육을 받을 기회를 주었으면 좋겠다"40)

(4) 문화권

대부분의 난민은 의지, 자기 결정력, 학력, 경제력 등에서 여타의 이주자 집단과 비등하거나 더 나은 조건을 갖고 있다. 그럼에도 불구하고 난민이라는 사회적 신분 때문에 부정적 인식과 편견, 차별을 겪어 다수가 난민이라는 신분과 국적을 숨기며 산다. 난민의 역량강화와 개선을 위해서는 문화권 실현을 돕는 정책이 있어야 한다는 지적이다.41)

문화권 증진을 위해 선행적으로 난민공동체에 대한 연구와 지원 논의가 이루어져야 한다. 예를 들면, 김포에 모여 사는 줌머인 난민 공동체의 커뮤니티 센터 건립 프로젝트가 부지 문제로 불발되었던 일42)이나 콩고를 제외한 아프리카 국가 출신 난민들의 공동체 형성이나 활동이 부진한 점을 검토할 필요가 있다. 또, 난민 그룹 내에서 국적, 인종, 종교 등의 차이로 차별과 갈등이 발생할 수 있으며 같은 국적, 민족, 인종이라도 상이한 난민 사유가 대인관계와 공동체 형성

39) Elwyn, H. et al.(2012). "I just want to study": Access to Higher Education for Young. Refugees and Asylum Seekers. Refugee Support Network. pp.7-9.
40) 박현정(2013). "기본권이라는 이름의 '승강기'." 한겨레 21. 제982호. 2013.10. 21. (http://h21.hani.co.kr/arti/special/special_general/35557.html)(검색일: 2013.10.28.).
41) 김현미 외(2010). p. 223.
42) 김성인(2013b).

〈표 2-6〉 난민법의 주요 내용

제1장	총칙 (1-4조)—제3조 강제송환금지 의무 난민인정 신청과 심사 등 (5-24조) 제5조 출입국관리공무원의 신청 조력 제6조 출입국항 심사절차 제도 제8조 동성면접의무, 면접의 녹음·녹화 의무 제12조 변호사의 조력을 받을 권리
제2장	제13조 신뢰 관계있는 사람의 동석 허용 제14조 통역의무 제15조 난민면접조서 확인 의무 제16조 자료 열람 복사 의무 제18조 난민인정 결정기한 준수 의무 제21조 이의신청 결정기한 준수 의무
제3장	난민위원회 등 (25-9조)
제4장	난민인정자 등의 처우 (30-4조)
	난민인정자의 처우—제31조 사회보장 제32조 기초생활보장 제33조 교육의 보장
제1절	제34조 사회적응교육 (한국어 교육, 직업훈련 등) 제35조 학력인정 제36조 자격인정 제37조 배우자 등의 입국허가 의무
제2절	인도적 체류자의 처우—제39조인도적 체류자에게 취업활동 허가 난민신청자의 처우—제40조생계비 등 지원
제3절	제41조 주거시설의 지원 제42조 의료지원 제43조 교육의 보장
제5장	보칙—제45조 난민지원시설의 운영 등
제6장	벌칙

의 제약요인이 될 수 있음을 염두하고 정책을 마련해야 한다. 그리고 이러한 논의의 장은 난민들에게 공식적으로 열려야 할 것이다.

(5) 난민법 제정

앞에서 살펴 본 난민의 문제는 한국 사회가 품지 못한 저소득층·비정규직·이주노동자 등이 겪는 문제와 겹친다. 노동권, 교육권 등

사회적 권리가 보편적 권리로 뿌리내리지 못한 우리 현실에 난민이 들어 온 것이다. 난민협약 가입 이후 20여 년 동안 난민은 출입국관리 차원에서 다루어지고 그 밖의 제반 상황은 무관심 속에 방치되었다. 이러한 상황을 변화시킬 계기가 입법자, 법률가, 활동가 등 공동의 노력으로 마련되었다. 2013년 7월 1일 난민법의 시행은 난민인정절차의 공정성, 투명성, 신속성 확보와 난민의 사회적 처우에 관한 권리 보장을 위한 초석을 마련하여 난민보호와 난민 인권 옹호에 진전을 가져올 것이라는 기대를 불러일으켰다.

3. 난민의 사회경제적 삶의 모습

난민의 사회경제적 상황에 대한 최근의 조사는 2010년 법무부가 출간한 연구용역 보고서와 최근 〈한겨레 21〉이 실시한 난민인정자의 추적조사가 있다. 2010년 연구는 난민인정자, 인도적 체류자, 신청자 신분 395명을 상대로 설문조사를 하고 25명을 대상으로 포커스 그룹면접 및 심층면접을 실시하였다. 〈한겨레 21〉은 2013년 7월 중순부터 9월까지 15개 나라 출신의 난민인정자 97명에 대한 설문조사와 14명과 심층 인터뷰를 진행하였다. 연구시점, 대상자 등 다양한 조건의 차이가 있었음에도 조사결과가 제기하는 문제는 대동소이하다. 경제적 어려움과 주거불안, 차별 경험이 가장 중대한 현안으로 나타났다.

1) 차별

우선 개인이 겪는 차별 경험은 생활 전반에서 광범위하게 나타난다. 구직과 직장생활부터 임대인과의 관계와 주거지 관리, 자녀입학, 은행통장 개설, 인터넷 개설, 핸드폰 개통, 자격증시험 응시, 그리고 한국인이 그들을 대하는 태도까지 매우 다양하다. 차별의 원인 또한 복합적이다. 난민이라는 신분 외에 외국인, 인종, 국적, 언어 등이 작용한다. 예를 들어, 아프리카 출신 난민이 직장에서 불시에 해고를 당하였을 때 고용주가 어떤 정체성을 가장 문제 삼았는지 알 수 없다. 그러나 외국인 신분, 인종, 국적 같은 요소보다 먼저 주목해야 할 것은 체류 자격 문서를 소지하고 있지 않거나 있어도 내국인이 이해하지 못하는 데서 비롯되는 불편함과 차별이다. 다수의 난민이 국적, 출생, 결혼, 신분과 관련한 등록제도나 증명할 방법이 없어 일상생활에서 어려움을 많이 겪고 있다. 또, 한국체류가 길어지면 여권이 만료될 수밖에 없고, 그렇게 되면 난민의 경우 외국인등록증과 여행증명서, 난민신청자의 경우 외국인등록증 또는 소접수증명원(소송 진행중일 때는 외국인등록증을 출입국에서 가져가고 소접수증명원을 발급해주며 3개월마다 재발급하게 되어 있다)이 신분증 역할을 하게 된다. 문제는 한국인이 주민등록증과 여권 이외의 신분증을 잘 알지 못해, 핸드폰 개통이며 어학시험 응시 등이 어렵다는 점이다.[43] 이같이 제도적으로 시정노력이 가능한 문제부터 빨리 해결하지 않으면 흑인에게는 공무원이 가스비를 올려서 받는다는 등 잘못된 오해가 난민들 사이에서 싹틔울 수 있다.[44]

---

43) 김현미 외(2010). pp. 57-63.

44) 필자의 다수의 콩고여성난민들이 한국에서 체류한 지 5년 이상이었는데도 이렇게 믿고 있었다.

2) 경제적 어려움

정부의 생계지원 부재를 제외하면, 난민의 어려운 생계문제는 고용 불안과 저임금 문제와 다름없다. 최근 콩고민주공화국 출신 난민 욤비 토나(46)가 광주대 자율융복합전공학부 교수가 되어 화제를 모았지만, 이는 매우 드문 사례다. 한국 난민인정자들이 생계유지를 위해 선택할 수 있는 일자리는 다양하지 않고 토나도 오랫동안 공장직, 단순 사무직을 해왔다. 2013년도 〈한겨레 21〉 설문조사에 참여한 난민 97명 중 절반 정도가 공장·건설 현장에서 아르바이트(45명)를 하고 있었고 그 밖의 직업은 민간단체 활동가 및 정치인(7명), 어학학원 강사(4명), 자영업(4명) 등이었다. 월평균 소득은 설문조사 응답자 90명 중 52명의 150만 원 미만, 7명이 50만 원 미만, 소득이 전무한 난민이 18명이었다. 소득이 없는 경우는 일시적 실업 상태거나 국외에 있는 가족에게 경제적 지원을 받는 것으로 드러났다. 취업이 기본적으로 제한된 난민신청자의 상황은 더 좋지 않다.[45] 2010년 조사에 따르면 40% 정도가 취업 상태라고 응답하였는데 50만 원 이상 100만 원 이하의 급여를 받는 사람들이 가장 많았다. 체류자격 관계없이 취업을 하지 못하면 지인에게 빚을 지거나 NGO나 종교 단체의 지원에 기대는 경우가 많았다. 또, 남성과 여성 모두 장시간의 육체노동과 저임금, 불법취업 단속에 대한 두려움을 직장생활의 주요 어려움으로 꼽았다. 다만 여성의 경우 일의 고됨보다 낮은 임금을 더 큰 문제로 인식하고 있다. 한편, 37.5%가 임금체불을 경험한 적이 있고 산업재해를 당한 인원 가운데 49%는 회사에서 치료를 제공받지 못

45) 박현정(2013). "영어 잘 가르칠 수 있는데…" 한겨레 21. 제980호. 2013.10.07. (http://h21.hani.co.kr/arti/cover/cover_general/35459.html)

하였으며, 산재 시 보상은 단 12%만 받은 것으로 드러났다.[46] 이러한 경제적 어려움은 장기적으로 난민의 영양 공급에 영향을 끼칠 수 있다. 2010년 조사에서 응답자 총 371명 중 211명인 56.9%가 경제적 이유로 식사를 거르거나 굶은 적이 있다고 답하였다.[47]

고용불안과 저임금의 주요 원인은 정보부족, 차별, 역량부족 등으로 요약된다. 우선, 대부분이 한국 정부나 지방자치단체에서 취업정보를 비롯한 한국 생활정보를 받지 못하였고, 절대적 다수가 체류자격별 취업자격 정보—특정 기간 후 또는 특별한 사정이 있을 경우 취업활동허가 등—를 인지하고 있지 않았다. 그리고 고용 시 피부색과 출신 국가를 문제 삼는 것은 비일비재한데, 특히 어학원 등 사람을 대하는 교육 및 서비스업이 그러하다. 피부색이 짙을수록 문제가 되는데, 임금 차등 지급은 관행화되어 있다. 그 결과 일부 아프리카 출신 난민은 미국이나 영국 출신으로 신분을 속이고 대인관계를 맺거나 구직하기도 한다.[48] 미래 희망 업종에 대한 질문에 난민인정자와 인도적 체류허가자 약 절반이 자영업을 꼽았고, 난민신청자들은 취업이라고 대답하여 현실과 희망 사이의 괴리가 큰 것으로 드러났다.[49]

그리고 새로 부상하는 문제가 바로 노후 준비이다. 30~40대가 전체 난민인정자의 65% 이상을 차지하는데 곧 50대에 접어드는 난민은 노후에 대한 불안감이 있을 수밖에 없다. 당장 입에 풀칠하기 바빠 미래를 준비할 여력이 없고 부양가족이 있는 경우 더 그러하다.[50]

이렇게 난민인정자의 경우 고용불안과 저임금으로, 인도적 체류자

---

46) 김현미 외(2010). pp. 67-90.
47) 위의 글. pp. 108-109.
48) 박현정(2013). 위의 글.
49) 김현미 외(2010). pp. 90-91.
50) 박현정(2013). 위의 글.

와 난민신청자는 지위불안과 취업 제한, 생계 지원 부재로 인해 의식주 모든 면에서 힘든 삶을 살고 있다. 재이주를 고민하는 난민이 늘어난 것은 당연한 결과이다. 실제로 2001년 한국에서 처음으로 난민으로 인정된 아프리카 출신 남성은 한국으로 약혼자를 데려와 자녀를 낳고 잘 살아 보려 하였지만 경제적 어려움을 극복하지 못하고 이탈리아로 재이주한 것으로 알려졌다.51)

3) 주거문제와 난민지원센터

난민들은 큰 생활고에 시달리는데 의식주 중에서도 주거문제가 가장 심각하다. 난민인정자의 거주지 선택에 영향을 미치는 주요 요인으로는 같은 민족이나 지인의 거주 지역, 집세 등 경제적 조건, 구직 용이성을 꼽는다. 그래서 같은 민족이나 국적 출신이 구직이 쉬운 공단 지역 인근에 모여 가까이 사는 경우가 대부분이다. 버마인들은 주로부천, 부평, 구로구에 거주하고 줌머인들은 김포에 사는데 이들은 전체 난민인정자의 60% 이상을 차지한다. 나머지 다수는 외국인이 많아 의사소통이 편하고 인종차별이 덜한 이태원, 안산, 의정부, 평택에 거주한다. 일부는 일자리를 찾아 전국 주요 도시와 농촌을 떠돈다. 이 같은 주거지의 수도권 집중 현상은 난민신청자와 인도적 체류자를 포함해도 마찬가지이다.52)

〈한겨레 21〉 조사에 따르면 난민인정자들은 대개 보증금 200-500만

---

51) 김성환(2013). "'1호 난민'은 한국에 없다." 한겨레 21. 제980호. 2013.10.07. (http://h21.hani.co.kr/arti/cover/cover_general/35462.html)

52) 김현미 외(2010). pp. 100-101.; 한겨레 21. "어디서 살고 있나." 한겨레 21. 제980호. 2013.10.07. (http://h21.hani.co.kr/arti/cover/cover_general/35461.html (검색일: 2013.10.28.)

원에 월세 20~40만 원짜리 다세대주택에 살고, 다음으로 공장기숙사 및 임시숙소, 교회나 시민단체의 쉼터 및 숙소, 쪽방에 사는 것으로 나타났다.[53] 김현미 외(2010)의 연구는 세부 정보를 가늠케 하는데, 가족결합이나 혼인·동거로 가정을 이룬 난민인정자일수록 다세대주택에 살고, 비교적 운신이 편한 미혼은 공장기숙사나 원룸, 교회 쉼터에 산다. 국적별로 차이가 나기도 하는데, 중국인은 다수가 쪽방에 살고 버마인은 종교단체가 운영하는 쉼터에서 거주하는 비율이 높다. 한편, 난민신청자의 주거는 매우 불안정하며, 대부분은 친구 집이나 쉼터 등에서 여럿이 모여 산다. 생계를 위해 불법취업을 하면서 다른 형태의 주거로 옮기기도 하지만 고용이 불안정하기 때문에 다시 친구 집이나 쉼터를 떠도는 경우가 많다. 상주 공간 없이 떠도는 모든 상황이 문제가 아닐 수 없는데, 난민신청자의 경우 출입국관리사무소에서 난민인정허가 또는 불허통지서를 우편으로 받고, 주소지를 옮길 때마다 출입국관리사무소에 신고할 의무가 있기 때문이다. 그리고 여성일수록 불안정한 상황에 놓이게 될 경우 지인이나 쉼터의 도움을 받지 못하고 매우 취약한 상태에 빠지는 것으로 드러났다.[54]

마지막으로 논란의 중심에 있던 난민지원센터를 보자. 난민신청자의 지원부재가 난민신청자의 생존권을 침해하고 불법노동으로 몰고 있다는 지속적인 지적이 있었다. 이에 법무부는 영종도에 '출입국지원센터'를 마련해 난민신청자에게 숙식, 의료 및 기초 생계지원, 한국어 및 법질서 교육, 직업훈련 등의 사회적응프로그램을 제공하려 하였다. 그러나 133억 원의 예산을 들여 만든 난민지원센터의 개청은 예정되었던 2013년 9월로부터 기약 없이 미뤄질 위기에 처하였다.

53) 한겨레 21. 앞의 글.
54) 김현미 외(2010). pp. 97-99.

난민을 잠재적 범죄자로, 센터를 기피시설로 여기며 센터가 지역개발의 걸림돌이 될까 우려하는 주민들의 거센 반발에 부딪친 것이다.[55)]

한편, 난민지원 단체들은 첫 난민지원센터가 사회통합적 지원시설이 아닌 사실상의 구금시설이 될까 우려하였다. 첫째, 외곽지역에 위치하여 시민단체, 법률지원 단체, 유엔난민기구, 난민, 시민 등의 접근성 제한, 둘째로 하수처리장, 헬기장, 사격훈련장 등 주변 시설이 난민의 정서에 미칠 영향, 셋째로 막대한 시설운영비와 전체 난민 지원예산집행의 비효율성, 넷째 수용된 난민 간 갈등 발생 가능성 등을 문제요인으로 지적하였다.[56)] 따라서 난민지원 단체들은 난민의 이동자유 허용, 시민단체의 방문과 면회 보장, 구체적인 프로그램 운영계획과 함께 향후 개별 주거와 공동체 기반 시설 형태의 난민지원 시설 육성을 전제로 영종도 지원센터가 난민신청자에게 초기 주거시 설 또는 경유시설로 운영되기를 요구하였다.[57)]

지원센터의 수혜자인 난민의 의견은 어떨까? 2010년 다양한 지위의 난민 395명을 설문조사한 결과에 따르면 일단 70.4%가 난민지원센터 이용 의향을 보였다. 이유로는 47.2%가 '안정적인 주거를 마련해주기 때문'이고 41.4%가 '한국 사회에 적응하는 데 도움을 줄 수 있을 것 같기 때문'이라고 응답하였다. 즉 긴급 쉼터나 한국사회에 적응을 위한 교육 시설의 역할을 기대한 것이다. 그러나 한국을 경험할 기회 박탈, 이동 자유 제한에 대한 우려도 표시하였다.[58)] 따라서

---

55) 엄지원(2013). "혐오시설 된 난민지원센터." 한겨레 21. 제981호. 2013.10.14. (http://h21.hani.co.kr/arti/special/special_general/35506.html)(검색일: 2013.10.28.)

56) 김성인(2013b).

57) 이호택(2012). pp. 67-73.

58) 김현미 외(2010). pp. 185-186.

주요 거주지에서 물리적으로 떨어진 곳에 지원센터가 위치한다는 사실이 다른 반응을 가져오리라 예상된다. 또, 난민인권센터에 따르면 생계비가 지원되는 경우와 생계비가 지원되지 않는 경우 두 가지를 상정하고 지원센터의 입소 의향을 물었을 때, 생계비가 지원된다면 센터에 입소하지 않겠다는 답이 나온다고 한다.[59] 기본적으로 난민들이 다른 주거 형태를 원한다는 것을 읽을 수 있는 대목이다.

4. 난민의 심리 · 정서적 문제

난민으로 인정받기 위해서는 박해(persecution)를 받았거나 받을 수 있는 위험에 처할 수 있다는 객관적 요건이 전제됨과 동시에 그러한 요건으로 인해 두려움(fear)을 느끼고 있어야 한다. 이러한 난민지위의 인정 요건은 난민이 가지게 되는 심리적 취약성을 잘 보여준다.

난민은 일반적으로 발생 과정에서 심각한 차별, 폭력, 협박, 고문 또는 성폭력 등의 박해를 경험하며 이러한 외상들이 일회에 그치는 것이 아니라 다수 그리고 상당 기간 동안 반복된다. 따라서 난민의 경험은 복합 외상(complex trauma), 즉 반복적 · 만성적으로 행해지면서(repeated, chronic) 대인적 폭력(interpersonal violence)의 성격을 띠는 외상 사건의 대표적 사례다.[60] 또한 난민은 보통 외국으로 탈출한 이후에도 새로운 환경과 불안정한 법적 지위 등으로 인해 정신적, 신체적으로 매우 취약한 상태에 놓일 뿐 아니라 심각한 인권침해에 빈번히 노출된다. 이러한 특성상 난민은 외상후 스트레스장애(PTSD; Post

---

59) 김성인(2013b).

60) 안현의(2007). "복합외상(complex trauma)의 개념과 경험적 근거", 『한국심리학회지』 Vol.26, No.1. p.106.

Traumatic Stress Disorder)나 우울증 등의 증상을 보이는 등 심리적으로 몹시 취약한 집단으로 알려져 있다.

난민들의 심리적 취약성은 난민지위의 인정 자체에도 부정적인 영향을 끼친다. 심사관과의 면담 과정에서 트라우마로 인해 자신이 경험한 박해를 제대로 진술하지 못하거나 잘못된 진술을 할 수 있기 때문이다. 또한 난민과 난민신청자들은 트라우마나 우울증 같은 심리적 취약성으로 인해 새로운 사회에 적응하는데 어려움을 겪으며, 부적응으로 인해 더욱 심리적으로 취약해지는 악순환을 겪기 쉽다.

따라서 난민보호제도를 잘 갖춘 외국의 경우 난민신청 단계는 물론이고 관계 공무원과의 면담을 비롯한 사실조사 과정, 난민이 된 이후 사회에 적응하는 단계에서도 세심한 심리상담 및 치료 프로그램을 병행하거나 선행하는 경우가 많다. 그러나 우리나라의 경우 심리적 취약성 문제는 난민이 스스로 극복해야만 하는 과제로 여겨 왔다. 난민지위인정 절차에서 난민의 심리적 취약성에 대한 대책은커녕 이해와 배려조차 부족한 것이 사실이다. 난민신청 접수대와대기자 공간이 분리되어 있지 않고 매우 근접한데도, 담당 공무원이 난민신청을 하는 성폭행 피해자 또는 동성애자에게 다른 대기자들이 들릴 정도로 여러 차례 출국 사유를 물었던 사례가 부끄러운 이야기다.[61] 또한, 외국인보호소 내 수감된 사람들을 위한 정신과 진료 외에는 난민인정자의 사회적 적응을 돕기 위한 심리상담 및 치료 프로그램도 마련되어 있지 않고, 일부 시민 단체 지원 중에 사태의 심각성을 판단한 경우 관련 기관이나 단체를 찾아 연결 및 지원을 하는 형편이다.

난민보호를 논함에 있어 법률적인 보호, 생계 및 사회적 지원과 더

---

61) 난민인권센터(2013). "난민신청 과정에서 한 가지 아쉬운 점." (http://www.nancen.org/1000) (검색일: 2013.10.28)

불어 심리적 안정을 찾을 수 있도록 지원하는 문제는 결코 분리될 수 없다. 그렇다면 어떠한 지원이 우선적으로 이루어져야 할까? 2009년 난민인권센터가 이화여대 심리학과의 트라우마 연구소와 공동으로 진행하였던 『난민을 위한 심리상담 및 실태조사』 사업은 몇 가지 시사점을 던져 주고 있다.

국내에서 난민을 대상으로 한 첫 심리상담 프로그램이었던 이 사업은 72명의 난민을 대상으로 심리적 취약성에 대한 실태조사와 이를 바탕으로 5명의 대상자를 선정하여 심리상담을 진행하는 두 부분으로 구성되었다. 실태조사의 경우 심리상담 분야에서 널리 사용되는 '간이성 진단 검사(Symptom Check List-90; SCL-90)'와 '외상후 스트레스 척도(Post-traumatic Stress Diagnostic Scale; PDS)'를 활용하였다. 실태조사 결과 전체 조사 대상자(72명)의 33%(24명)가 한 가지 항목 이상에서 기준치 이상의 점수를 받아 심리적으로 취약한 상태에 놓여있다는 결과가 도출되었다. 가장 많이 기준치를 초과한 항목은 공포불안(10명), 대인예민성(9명), 강박증(8명) 및 불안(8명)으로 나타났으며, 평균 점수를 기준으로 살펴보면 공포불안(55.4), 편집증(52.8)과 우울(52.5) 증상이 가장 높은 수치를 기록하였다.[62)]

한편 법적 지위에 따른 평균점수 차이를 살펴보면, 난민신청자들이 대인예민성, 적대감, 편집증, 정신증 등에서 상대적으로 높은 점수를 보였다. 본국에서의 박해 경험이 비교적 최근에 있었고, 한국에 체류 중에도 불안정한 체류자격과 법적 지위로 인해 지속적인 스트레스에 노출되었고 이는 외국인에 대한 차별이 공공연하게 이뤄지는 한국 사회의 배타적 분위기로 인한 결과로 해석할 수 있다. 또한 신체화 증

62) 난민인권센터, 『난민을 위한 심리상담 및 실태조사』 결과 보고서, 2010. 12.

상이나 공포불안의 경우 난민 및 인도적 체류자들이 오히려 높은 점수를 보이고 있다는 점도 눈여겨보아야 한다. 한편 PDS의 경우에는 기준치 이상의 점수를 기록한 빈도는 모두 5명으로, 난민신청자가 난민인정자와 인도적 체류자에 비해 높은 점수를 보였다. 심리상담의 경우 실태조사 결과 심리 상태가 불안정하고 시급한 조치가 필요하다고 판단되는 5명을 대상으로 주 1회를 기준으로 각각 5~10회 실시되었고, 출신 지역, 성별, 난민지위인정 절차 등의 요소를 고려하였다.

두 가지 심리검사와 심리상담의 종합적인 결론은 난민신청자와 난민인정자 모두 생존에 대한 두려움, 불확실한 미래에 대한 불안감, 상실감 등으로 인한 스트레스가 난민의 원인을 제공한 본국에서의 박해보다 더 큰 스트레스로 작용한다는 것이다. 많은 내담자들이 한국에서의 경제적 어려움과 차별로 인해 심리적 문제를 겪은 적이 많을 뿐 아니라 상담을 진행하는 과정에서도 경제적 어려움과 법적 지위의 불안정 등으로 인해 자신을 돌아보거나 성찰할 여유를 누리지 못한다는 점이 지적되었다. 그리고 이 사업에서 선정된 내담자들은 외부단체에 섭외되거나 스스로 상담을 요청한 경우이고 기본적으로 자신의 문제를 인식하고 사회적 관계를 이어갈 수 있는 내적 동력이 확보된 사람이 대부분이었다. 다시 말해, 정작 심리적으로 더욱 취약한 사람은 외부와의 관계를 단절한 채 소외되었을 수 있다는 점이 지적되었다. 그리하여 이 사업 보고서는 심리 상담에 앞서 내담자들에게 경제적·사회적 안전망을 우선적으로 제공할 것을 요청하고 있다.[63]

사회적 안정망 외에 사회적 유대(social bond) 형성이 심리적 안정과 원만한 정착을 돕는 것으로 보인다. 예를 들어 〈내 이름은 욤비〉의

63) 위의 글. pp. 90-91.

공동 저자 박진숙은 도움을 줄 수 있는 한국 사람을 사귀고 있거나 공동체를 형성할 수 있는 종교를 가진 난민이 정착에 성공하는 경우가 많다고 지적한다. 마찬가지로 국내에 존재하는 국가별 공동체와 동료관계를 형성할 수 있는 일자리가 있을 때도 도움이 되는 것으로 보인다.[64)]

5. 난민의 민관 지원 단체 사업과 활동

1) 민간단체의 지원활동

한국에 비호를 요청한 난민을 국내 시민단체들이 지원하기 시작한 시점은 외국인 노동자와 북한 이주민을 돕고 있던 피난처가 2001년 6월에 버마 난민의 지원을 시작하면서부터이다.[65)] 피난처 이외의 대표적인 단체로는 난민인권센터, 에코팜므, 어필, 공감, 동천, 아시아평화를 향한 이주(MAP), 메디피스, 휴먼아시아 등을 들 수 있고 모두 서울에 사무소를 두고 있다.[66)] NGO들의 지원활동은 단체의 특성에 따라 법률 지원, 생활 및 자립 지원, 교육 및 권리 옹호 캠페인, 국제연대로 크게 나누어 볼 수 있다. 법률지원은 난민신청을 위한 상담과 소송지원, 그리고 이를 위한 난민 발생 본국의 인권상황 조사(COI)를 포함한다. 그 동안 시민단체의 활동은 생활 및 자립 지원과 함께 법

64) 김성환(2013). "'1호 난민'은 한국에 없다." 한겨레 21. 제980호. 2013.10.07. (http://h21.hani.co.kr/arti/cover/cover_general/35462.html)(검색일:2013.10.28.)
65) http://www.pnan.org/new/sub/info.html
66) 대한민국 정부의 비호를 찾아온 난민들을 지원하는 단체들 외에도 따비에(THABYAE, 태국 메솟 난민촌 지원), 록빠(ROGPA, 인도 거주 티베트 난민 지원) 등의 해외 난민촌 지원 사업을 하는 곳도 있다.

〈표 2-7〉 난민지원 민간단체 소개

피난처 (Refuge Pnan)	가장 오래된 난민지원 민간단체로 한국에 온 국제난민과 북한난민들을 돕는 종교 기반시민단체(faith-based NGO)다. 크게 법률지원(난민인정 절차), 난민생활지원, 해외난민지원 등의 일을 수행한다. 그중에 난민숙소운영 및 커뮤니티 활동은 피난처의 대표적인 생활지원활동이다. 커뮤니티 활동으로는 한국어교실, 태권도교실, 수영교실 등이 있다.
난민인권센터 (NANCEN)	난민법률지원, 외국인보호시설모니터링, 난민의 권리보장 및 관련 예산증액운동을 한다. 자립 지원 사업으로는 긴급구호, 분유지원, 쉼터지원, 의료・심리상담 서비스 연계가 있다. 시민교육 및 캠페인, 국제연대활동도 하고 있다.
휴먼아시아 (Human Asia)	아시아의 인권상황 개선을 위한 인권옹호활동 및 캠페인, 인권활동가 육성을 위한 다양한 교육과 훈련프로그램 기획에서 난민이슈를 소개하고 있다.
공익법센터 어필(APIL)	공익인권활동을 위한 비영리 공익 법률가 단체이다. 주로 소송, 법률교육, 국제연대, 공익법 중개, 제도연구, 입법운동 등을 통해 난민의 인권을 옹호하고 있다. 온라인 난민판례검색시스템(w4refugee.org)을 구축하고 있다.
에코팜므 (EcoFemme)	난민 여성을 비롯함 이주여성들의 치유, 성장, 자립을 추구하는 사회적 기업이자 이주여성을 위한 문화공동체이다. 상담, 치료, 정기모임이 이루어지며, 이주여성의 성장과 자립을 위해 작가양성프로젝트, 수공예품 판매와 공연과 전시 등의 활동을 한다. 특히 콩고출신 난민여성들이 작가로 활동하고 있다.
공감	사회적약자의 인권옹호와 권익향상을 목적으로 하는 공익 변호사 단체이다. 난민영역에서는 출입국과 관련하여 단속・보호・강제퇴거 절차상의 인권보호를 위한 활동, 소송, 난민지위인정 절차의 투명성 증진을 위한 입법운동 등을 하고 있다.
동천	공익법률 지원활동을 하는 로펌이다. 난민 영역에서 프로보노 변호사, 여러 난민 관련 NGO들과 협력하여 난민불인정취소처분 등의 공익소송, 각종 난민 관련 해외 판례 연구, 난민지원 통역인 교육 시스템 개발 및 운영 등 다양한 난민지원활동을 수행하고 있다.
아시아 평화를 향한 이주 (MAP)	아시아 지역에서 일어나는 비자발적인 이주 문제에 대해 아시아인들의 관심과 행동을 촉구하기 위해 2015년 한국에서 기작한 비영리단체. 비자발적 이주로 인해 파괴되고 상처입은 개인과 가족, 공동체의 회복을 지향한다. 난민을 위한 옹호운동과 의료서비스를 중심으로 활동한다.
메디피스 (Medipeace)	보건의료 전문 국제개발NGO로 국내에 거주하는 난민들을 위해서는 보건 의료 관련 조사를 한다. 세계난민의 날에는 무료 건강검진 서비스 제공 또는 인식 개선 캠페인을 하고 있다.
세이브더칠드런 (Save the Children)	난민신청자, 인도적체류지위자, 난민인정자 가족들 중에서 지원이 필요하다고 판단되는 가정을 선별해 각 가정 당 아동 한 명에 대해서 매달 현금 20만 원을 지급하고 있다.
한국 이주민 건강 협의회, 안산 외국인노동자센터, 의료공제회	국민건강보험에 가입할 수 없는 외국인을 대상으로 한 의료공제회를 운영하고 있다. 난민은 협력 병원을 통해 할인된 가격으로 의료서비스를 제공받을 수 있다. 주로 이주노동자나 외국인을 지원하는 센터들이 협력 사무소 역할을 하므로 이곳에 문의하면 협력 병원에 소개를 해준다.

률 지원에 집중되어 있었다. 비호신청자가 난민지위를 한국 정부로부터 인정받는 것이 난민보호를 위한 가장 중대한 일이거니와 정부가 난민지위심사과정에서 비호신청자에게 제공해야 할 통역 등의 지원을 제공하지 않았기 때문이다. 난민지원 시민단체들은 2006년 새로운 난민법 제정을 위한 기초 연구 및 토론회를 기점으로 '난민지원네트워크'라는 연대 모임을 정기적으로 갖고 있다. 난민법 제정 등 제도 개선 이외에 국제연대와 인식개선 캠페인 등 다방면에서 협력해오고 있다. 대표적인 국제연대활동으로는 아·태 지역의 난민보호문제의 협의 및 공조를 하는 APRRN(Asia-Pacific Refugee Rights Network)이 있다.

쉼터와 같은 주거지원을 하는 단체는 피난처와 한 곳뿐이다. 피난처는 남자 20명과 여자 5명에게 쉼터를 제공할 수 있는 숙소를 운영하고 있다. 정부 기관의 주거 지원이 현실화되지 않았고 시민단체들의 쉼터 제공 능력에 한계가 드러난 가운데 사실상 수많은 지역 교회가 쉼터 제공 역할을 맡고 있다.

공감과 어필, 동천은 공익법률 지원을 하면서 난민을 지원하는 대표적인 단체들이다. 입법 활동과 소송, 판례 연구 이외에도 연구 및 조사, 국제인권 메커니즘을 이용한 난민인권옹호 등 다양한 활동을 하고 있다. 근래에는 법조계에서의 난민지원에 대한 관심과 참여가 증가하고 있는데 대한변호사협회와 대한변협인권재단은 함께 법조인과 활동가를 대상으로 난민법률지원 커뮤니티 실무교육을 매달 실시하고 있다.

2) 정부의 지원활동

국가인권위원회는 연구사업, 교육사업, 협력사업을 통해 난민 인권 향상을 도모하고 있다. 정부를 상대로 난민인정 절차 및 사회적 처우에 관한 제도 개선을 권고하고 있다. 또, 안산시 외국인 이주민센터는 난민지원을 하는 대표 지자체 기관으로 한국어 교육, 통역 지원, 의료 및 법률 서비스 제공, 생활정보 제공, 문화 체육 활동지원 등 다양한 행정서비스를 제공하고 있다.

보건복지부는 외국인 소외계층 무료 진료 사업을 하고 있다. 난민은 지방의료원, 적십자병원, 국립의료원 등 무료진료 사업시행 의료기관으로 등록 또는 인증된 의료기관에서 의료 혜택을 받을 수 있다. 1회당 500만 원 범위 내에서 입원부터 퇴원까지 발생한 진료비를 지원 받는다. 또, 보건소에서는 외국인 임산부에게 대부분 무료로 서비스를 제공한다.

한편, 법원에서는 외국인 전담 소송구조 제도를 통한 외국인 소송구조 지정 변호사 지정, 통역 및 번역 지원, 변호사 보수 및 통역·번역료를 지급하고 있다.

3) 국제기구의 지원활동

대표적인 난민관련 국제기구는 유엔난민기구와 국제이주기구, 이주정책연구원이 있다. 유엔난민기구 한국 대표부의 한국에 비호를 청한 난민을 위한 보호활동은 옹호활동과 역량강화활동으로 대분된다. 옹호활동에서는 정책 개발과 논의 촉진, 법률 제정 및 개정과 관련하여 여러 분과와 논의 및 의견서 제출, 보호대상자에 대한 정부 지원 모니터링을 한다. 역량강화활동으로는 정부, 변호사, 법원, 시민단체 등에 대한 교육, 법률 지원 등이 있다. 난민을 위한 상담 시간도 운영하고 있다.[67] IOM 이주정책연구원은 주로 조사, 연구 결과를 출간물로 발행하는 연구 사업과 학술회의 주관 및 후원을 통해 한국 난민 정책 동향을 살피고 있다.

67) 채현영(2013). "유엔난민기구의 역할과 난민지원, 국제법과 난민법" 『난민법률지원 커뮤니티 실무교육』 발제문. 2013.03.28. 변호사 교육문화관. 대한변호사협회/대한변협인권재단.

제 3 장

난민으로 살아가기 경험에 대한 현상학적 이해

제3장 난민으로 살아가기 경험에 대한 현상학적 이해

1. 난민으로 살아가기 경험에 대한 현상학적 연구

1) 우리나라 난민 약사(略史)

한국에 거주하는 외국인은 2019년 국가통계에 따르면 장기, 단기 체류외국인을 합하면 2,367,607명이 등록되어 있다.(국가통계포털 KOSIS, 2018) 오늘날 이주민들은 한국 사회 중요한 구성원이자 정치, 사회, 문화 전반에 걸쳐 다문화 사회로의 역동적 변화를 이끌어가는 주체로서 살아가고 있다. 이주민들이 양적으로 증가하면서 '다문화' 주체로서 이주민 사회의 다양성과 복잡성도 증가하고 있다. 하지만 이주민 집단의 다양한 문화적, 사회적 정체성을 '다문화'라는 틀 안에서 단순화시키고 합법적 등록 이주민 중심으로 접근하는 정부의 다문화 정책은 다양한 이주민들의 사회적 요구와 필요를 반영하지 못하고 오히려 구성원을 배제하고 소외시키는 결과를 가지고 왔다. 실제로 합법적 지위를 가진 결혼이주여성이나 이주노동자를 제외하고 다른 사회문화적, 정치적 상황에서 살아가는 이주민들은 사회적 관심에서 벗어나 한국 사회의 적응과 정착에서 중첩된 어려움을 겪고 있다. 이들 가운데 난민이 있다. 한국 사회에 난민의 존재가 알려진 것은 오래되지 않았다. 그동안 난민 신청자가 없었던 것은 아니었으나 한국 정부는 2001년에 이르러서야 첫 난민을 인정하였을 정도로 난민에 대해 배타적인 태도로 일관하였다. 2000년대 이후 난민의 숫자가 꾸준히 증가하면서 난민에 대한 사회적 관심도 확대되었지만 지금도 난민은 이주민 안에서도 소수자로서 다문화 사회의 담론과 국가 정책의 사각지대에서 살아가고 있다.

1951년 채택된 '난민의 지위에 관한 협약(Convention relating to the status of Refugees, 난민협약)'과 1967년 채택된 '난민 지위에 관한 의정서(Protocol relating to the status of Refugees, 난민의정서)'에 따르면 난민의 요건은 '박해를 받을 우려가 있다는 충분한 이유가 있는 공포'이다. 이는 난민의 성격을 결정짓는 주된 조건이 되는데 여기서 '박해'란 난민협약에 의거 인종, 종교, 국적, 특정 집단의 구성 신분 또는 정치적 의견을 이유로 한 생명 또는 자유에 대한 위협으로 해석할 수 있다(이용호, 2007). 또한 난민협약은 난민을 '난민지위 신청일 현재 자신의 국적국 밖에 있는 자로서 자국 정부의 보호를 받을 수 없거나 또는 그러한 공포 때문에 그 국가의 보호를 받기를 원하지 아니 하는 자'로 규정하고 있다. 이는 국적을 가진 자가 전쟁, 분쟁, 소요사태 등으로 자국정부의 보호를 받을 수 없는 상황과 더불어 박해로 인한 정부보호의 거부를 그 요건으로 함을 보여준다. 오늘날 이러한 난민에 대한 규정은 난민의 자격 요건을 너무 제한적이고 협의적으로 이해하는 것이라 비판받고 있다. 이에 유엔난민고등판무관실(UNHCR)은 난민을 광의적으로 실향민, 환경난민 등 자신의 삶의 터전으로 돌아가지 못한 채 살아가고 있는 이들로 규정하고 있다.

세계적으로 난민의 수는 꾸준히 늘고 있다. 유엔난민고등판무관실(UNHCR)의 '2019년 세계난민경향 보고서'에 따르면 2019년 말 유엔이 인정한 세계난민의 숫자는 2,600만 명에 이른다. 하지만 유엔난민고등판무관실 규정의 고전적 정의나 난민의정서 범주에는 들어가지 않지만 삶의 뿌리가 뽑힌 채 살아가는 준 난민 상태를 포함하면 2019년에 7,950만으로 전년대비 9.2%가 늘었다. 이러한 전 세계적인 '준 난민' 인구는 탈냉전 이후 급격히 늘어난 국지적 분쟁과 전쟁, 테러, 정치적 탄압의 증가로 인해 높아져 가고 있다. 한국 또한 난민신청자와 난민인정자 수가 급격하게 늘어나고 있다. 법무부 발표에 따르면 1994년부터 2019년 12월 말을 기준으로 한국에 인도적 지위 인정을 신청한 난민이 총 64,358명에 이른다. 하지만 이 중 1,015명만이 난민 지위를 획득한 상태이다. 이들 난민인정자들의 출신 지역은 아시아 외에도 중동과 아프리카 등 30여 개국 출신으로 구성된 것으로 나타났다.

난민 증가 속에서 이들에 대한 연구가 이루어지기 시작하였다. 난민 관련 연구는 법학 분야에서 활발하게 이루어져 왔다. 2000년대 이후 국제협약이나 국내 난민법에 대한 해석이나 법제도에 대한 국내외 비교 등의 연구가 이루어졌다. '국제인권법에서 바라본 단일 난민법 제정의 의의'(장복희, 2009), 'EU국가의 난민인정제도'(고기복, 2007) 그리고 '한국에서의 난민의 현황과 난민인정 절차의 개선방안'(고문현, 2008) 등이 법학 분야에서 시행된 선행연구들이다. 또한 난민에 대한 사회적 관심의 성장과 더불어 국내외 난민실태에 대한 연구들이 나타나기 시작하였다. '세계의 난민 실태'(송종호, 2005), '한국의 난민 실태'(이호택, 2005) 등이 국내외 난민 관련 자료를 바탕으로 그 실태를 소개한 연구들이다. 이외에 2004년 민주사회를 위한 변호사 모임과 난민지원단체인 좋은 벗들과 피난처가 난민 70명을 대상으로 실시한 '국내 외국인 난민 인권 실태'를 실시하였다. 상당수는 난민지위를 인정받지 못한 채 신청자 지위로 살아가고 있으며 대부분이 150만 원 이하의 최저임금을 받으며 불법 노동자로 살아가고 있는 것으로 밝혀졌다. 이 조사에서 이들 난민신청자와 인정자들이 겪는 어려움의 원인을 '한국인들의 난민에 대한 인식의 부족'으로 꼽았고 특히 신청자들의 경우 '불안정한 법적 지위'를, 난민 지위 인정자들의 경우 '교육의 문제'를 어려움의 원인으로 지적하였다(민주사회를 위한 변호사 모임, 2004).

전반적인 실태 조사연구로는 2010년 법무부의 의뢰로 이루어진 '한국 체류 난민 등의 실태조사 및 사회적 처우 개선을 위한 정책 방안'이 있다. 본 연구는 359명에 대한 설문조사와 25명에 대한 심층면담을 통해 난민인정자, 인도적체류허가자, 난민신청자, 소송 중인 난민신청자, 난민인정불허자 등에 대한 실태조사를 수행하였다. 실태조사를 통해 법과 제도, 경제, 취업 및 노동조건, 주거와 생활환경, 교육, 의료, 문화권, 사회적 연결, 삶의 만족도 및 미래기획 등 난민들의 삶과 직접적으로 연관되어 있는 요인들의 실태 조사를 통해 이들의 삶과 생활을 실증적으로 분석해 난민 이해를 위한 종합적인 실증 자료를 제시하였다(김현미 · 이호택 · 최원근 · 박준규, 2010).

최근 들어 난민에 대한 국제적인 관심이 높아지고, 특별히 제주예멘난민 이슈가 주목을 받으면서 법률 분야 외에도 사회적 처우에 관한 연구나 난민의 사회통합에 관한 연구물이 쏟아져 나오기 시작했다. 대표적으로 몇 가지만 소개하자면 다음과 같다. '난민 관련 사회갈등 해소와 사회적 합의 도출을 위한 공통 과제와 방향'(국회정책토론회 자료집, 사회갈등연구소 바꿈 주관, 2018.), '제주 예멘 난민신청과 갈등적 난민담론'(송영훈, 한국국제이해교육학회, 2019.), '한국의 난민 인권 운동: 예멘 난민 이전과 이후'(김성인, 한국인권법학회, 2019.), '한국에서 난민으로 살아가기'(한국난민인권연구회, 2018.), '한국에서 인도적 체류자로 살아가기-인도적 체류자의 취업과 노동'(난민인권네트워크, 2019.)

이 중 특별히 한국에서 난민으로 살아가는 이들의 양태를 다룬 조사와 연구들은 난민들에 대한 현황과 더불어 이들의 현실적 문제와 현상의 객관적 실재에 대한 측정과 평가에 유용하다. 난민으로서 겪는 어려움의 원인을 파악하고 삶의 형태에 영향을 주는 각각의 개별적 요인들을 인식하고 그 어려움을 이해하는 데 도움이 되었다. 그러나 난민이라는 정체성으로 살아가는 이들의 경험의 본질을 총체적으로 이해하고 삶을 입체적으로 보여주는 것에는 한계가 있었다.

난민으로 살아가면서 겪는 어려움은 고정된 객관적 실재가 아니라 다양한 정치, 경제, 사회, 문화적 요인과 그 맥락이 만들어내는 구조를 전경으로, 난민이라는 정체성이 상호작용하며 입체적으로 만들어내는 간주관적인 실재이다. 따라서 외연적 요인들을 확인하는 것으로는 난민들이 인간 존재로서 직면하고 겪어내는 경험의 본질을 이해하는 데 한계가 있다. 따라서 난민으로서 살아가기의 의미를 탐색하고자 하는 본 연구는 난민들이 살아가면서 경험하는 불합리하고 부당한 현실의 조건과 요인들을 측정하고 평가하는 것을 목적으로 하지 않았다. 대신에 이러한 문제를 겪는 난민 경험의 의미를 통해 한 인간으로서 난민이 되어 살아가는 본질적 의미를 고찰해보고자 한다.

2) 연구방법

(1) 연구의 방법

본 연구는 한국의 난민이 경험하는 생활세계의 본질을 발견하고 이에 대한 해석을 통해 이들의 실존적인 삶을 이해하는 것을 목적으로 한다. 이를 위해 현상학과 해석학적 접근을 통해 난민들의 경험을 현상학적으로 기술(記述)하는 것에 그치는 것이 아니라 경험에 대한 해석을 통하여 존재의 실존적 의미를 드러내는 것에 목적이 있다. 현상학적 연구는 의식세계를 탐구하는 데 관심을 가질 뿐만 아니라, 연구 대상의 개별적 느낌이나 감정을 드러나게 하는 일도 중요시하기 때문에 난민연구에 적합하다. 특히 새로운 터전에서 생활을 꾸려나가는 과정에서 개인감정의 굴곡과 감성의 추동력이 상황 판단에 큰 영향을 미치므로, 현상학적 연구는 연구 대상자가 겪는 일상과 그들의 관점을 구체적이고 생생하게 파악할 수 있게 해준다.

현상학적 탐구에서 인간은 의식을 가진 존재로서 오직 이 의식으로만 세상에 대한 앎을 형성한다고 본다. 인간의 의식이 없다면 세상은 우리 자신과 무관한 것이 될 뿐이지만 인간의 지향성이 체험을 통해 세상과 상호작용하도록 하며 우리가 사는 이 세계를 알아가도록 한다. 이때 이러한 체험이 성립되는 곳이자 일상적 삶이 이루어지는 곳을 생활세계라 하는데, 우리에게 주어진 생활세계를 이해하기 위해서는 관성적이고 무비판적인 태도를 넘어 적극적인 노력이 필요하다(이근호, 2007). 그러한 노력의 방법이 후설이 주장한 '현상학적 환원'이다. 반 매넌은 이를 "일체의 편견과 선입견을 중지하고 모든 상정들을 괄호로 묶으며, 제반 주장들을 해체하여 우리가 관심을 갖는 현상과 경험에 대한 개방적 태도를 회복하는 것"이라고 하였다. 나아가 현상학적 환원은 단순히 우리가 가진 편견과 지식을 괄호 치는 것을 넘어 현상을 바라보는 스스로에게 끊임없는 질문을 통해 기존의 생각, 이론들에 성찰하고 반성하도록 하는 것이다(이근호, 2007). 현상학적 연구는 이처럼 상식적 선 이해, 추측, 가정, 기존의 편견과 생각 등 본질을 이해하는 데 방해되는 요소로부터 벗어나 어떤 상황에 처한 인간 경험의 본질과 의미를 탐구하고 해석하는 것이다(신경림 외, 2004).

본 연구는 현상학적 연구이자 해석학적 지향을 가진다. 하이데거는 어떠한 현상도 해석되지 않는 현상은 있을 수 없다고 보고 현상학에서의 해석의 필요를 강조하였다. 하이데거의 해석학적 현상학은 후설의 현상학 그 연장선상에 있지만 하이데거에게 후설의 현상학은 철학적 입장이나 방향보다는 존재 그 자체를 드러나는 대로 보여주는 방법이었다(신경림, 2004). 후설에게 있어 진정한 현상학 연구는 순수한 기술이었고 경험에 대한 '해석'은 그 밖의 범위였다면 하이데거에게는 이 둘이 분리되어 이루어진다기보다는 현상학적 이해가 곧 해석을 동반하는 것이었다(반 매넌, 1994). 요컨대 하이데거의 이론은 존재의 실존적 의미를 다루었기에 존재론이고 그 존재론을 다루는 방법론의 관점에서 보았을 때 현상학이며 그 현상학을 다루는 방법론의 입장에서 보면 해석학적인 것으로, 다시 말해 '해석학적 현상학'이라는 것이다(김진, 2005).

하이데거는 그의 현상학 연구에서 개인을 유일무이성의 존재로 보았다. 그래서 그는 개인을 '개체(individual)'가 아닌 비교될 수도, 분류될 수도 없으며 대체되거나 계산될 수 없는 존재로서 '인간(person)'으로 이해하였나(반 매넌, 1994). 현상학에서 기술된 개인에 대한 하이데거의 인식은 그가 현상학을 '우리가 알고 있는 것을 어떻게 아는가'

라는 인식론적인 것부터 '개인으로 존재한다는 것은 무엇을 의미하며 세계는 우리에게 어떻게 이해되는가' 하는 존재론적인 것으로 확장되었음을 보여준다(지성애 외, 2002). 그래서 해석적 현상학은 개인에 대한 철학이라고 불리기도 하는데 이는 그의 현상학이 인간 존재의 본질적 의미를 찾는 데 관심이 있음을 말해준다.

현상에 대한 해석을 통해 존재의 실존적 의미를 찾는 하이데거의 현상학은 체험에 대한 해석을 중요하게 여긴다. 현상학은 이미 개념화되고 범주화된 세계가 아닌 경험하고 있는 반성 이전의 세계인 생활세계를 기술하고 해석함으로써 경험의 본성이나 본질을 연구한다. 다시 말해 어떠한 경험의 특성이나 특징을 찾는 것이 아니라 실존적 존재로서 우리가 일상세계에서 경험하고 있는 것을 해명하고 이해하고자 하는 것이다. 따라서 연구방법으로서 현상학은 해석과 이해를 목적으로 연구자의 관찰이 아닌 참여자의 체험을 현상학적으로 이해하고 이에 대한 해석을 통해 그들의 주관적 경험으로 생성된 존재의 실존적의 의미를 이해하고 해명하는 것이다(반 매넌, 1994).

연구자는 난민의 경험을 개인적, 사회적, 역사적 문제로 인식하고 현상학적 관심을 가지고 연구를 시작하여 그들의 경험을 그대로 심층면담과 참여관찰 그리고 다양한 활동을 함께하며 주관적 체험으로서 그 의미를 탐구하였다. 이를 바탕으로 현상학적 연구방법에 따라 이들 경험으로부터 '본질 주제'를 찾았으며 참여자들과의 만남, 사건, 인터뷰와 일상대화 등을 글쓰기를 통해 정리하고 연구자 간의 담화로 참여자들의 경험을 기술하고 해석하였다. 마지막으로 모든 기록과 연구 자료를 반복적으로 읽고 고찰함으로써 난민이 그들의 체험에서 가지게 된 자신의 실존적 의미에 대한 해석을 시도하였다.

(2) 참여자 선정

한국 사회의 난민들은 복잡하고 다양한 기준으로 구분되는 만큼 일정 기준으로 유형화하기 어렵다. 실제 같은 국가 출신의 난민이라도 종교, 민족, 사회문화적 배경 등에서 다양한 차이를 가지며 난민 지위신청 역시 서로 다른 이유로 이루어지기도 한다. 따라서 본 연구는 난민들의 경험의 실재를 보다 정확하게 이해하고자 다양한 사회문화적 맥락을 고려해 참여자를 선정하고자 하였다. 이를 위해 난민들의 경험의 맥락을 구성하는 주요 요인으로서 난민들의 국적, 성별, 민족, 종교, 이주 기간, 난민신청 이유, 난민지위 등을 복합적으로 고려하여 다양한 참여자를 선별하였다.

본 연구에서는 국가별로 아프리카의 콩고, 아시아의 줌머족 난민을 연구 대상하여 참여자를 선정하였다. 이들은 각 국가 출신별 난민들은 전반적으로 한국에 난민으로서 정착하는 데 있어 다른 목적을 가졌으며 정착 기간도 달랐고 난민 적응에 있어서 사회문화적 경험에서도 차이를 가지고 있었다. 또한 난민 개인적으로는 성별에 따른 경험 차이를 탐색하고자 여성 난민과 남성 난민을 균형 있게 참여시켰으며 난민인정자와 난민 신청자, 종교적 다양성, 난민으로서 한국에서의 개인 목적과 목표, 한국에서의 정착 기간 등의 차이를 적극적으로 반영하여 복합적인 맥락을 잘 반영하는 참여자들을 선정하였다.

이를 위해 본 연구는 사전 연구를 수행하였다. 한국 사회에 존재하는 각각의 난민집단들에 대한 문헌조사와 인터뷰를 통해 특징을 탐색하여 상호 중복되지 않고 다양성을 반영할 수 있는 난민집단을 참여자로 선정하였다. 사전 연구를 통해 아프리카에서 콩고에서 반정부 운동을 하다가 정치적 탄압을 피해 이주한 콩고 난민 가정들과 방글라데시의 소수 민족으로서 민족 갈등과 이에 따른 정부의 차별, 정치적 탄압, 종교적 갈등을 피해 한국에 정착한 치타공 산악지역 소수민족(줌머) 연합을 연구 참여자로 하였다.

(3) 자료 수집

본 연구는 다양한 자료수집 방법 중에서 자연주의적 탐구의 패러다임에 입각하여 대화모임의 참가자들을 참여관찰하고 심층면담하여 원자료를 수집하였다. 통제된 실험적 환경이나 인위적으로 조작된 상황에서 드러나는 지표보다는 생활세계에서 자연스럽게 드러난 삶의 이야기, 일상 경험에서 의미와 개념을 발견하고자 이해하고자 한다. 이는 현상을 둘러싼 모든 구성요소(변수)가 이루어가는 전체를 이해하고자 하는 것이다. 이를 위해 사물을 인식하는 평범한 방식을 이용하여 자료를 모으는 참여관찰과 심층면담은 현상학 연구에서 일차적 자료출처가 되었다.

참여관찰은 사례의 연구자가 도구로서 참여하여 현장에서 일어나는 다양한 인간의 상호작용과 그 안에서 일어나는 무의식적 행동, 신념과 동기, 갈등 등 난민으로서 그들의 삶의 문화를 구성하는 요소들을 관찰하여 인간 행동의 복잡성을 이해하는 것이다. 본 연구에서는 난민들의 활동에 연구자가 참여하는 형태로 진행되었다. 이를 위하여 연구자는 이주 난민들의 정기모임, 한글교육, 자활사업장 등 난민들의 자치활동에 정기적으로 참여하여 이들의 생활세계와 현실적 문제들을 이해하는 현장연구를 수행하였다.

면담은 야구에 비유하자면 연구자가 응답자에게 좋은 질문(투구)을 던지고 그 질문의 답(타격)이 필요한 자료의 구석구석을 채워주는 과정이다(Glesne, 2005). 참여관찰이 현실에 대한 직접경험을 통해 자료를 수집하는 것이라면 심층면담은 참여와 관찰을 통해 할 수 없는 것들을 발견하고 이해하는 데 유용한 자료수집 방법이다. 난민의 삶에 직접 참여하여 살아가지는 못하지만 심층면담은 참여자와 연구자가 난민으로서 참여자의 경험을 함께 재구성하는 과정이 되었다.

연구자는 참여관찰의 자료를 분석하고 이를 바탕으로 질문을 개발하고 발전시키며 주제별로 정리해 반구조화 면담을 시행하였다. 대부분의 남성 난민의 경우 단순 노무직에서 취업활동을 하고 있어 주말이나 저녁시간을 이용하여 진행되었으며 면담 장소는 참여자들의 편의를 고려해 정하였다. 참여자에 따라 3~4회 정도, 각 1시간 30분에서 2시간가량 진행되었으며 필요에 따라 포커스 그룹의 형태로 면담 자료를 수집하였다. 이와 같이 참여관찰과 심층면담은 본 연구에서 난민들의 삶을 심층적으로 이해하는 주요 자료수집 방법이었다.

(4) 자료 분석

질적 연구에서 자료 분석은 순차적이고 단선적인 과정이 아니다. 질적 연구자는 자료 수집부터 결론 도출까지 끊임없이 분석한다. 자료를 수집하면서 연구자는 이미 머릿속으로 자료를 분류하고 범주화하며 결론을 예측하고 의미를 재구성하는 분석과정을 진행한다. 자료를 요약하고 코딩하여 분류하고 범주화하여 주제별로 정리해 의미를 재구성하게 된다. 자료 분석 과정에서 질적 연구자는 스스로 자료를 분석하는 도구가 되기에 질적 자료 분석은 기계적인 과정이 아니다. 분석은 연구자가 지금껏 알게 된 것을 반추해 보고 자료들의 연결점을 찾아가는 과정이다. 이를 통해 새로운 통찰력을 얻고 최종 글쓰기가 어떻게 드러날까 상상하며 자료와 함께 사고하는 시간이다(Glesne, 2005). 따라서 자료 분석은 연구자가 보고, 듣고 읽은 것을 조직해 배운 것을 이해할 수 있게 해주는 과정이다. 질적 연구자는 자료를 가지고 기술, 설명 및 가설을 제기하고 이론을 개발한다. 이를 위해 자료를 유목화하고 종합하고 패턴을 찾아 해석한다. 그러나 이것이 반드시 도식화되고 정형화되거나 표준화되어 진행되는 것은 아니다.

본 연구는 난민들의 경험의 본질을 탐색하고 그 의미를 해석하기 위한 현상학적 연구로서 경험의 의미를 발견하는 과정으로 자료 분석이 이루어졌다. 참여자들과의 면담은 전부 필사하였으며 명확하지 않은 부분은 추후면담에서 확인하고 현장노트와 비교해 명확성을 높였다. 이후 녹취록을 반복적인 읽기 과정을 통해 참여자의 체험의 본질을 나타내는 부분을 발췌하여 정리하였다. 이를 바탕으로 면담 자료에서 밝혀진 주제들을 연구자의 경험과 문헌자료, 맥락적 이해에 따라 해석하여 체험의 의미를 도출해내고자 하였다.

2. 난민으로 살아가기 경험: 치타공 산악지역 줌머(Jumma) 난민을 중심으로

1) 연구방법

(1) 연구 참여자

본 연구의 참여자는 줌머(Jumma)족 출신으로 한국에서 체류하고 있는 난민인정자, 인도적 체류허가자, 난민신청자, 소송 중인 난민신청자 중에서 모집하였다. 줌머 민족 난민 공동체의 대표 역할을 맡고 있는 자말(가명)의 도움을 받아 자발적 참여의사가 있고 한국에서 1년 이상 체류한 사람을 추천받아 확정하였다. 연구 참여자는 난민인정자와 신청자, 현재 1차 심사 탈락 후 이의신청 중인 난민으로 구성되었으며 연령 또한 20대에서 40대까지 분포되어 있었다. 본 연구의 참

〈표 3-1〉 연구 참여자 명단

이름	성별	국적	결혼여부	인터뷰 언어
자말	남	한국 (귀화)	기혼	한국어
차크마	여	방글라데시	기혼	한국어
로옐	남	방글라데시	기혼	영어
뚜마	남	방글라데시	기혼	현지어(통역)
보이사	남	방글라데시	기혼	영어

여자 중 아직 난민인정을 받지 못한 참여자의 경우 연구 참여와 그 발언이 난민지위 신청에 부정적으로 작용할 것을 우려해 엄격한 개인 정보 보호를 요청하였다. 이에 본 연구에서는 연구 참여자들의 요청에 따라 이름을 가명으로 대체하고 연구 참여자를 유추할 수 있는 입국 연도, 연령, 난민 신청 이유 등은 구체적으로 제시하지 않았다.

(2) 자료 수집

자료 수집을 위한 면담은 명확한 의사소통을 위해 그룹 내 개별면담 형식으로 진행하였다. 남녀그룹으로 나눠서 각각 3회씩 이루어졌으며 회당 1시간 30분에서 2시간 정도 이루어졌다. 연구 참여자는 대부분 한국어 사용에 서툴러 통역 도움을 받거나 영어로 면담을 진행하였다. 하지만 통역보다는 영어가 되는 경우 가급적 영어로 면담을 진행해 당사자의 직접적인 진술을 녹취하였으며 면담 자료는 전체를 전사하였다.

(3) 자료 분석

본 연구는 난민이 경험의 의미를 탐색하기 위한 질적 연구방법으로 현상학 연구를 수행하였다. 현상학 연구는 연구자가 연구대상자의 세계를 선입견 없이 있는 그대로 체험하고 이해한 것을 연구하는 것으로 특정 상황 속 인간 경험의 의미나 본질을 밝히는 연구방법이다(2002, 홍성하). 연구방법으로서 현상학 연구는 사태 자체로 돌아가서 의식의 지향성에 입각해 현상을 파악하고자 하였던 후설의 현상학에 기초하고 있으며 오늘날 다양한 방법론적 형식을 갖추고 있다. 그럼에도 현상학 연구의 다양한 방법은 현상의 경험에 대한 본질을 이해를 목적으로 연구 참여자의 생활세계에서 자료를 수집하고 상호주관성을 통해 본질의 구조를 확인한 후 반성 과정에서 발견된 결과를 현상학적 기술을 한다는 유사성을 가진다(신경림, 2004).

본 연구에서는 현상학적 연구 중에서 다른 현상학적 연구와 비교해 개인적 속성보다는 전체 연구 참여자의 공통된 속성을 도출하는데 초점을 맞춘 콜라지(Colaizzi)의 분석방법(김분한 외, 2008)에 입각해 연구를 수행하였다. 이는 개별 난민의 경험의 의미보다는 난민 전체의 경험을 광범위한 차원에서 분석하고 본질적 구조를 이해하는 것에 목적을 두었기 때문이다.

(4) 연구에 있어서 윤리적 고려

본 연구는 한국 사회의 소수자이자 약자이며 난민신청과 관련하여 당사자들인 난민에 대한 연구로서 연구 윤리적 문제 중 연구 참가자 보호에 있어 엄격한 기준이 요구된다. 연구 참여자는 난민인정의 권한을 국가가 가지고 있는 상황에서 소송 당사자로서 연구 참여가 난민인정 과정에 부정적 영향을 미칠 위험을 우려하고 있었다. 이에 연구 참여자는 연구 참여에 있어 익명성 보장을 요청하였다. 이에 본 연구는 연구 참여자에게 불이익이 돌아가지 않도록 이들 개인 정보를 최대한 보호하고자 하였다. 이를 위해 이름뿐 아니라 연령, 국적, 거주 기간 등 연구 참여자의 상황을 유추할 수 있는 개인정보는 최대한 공개하지 않았다. 이와 더불어 연구 참여자의 권리 보호를 위해 연구자는 연구 목적과 과정을 상세히 설명하고 연구 참여에 있어 참여자의 권리를 고지하였으며 사전에 자발적 동의를 받았다.

2) 연구결과

자료 분석을 위해 연구자는 연구 참여자의 면담 내용에서 의미 있는 문장을 추출하고 이를 바탕으로 추상적인 진술로 구성된 의미(formulated meaning)를 정리하였다. 이로부터 주제를 찾은 후 다시 주제 묶음으로 범주화 및 경험의 본질적 구조를 기술하였다. 이를 위해 심층면담으로 전사하고 반복하여 읽으며 범주, 주제 묶음, 주제를 도출하였으며 범주화한 내용을 다시 면담과 비교·수정하는 과정을 반복하였다. 연구결과 2개의 범주(categories), 7개의 주제 묶음(theme clusters), 그리고 16개의 주제(themes)가 나타났다. 도출된 주제 묶음과 주제는 다음과 같다.

(1) 단절된 세상의 외로운 존재

난민의 이주는 일반 이주민과는 분명한 차이가 있다. 자발적 의지와 무관하게 갑작스럽게 낯선 환경에서 살아가야 하는 상황에 놓이게 된다. 정치적, 사회적 박해 속에서 어디로 이주할 것인지 결정도 못한 채 도망치듯 떠나 낯설고 생소한 곳에서 삶을 새롭게 시작하게 되는 것이다(Anderson, 2004)[1]. 한국에 도착한 줌머족 난민들 역시 사전

1) Anderson(2004)은 난민이 여타 이주민과 다른 이주 경험을 하게 되는데 그 특징은 첫째, 준비 없는 이주, 둘째, 본국 귀환에 대한 불확실성 그리고 셋째, 자원의

〈표 3-2〉 난민으로 살아가기 경험에 대한 범주화

범주	주제 묶음(theme clusters)	주제(themes)
감내하기	1. 단절된 세상의 외로운 존재	갑작스러운 단절과 분리
		사라져 가는 정체성
		가족 없는 외로움과 상실감
	2. 불투명한 미래가 주는 불안	기다리다 지친 미래
		엿장수 마음대로인 행정처리
	3. 끝없는 소외와 배제	되지 않는 방향으로
		가난, 그 알 수 없는 끝
		벗어나기 어려운 현실에서
	4. 상처를 품고 살기	트라우마를 안고 산다
		반복되는 좌절
살아내기	5. 돈 벌러 온 사람이 아니라 난민	우리의 역사를 기억해야 한다
		스스로의 의식화
	6. 나로부터 변화	연대의 그물망 엮어가기
		새로운 미래를 위한 도전
	7. 미래에 대한 긍정의 시선	길 끝에 길이 있다
		희망을 만나다

에 한국에 대한 이해나 경험이 있어 왔다기보다는 주어진 상황에서 어쩔 수 없는 선택으로 왔다. 그렇기에 이들에게 한국의 첫 인상은 "생각하였던 한국과 너무 다른 모습"이었다. 한국 사회를 알지 못하고 준비되지 않았기에 이들은 이주 초기에 막연한 두려움과 낯설음으로 인한 충격과 혼란으로 살아가게 된다. 이러한 난민의 이주과정은 자연스럽게 자신의 모든 삶의 정황과의 갑작스러운 단절을 필연적으로 가지고 온다. 난민들은 생소하고 낯선 환경에 적응해야 하는 어려움에서 살게 된다. 그리고 이러한 난민뿐 아니라 본국에 남은 가족과 공동체에게 상처와 고통을 주며 외로움과 상실감을 안고 살아가는 존

고갈 상태에서 새로운 환경에 진입이라고 하였다.

재로 만든다.

> 난민 신청 받으려고 하는데 언제가 될지 모르니까… 가족들 만나고 싶은데 고향에 마누라도 있는데 언제 만날 수 있는지…. 엄마가 전화할 때마다 언제나 올 지 물어봐요…. (뚜마)

> 가장 보고 싶은 건 엄마 아빠죠…. 우리 둘째 아기 아팠을 때… 작년 추석 때 갑자기 열이 많이 올라가고 아팠어요… (중략) … 친정어머니가 물어봐요. 언제 볼 수 있는지. 점점 나이가 많아지니까. 죽기 전에 볼 수 없냐고 물어봐요…. (차크마)

실제 난민신청자들의 경우 현실적으로 가족과 만날 수 없는 경우가 많았다. 난민신청자로 장기간 거주한 경우 여권이 만료되어 사용할 수 없는 경우가 많았으며 유효한 여권이 있다 하더라도 난민 지위를 인정받지 못한 상태에서 출국할 수 없어 현지 가족이 방문하지 않는 한 원천적으로 만남 자체가 어려웠다. 또한 난민 지위를 받은 경우에도 본국으로 돌아갈 수 없고 경제적으로 본국의 가족이 제3국에 나와 만나거나 가족 자격으로 한국에 초청하는 것은 불가능에 가까운 일이었다. 난민들은 "언젠가는 만나겠지"라는 기대를 가지고 있지만 동시에 "죽기 전에는 볼 수 있는 거냐"는 두려움을 가지고 있었다.

이와 동시에 난민은 자신들의 뿌리 둘 곳을 찾지 못하고 살아가는 존재다. 본국에서 뿌리를 잃고 난민이 되었지만 이들에게 뿌리를 내릴 수 있는 새 땅이 주어지는 것은 아니기 때문이다. 이들은 난민이 된 이상 본국으로 돌아가지 못하지만 동시에 난민으로서 자신의 이주국가에서도 미등록 외국인으로 살아가게 된다. 난민 지위 인정을 위해 오랫동안 아무런 소속 없이 머물러야 할 뿐 아니라 난민이 된 이후에도 거주는 할 수 있지만 본국과 이주국 어디에도 법적, 사회적, 그리고 문화적으로 속하지 못한 경계인으로 살아가야 한다.

그 예로 난민은 여권조차 없는 경우가 많다. 이들은 난민으로 이주한 이후 새롭게 본국의 대사관에서 여권 갱신을 할 수 없는 만큼 여권 기한이 만료되면 자연스럽게 미등록 외국인이 된다. 난민신청자뿐 아니라 인정자도 시민권을 얻기 전에는 여행증명서만 있을 뿐 여권을 가지지 못하는 경우가 많다. 이러한 삶의 조건에서 이들의 '뿌리 없음'은 일상의 다양한 순간에 반복적으로 경험되며 난민으로서 박탈당한 자신의 존재를 확인받는다.

> 신협에서 직원들이 와서 통장 만들었어요. 1년 후에 아이사랑 카드로 국민이나 하나은행으로 바꾼다고 집으로 연락이 왔어요…. 통장 만드는 데 여권이 필요해요…. 그런데 우리한테 여권도 없었으니까. 통장 만들 수 없어요…. (차크마)

> 고향에 돈 보낼 때 여권이 꼭 필요해요. 그런데 여권을 쓸라고 해도 없어서…. (뚜마)

> 돈 필요하니까 조카한테 돈 조금 보내주려고 은행에 갔어요. 그런데 여권 날짜가 지났으니까… 한국 국적 지닌 여자 분한테 연락했어요. 친군데… 전화했어요…. 국적 받았으니까 돈 보낼 수 있는지 없는지 물어봤어요…. (차크마)

이는 난민의 자녀도 다르지 않다. 한국의 속인주의에 따라 자국 대사관에 갈 수 없는 부모를 둔 이들은 태어나는 순간부터 국적 자체가 없는 존재가 되는 것이다. 그리고 난민 2세들 역시 생활세계 어디에서도 속하지 못한 투명인간이자 경계인으로서 자신의 존재를 확인하며 살아가고 있다.

> 애도 어려움은 물론 있겠죠…. 컴퓨터 게임할 때도 주민등록증이 없으니까. 언제 한국사람 될라나 아빠에게 물어보는 거죠…. 그것은 깊이 생각하면 보통 얘기가 아니죠…. (자말)

난민들의 정체성 문제는 외부 조건과 환경에 국한된 것은 아니다. 난민의 단절 경험은 내적 자기정체성에 대한 혼란으로 이어진다. 가족을 포함해 자신의 민족 공동체로부터 단절되어 살아가며 스스로의 정체성을 지키고 이를 유지하며 전승하는 것에 어려움을 겪는다. 난민들은 본국에 언제 돌아갈 수 있을지조차 기약할 수 없는 상황에서 한국이라는 새로운 사회문화적 환경에서 적응하고 살아야 된다. 이러한 과정에서 장기적으로 소수 난민집단으로서 어떻게 자신의 문화와 언어, 역사에 대한 이해와 경험, 그리고 삶에 대한 자신의 이야기를 지켜나갈 수 있을 것인지 고민하며 살아가고 있다.

> 보니까 잘 적응해서 괜찮고 여러 가지 처음에는 언어의 문제가 있었고 2-3학년 때, 그 때 그냥 학교 왔다 갔다 하는 거죠. 원래 2학년이면 왔다 갔다 하는 거고. 조금 더 올라가니까 점점 더 어려운 점들이 발생하고 있지만 더 개인적으로 발전된 부분도 보니까 많더라고요. 그래서 지금 어떤 문제가 발생하였냐면 이것은 정부에 책임을 져줘야 할지 말아야 할지 모르겠지만… 한국 사람처럼 되어버리는 거죠. 정체성을 잃어버리고 포기하게 되는 거죠…. 이런 문제도 있습니다. (자말)

(2) 불투명한 미래가 주는 불안

한국에서 난민으로서 살아가는 경험은 불확실성 안에서 기다리고 견디는 과정이기도 하다. 한국의 난민 정책은 불법 이주민을 관리하고 통제하는 관점의 연장선상에서 난민 관리에 초점을 두고 있다(박찬운, 2005). 즉, 불법 이주를 막고 난민을 적절하게 관리할 것인가의 관점에서 난민에 대한 보편적 인권의 구현보다는 국가 이해에 부합하는 난민 정책을 시행해왔다. 이러한 상황에서 난민인정 과정이 장기화되는 경우가 많았고 행정처리 역시 일관성 없이 이루어져 왔다. 이주과정에서 심리·정서적 고통을 겪는 난민에게 있어 예측할 수 없는 장기간의 난민인정 절차는 불안과 두려움이 되어 중첩된 고통을 준다.

> 2008년에 난민신청 했는데 F2 비자 아직 못 받았어요. 한국 온 지는 2년 반이 넘었어요. 집에 엄마도 있고 아버지도 있고 와이프도 있고 그런데 아직 기다리고 있죠. 언제 받아요. 물어도 잘 모르니까 저에게 너무 어려워요. (뚜마)

> 법무부에서 질문이 너무 많이 있었어요. 난민 신청해서 몇 개월 안에 난민 인정을 받고 싶냐는 질문이 있었는데 저는 6개월이라고 말하였어요. 안 된다 그러더라고요, 그래도 괜찮은데 그게 되는지 안 되는지를 오랫동안 기다리고 있어요. (뚜마)

이와 더불어 일관성 없는 행정 처리도 문제다. 난민인정 과정에서 난민들은 귀에 걸면 귀걸이, 코에 걸면 코걸이 식의 자의적 행정 처리에서 불안을 느낀다. 명확한 기준 없이 담당 공무원에 따라 달라지는 난민 행정에서 미래에 대한 걱정과 두려움을 키운다. 나아가 난민 생존과 직접적으로 연관된 노동 허가나 사회 서비스를 받는 것조차

명료한 기준 없이 이루어지는 현실에서 사회에 대한 불신은 커지고 미래에 대한 확신을 가지지 못한다.

난민 비자인지… 난민 신청 중인지… 난민 인정중인지는 공장주들이 잘 모르고 확인하기 위해서 출입국에서 연락을 하죠…. 출입국에서 연락을 하고 어떤 경우에는 제대로 설명을 해 주기도 하지만 보통은 뭐 난민이면 G1은 무조건 안 된다고 하죠. 난민 신청 중이면 할 수 없다 라고 하죠. 예, 일반 출입국 일반 데스크에서 안내하면… 그런데 항의 하려면 어려워요. 또 G1 비자도 일할 수 있어요. 1년 내에 결과 받지 못한 사람들… 그런데 일반 출입국 데스크는 모르는 거죠…. (자말)

네…. 무조건 안 된다고 하죠. 그러한 어려움들이 있어요, 그리고 어떤 경우에는 F2면 일할 수 있다고 하지만 난민이면 조금 여러 가지 잘 모르고… 예전에 난민이 F-2-2 발급됐는데요. 지금은 F-2-2가 F2로 바꿔어서 나와요. 그리고 우리 와이프도 난민으로 이전될 때 F-2-2로 되었는데 연장할 때 보니까 F2로 나왔고요…. 그런데 똑같은 경우에 F-2-2가 나오기도 해요. 몰라요 그건… 그분들도 헷갈리더라고요. 같은 가족인데 신청할 때, 똑같이 신청했어요 같은 날. 아내는 일 때문에 못 가고 내가 가지고 갔는데 나한테만 발급해주고, F-2-2로 나왔고요. 그래서 일주일 후에 우리 아내가 신청을 했는데 F2가 나왔어요. 그분들도 잘 몰라요. (자말)

난민신청자들에게 1년 간 취업을 허가하지 않았던 출입국관리법 규정과 달리, 난민법 시행 이후에는 난민신청자가 생계비 지원을 신청하거나 난민인정 신청을 한 후 6개월이 경과한 자에 한해 취업을 허가하고 있으나 모두 법무부의 재량으로 규정되어 있는 현실에서 인정 과정과 허가 기준의 불명확성은 미래의 생존 자체를 위협하는 것이 된다. 또한 박해와 폭력, 인권탄압을 피해 본국을 떠난 난민으로서 국제사회의 보호를 받아야 할 존재지만 난민인정을 받기 위해 정치적 박해 등의 충분한 위협으로부터 난민이 되었다는 것을 스스로 증명해야 하는 제도 및 법적 현실도 미래를 희망적으로 느끼지 못하게 한다.

이처럼 난민은 관리 대상이자 생존을 위한 적절한 사회 서비스가 부재하며, 행정에 있어서도 난민을 지원하고 해결하고자 하는 명확한 의지가 확인되지 않는 상황을 겪으면서 한국에서 살아가는 삶에 대한 끝없는 두려움을 품고 살아가고 있다.

(3) 끝없는 소외와 배제

난민들은 난민지위를 신청하면 난민신청자, 난민인정자, 인도적체류자 등의 법적 지위를 획득하고 정착을 위한 제도적 지원을 받게 된다. 이들을 지원하는 법과 제도가 그 자체로 충분하지 못해 최소한의 기본적 필요에 있어서도 사회적 배제를 경험하고 있다. 하지만 더 큰 문제는 불합리한 적용으로 인해 소외와 배제를 경험하며 좌절과 절망을 반복적으로 경험한다는 것이었다.

> 그거는 저 나록(가명) 같은 경우에서… 여자분인데요. 제가 통역하러 갔어요. 제가 출입국 법무부 난민실에 통역하러 갔어요. 제가 통역하니까 다 들었어요. 다 알고 있어요. 여기서 둘 남자하고 여기서 만나서 결혼했고 또 결혼해서 조금 몇 개월 지난 이후에 또 다행히 남편이, 남자가 난민으로 인정이 된 거죠. 그래서 이분들이 한국의 불교사찰에 가서 결혼을 했어요. 원래는 국제법으로 거기서 대사관에서 무슨 무슨 서

류로 혼인신고를 해야 된다고 되어 있나 봐요. 그래서 인터뷰 세 건, 나록이라는 분이 여기서 출입국에 인터뷰 할 때 여기서 누구랑 결혼하였다 그러고 불교 사찰에서 발급된 서류를 제출하고 싶었는데 출입국에서 안 받아줘요. 그 서류 인정 안하고 대사관에 가서 받아 와라. 그런데 대사관에 갈 수가 없잖아요. 난민이 어떻게 대사관 가요? 대사관 가면 난민이 아니죠. 애 임신해가지고 의료보험도 필요하고 여러 도움이 필요한데 그게 가족으로 인정이 안 되니까 문제가 발생한 거죠. 제가 보기에는 출입국에서는 어느 정도 그렇게 알고 있으면서도, 대사관에 못 가는 것 알고 있으면서도 그것을 받아들였으면 쉽게 해결을 할 수 있었는데 서류가 그때 올라갔으면… 사실혼을 하고 있다고 말을 했으면 불교 사찰에서 발급된 것은 아무리 인정이 안 돼도 사실혼했다. 사실혼하고 살고 있다. 그렇게만 썼으면 그분들 가족으로 올라갈 수 있었는데…. 나중에 인정될 때, 근데 그게 안됐어요. (자말)

난민이 경험하는 소외는 구조적이기도 하다. 난민은 현재 지원체계와 제도가 사회적 배제를 정당화하고 소외를 가중시키고 있다고 본다. 그렇기에 지금의 소외와 배제는 '우리 자녀를 대학에라도 보낼 수 있겠는가'라는 자괴감을 갖게 한다. 실제 다양한 사회적 서비스로부터의 배제 반복은 난민으로 하여 빈곤의 악순환에서 벗어나지 못하게 하고 빈곤을 구조화시키고 있다. 그리고 이는 박탈감으로 이어져 난민은 빈곤이 현세대의 문제로 한정되는 것이 아니라 미래 세대에게 반복될 것이라는 두려움을 느낀다.

네. 못 하죠…. 그래서 우리 같은 사람들이 공장에 일하면서 언제 좋은 집을 만들어서 아들에게 좋은 교육시켜서 언제 좋은 대학에 보낼 것입니까? 너무 어렵죠. (자말)

저도 저 자신보다 미래에 제 자녀들 때문에 걱정이 많이 됩니다. 자녀를 낳는 걸로 끝나는 게 아니라 아이들이 사회에 잘 정착하고 잘 지낼 수 있도록 좋은 교육, 교육 시스템을 제공해줘야 한다고 생각해요. 몇 달 전에 비싼 대학교 등록금에 맞선 학생들의 투쟁 활동에 관한 사실을 뉴스를 통해서 들었는데 만약 정부의 지원이 없다면 우리의 자녀가 한국에서 대학교에 간다는 것은 어려운 일이라고 생각해요. (로엘)

저는 개인적으로 미래에 우리 후손들에게 일어날 일들이 우려됩니다. 미래에 우리의 자녀들이 똑같은 문제를 겪는 것을 방지하고 사회에 잘 소속되고 자원이 될 수 있도록 정부가 도움을 줘야 한다고 생각합니다. (보이사)

난민들은 이러한 문제의식 속에서 적절한 지원이 없다면 난민의 현실은 개선되지 못할 것이라고 말한다. 다른 이주민과 달리 이들은 본국이나 한국에서 보호나 지원 등을 받지 못하고 있었으며 사회적 배제로부터 보호해줄 안전망이 없어 현실 극복이 불가능한 상황이었다.

복지 부분이 가장 큰 문제라고 생각하고요. 가족도 없고 재산도 없고 그래서 일한만큼 벌고 먹는 거고 일 못하면 완전히 아무것도 못하는 상황이고 그래서 항상 불안감 느끼면서 살아요. (보이사)

정치적 보호를 받고는 있지만 사회적 보장이 없다. 사회적 보장이 없어서 너무 어렵다. 사회적 보장, 그리고 기본적인 다섯 가지 요구를 위한 지원이 없다. 그래서 항상 불안하다. 정부의 지원 없이 혼자 스스로 살아가는 것이다. (뚜마)

그렇기에 이들은 지금의 지원을 "도움이 되지 않는 도움"으로 규정하고 현재의 제도와 지원으로는 현실을 극복하고 개선하는 데 도움이 되지 못하는 만큼 실질적인 제도와 지원이 필요하다고 말한다.

힘든 것은 다 힘들지만 그중에 힘든 것은 지금은 사실 여기 적응하는 것은 난민인정받는 과정을 떠나서 받고 나서도 그렇게 좋은 것 없어요. 그냥 일하는… 합법적으로 일하는 허가 정도 나오는 거고요. 특별히 더 재정착하는 지원 같은 거 없고요. 그거는 꼭 정부에서 돈으로 지원을 하는 것뿐 아니라 정부에서 여러 가지 프로그램을 지원할 수 있잖아요. 교육 프로그램 또, 유럽 같은 경우 비교해서 얘기하면 공부하는 왜, 학자금 대출도 받을 수 있고 그런 교육과정들이 열려있는 거죠, 아주 특별한 4년제 대학 정도는 아니더라고 마련된 여러 가지 교육과정이 우리에게 열려져 있으면 정부가 그 길을 만들면 누가 안 가겠어요. 다 100% 그런데 안 가도 어느 정도 난민들이 그런 것을 선택할 수 있다면 적응하는 경로가 쉬워지는 거잖아요. 더 쉽게 적응할 수 있는 거잖아요. (자말)

네 비정부단체들 말고는요. 덧붙여 말하자면 사람마다 다르겠지만, 저는 개인적으로 이곳에서 장기적으로 거주할 난민들을 위해서 어학 프로그램, 사회보장 제도, 의료 제도, 교육 등과 같이 현재 우리가 어려움을 겪고 있는 부분에 대한 정부적 차원의 움직임이 필요하다고 생각해요. (로엘)

(4) 상처를 품고 살기

난민의 이주 경험은 일반 이주민과는 확연한 차이가 있다. 비지발적 이주인 경우가 대부분이며 폭력, 전쟁, 갈등으로 인한 박해와 탄압을 피해 이주하면서 트라우마를 경험하게 된다. 그렇기에 이들은 문화적응에서도 가장 어려움을 가지는 집단이기도 하다(정진경 · 양계민, 2004). 본 연구의 참여자들도 이주과정에서 정도의 차이는 있지만 탄압과 박해, 폭력의 경험과 목격, 가족과 공동체와의 단절 등을 경험하였고 정신적 외상 사건은 몸과 마음에 각인되어 있었다.

> 2006년도에 방글라데시에 한번 귀국한 바가 있었는데 사망 사건이 있었어요. 원래 그거는 누가 진짜로 죽였는지 모르는 상황인데 사람들이 의심하고 또 고발하고 그래서 안전을 느끼지 못하고 돌아가지 않기로 했어요. 거기서 가족들이 위협을 느끼면서 빨리 방글라데시를 떠나라고 해서 스리랑카로 갔어요. 체포될 가능성이 있었고요. 체포되면 고문도 당해야 하고 다양한 문제가 생길 수 있으니까. 또 다시 못 나올 수도 있고. 특히 아버지도 여러 번 체포된 경험이 있었고 그래서 아버지가 빨리 떠나라고 하셨어요. (보이사)

> 난민이 되기 전에 스님이었어요. 그런데 저희 사찰이 불타고 집에 불이 나는 사건이 있어서 스님들이 다 같이 데모를 하였는데 그때 맞고 사진도 찍히고 그랬어요, 그랬는데 체포한다고 이야기들이 있어서 빨리 떠나야 한다고 해서 떠났어요. 방콕으로 갔는데 가서 어디로 가면 될까 이야기를 했어요. 사람들이 같이… 한국이 비자가 없어도 공항비자로 입국할 수 있다고 들었어요. 그래서 한국으로 가는 비행기 표를 사서 한국으로 오게 되었어요. (뚜마)

그리고 이러한 이주 경험은 이후의 난민인정과 정착 과정에서 극복되기 보다는 깊은 심리적 상처로 남게 된다. 연구에 참여한 난민들 역시 이러한 기억때문에 트라우마를 겪으며 살고 있었다. 이러한 트라우마를 겪었지만 이를 삶의 일부로 가지고 살아가는 것은 난민이 다른 이주민과 구분되는 특징이기도 하다. 난민은 자신의 심리적 상처와 어려움을 이해해주길 바라고 있으며 이에 대해서 개인과 사회가 배려하고 나아가 극복에 필요한 다양한 지원을 원하고 있었다.

> 심리적 감정에 대한 이해가 필요하고 그래서 다양한 도움이 필요하다는 것을 알았으면 좋겠어요. 자기 나라에서 거부되고 여기서 또 거부되는 사람들, 이들은 인간으로 살기 위해서 온 것인데 무시되죠. (로엘)

이들은 생명의 위협을 피해 한국에 정착한 난민으로서 자신들의 어려움을 공감받고 난민에 대한 한국사회의 이해를 희망한다. 그렇기에 난민에 대해 단순히 알고 이해하는 것을 넘어 배려와 존중이 있어야 함을 강조한다. 하지만 난민에 대해 무지하고 이주민과 외국인 노동자에 대한 차별이 만연한 한국 사회에서 난민들은 반복적으로 경험하는 구조적 차별과 무시로 인한 자존감의 상실과 좌절을 정신적인 힘겨움과 고통이라고 하였다.

> 네. 근데 단순히 이해가 아니고요. 난민에 대해서 알아야 한다는 거예요. 이들은 많이 물어요. 이것저것 묻고 많은 것에 질문을 하죠. 이것이 정신적으로 힘들고 고통스럽기도 해요. 그나마 저희가 만나는 활동가, 난민 자원봉사자분들은 예의를 가지고 저희에게 행동하지만 그냥 사무실이나 이민국에서는 그렇지 않아요. 지난번에 저희 애기를 여권을 만드는 데 정말 고생을 많이 하였어요. 오라 가라 이곳저곳에서 요구하고 여기 가라 저기 가라… 대사관 가라, 인천 이민국에 가라…. (보이사)

> 난민 문제에 대해서 처음에 아무것도 정보가 없어서 난민이라고 얘

기하면 무슨 난민이냐고 왕따당하는 경우가 너무 많았어요. (뚜마)

(5) 돈 벌러 온 사람이 아니라 난민

난민이 된다는 것은 자신의 가족과 민족 공동체와 단절, 즉 과거와의 단절만을 의미하지 않는다. 역사와 공동체를 공유한 삶을 잃어버린 난민들은 과거와 현재 나아가 미래를 포함해 그 삶을 온전히 잃어버린 것이다. 과거와 현재, 미래는 분절된 삶의 단상이 아니라 그 자체로 온전한 삶이기 때문이다. 과거는 현재의 삶을 이해하는 토대가 되고 현재의 삶은 자신의 과거를 해석하고 의미를 탐색하는 근거가 된다. 그리고 과거와 현재의 끊임없는 상호작용에서 생성된 삶의 의미는 미래를 향한 삶의 지향이 된다. 과거와 현재, 그리고 미래는 단절된 역사가 아니며 서로를 넘나들며 흐르는 강물과도 같다. 그러므로 자신의 과거를 기억하고 현재를 살며 미래를 만들어가는 것은 삶의 자연스러운 모습이다. 이는 난민에게도 다르지 않았다. 난민들은 삶의 의미를 재구성하는 첫 번째 단계로서 역사를 기억하고 오늘을 아는 것을 중요하게 인식하고 있었다.

> 네. 우리 정체성을 어떻게 지켜나갈 것인가에 대해 고민을 몇 번 했었어요. 그러나 문제는 여전히 우리의 아이들이 어리고 그래서 초점은 미래에 두어야 하는 것 아닌가 생각을 해요. 그들이 자라서, 10년이 흘러 글을 읽고 쓸 수 있을 때를 생각하고 있어요. 이것이 왜 필요하냐면 우리도 한 인간이잖아요. 중요한 것은 우리가 한 인간이라는 것, 그리고 우리가 고향으로부터 이렇게 떨어져 있다는 것이고요, 중요한 이유는 바로 우리가 살아온 곳에서 안전하지 않았고 지금 이곳에 난민으로서 있다는 것이기 때문이지요. (로엘)

특히 자신들의 정체성을 오늘을 살아가고 있는 이곳, 낯선 땅에서의 삶으로 새롭게 재구성하고 있었다. 그 정체성의 핵심은 '난민'이었다. 이들은 자신의 존재를 다른 이주민과 구별 짓는 핵심 가치로서 자신들은 "돈을 벌려 이곳에 온 존재"가 아니라고 규정하고 "박해를 피해 왔고 보호와 배려가 필요한 난민"임을 반복해서 강조하였다. 그리고 때로는 난민의 삶에 대한 이해와 공감 없이 '돈 벌러 온 외국인 노동자'로 자신들을 바라보는 시선을 불편해 하였다.

사람들이 알 수도 있고 모를 수도 있는데, 그리고 그게 문제가 안 될 때도 있는데요. 문제는 우리가 공식적으로 어디를 가서 일할 때, 일반 사람들은 외국인은 일하러 온 사람으로 알죠. 그래서 무관심하고 무시하죠. 그냥 노동자로 보죠. 하지만 난민은 달라요. 난민은 정치적으로 사회적으로 자신의 나라와 사람들에게서 탄압을 받은 사람인 거죠. 그래서 한국이라는 나라 같은 데로 온 거죠. 이렇게 자기 나라에서 거부되고 쫓겨 온 사람들이기에 환영과 배려가 필요하고 도움이 있어야 하죠. (보이사)

우리가 여기에 왜 난민으로 왔는지 알았으면 해요…. 우리가 무슬림 사회에 사는 소수자, 약자였다는 것… 종교가 중요한 것이 아니라 우리가 약자였다는 것, 소수민족으로 살았다는 것을 알았으면 해요…. 소수민족을 얘기하면 이해해요. 그런데 무슬림 속에서 우리가 겪은 진짜 문제가 뭔지는 몰라요. 이해하지 못해요. 소수민족과 주류민족과의 갈등은 몰라요. (로옐)

난민이라는 존재가 낯설고 익숙하지 않은 한국 사회에서 이들은 지속적으로 난민에 대한 무지를 경험하였다. 이러한 경험은 이들로

하여금 난민이라는 정체성을 내면화하도록 했다. 사회적 무관심은 이들로 하여금 자신의 존재를 더 깊이 들여다보고 세상과 소통하며 일을 시작하게 되었다. 난민이라는 정체성에 대해 성찰하고 자신을 설명할 수 있게 되면서 이제 난민으로서의 정당한 권리와 난민에 대한 국제사회를 포함해 한국 사회와 구성원의 책임을 요구하고 있다. 그리고 이를 통해 국제법이 보장하는 권리를 요구하고 이를 위한 사회의 인식 변화를 요청하는 목소리를 내며 변화를 만들어가는 주체가 되었다.

(6) 나로부터의 변화

난민으로서 이들은 불안한 법적 지위, 사회적 소외와 배제, 구조적 차별 등 어려운 환경에서 피해자에서 머물기보다는 적극적인 자기 변화를 시도하였다. 난민이라는 현실에서 개인과 집단 차원의 다양한 전략을 구사하며 미래를 준비하고자 하였다. 이들은 변화를 원하였다. 그렇다고 이것이 쉽게 이루어질 것이라 생각하지는 않았다.

> 저도 한국 사람들이 쉽게 이해할 것이라 생각은 안 해요. 그래서 저는 어떤 플랫폼이 있었으면 좋겠어요. 사람들이 이해할 수 있는… 그러니까 제가 가서 이야기 해줄 수 있다거나 그래서 사람들이 이해하는 기회를 가지는. 예를 들면 어제 저는 고려대학교에 가서 휴먼아시아 소개로 중학교 학생들에게 난민을 소개할 수 있어요. 한 시간 동안요…. 저는 진짜 이야기를 말 할 수 있었어요. 이런 기회가 중요하다고 생각해요 사람들을 이해시킬 수 있는… 아마 상관 안 할지 모르죠. 중학생들이면 너무 어려서 인권 등의 문제를 모를 지도 몰라요. 하지만 이런 기회를 접할수록 사람들은 난민 문제가 있다는 것을 알고 이해하는 기회가 될 거예요. 아마 걔들이 자라면 관심을 더 가질 수 있겠죠…. 이

처럼 난민의 목소리를 늘려가는 것이 필요해요. 상관 안 할지라도….
(로엘)

이를 위해 자신이 목소리를 낼 수 있는 공동체이자 자치단체를 조직하였다. 그리고 이를 바탕으로 자신을 드러내고 목소리를 냈으며 연대와 협력을 위한 그물망을 만들었다. 이들은 대외적으로 현실을 외부에 알리고 이를 개선하기 위해 그리고 대내적으로는 같은 민족 출신의 난민들의 소통과 협력을 위해 단체를 만들고 활동하였다. 이들은 단체를 다음과 같이 소개하고 있다.

***는 ***의 동남부에 위치한 ***에 살고 있는 소수-원주민 입니다. 재한 ***연대(***)는 한국에 살고 있는 ***들의 단체입니다. *** 현지에 ***인들을 지원하고 한국 사회에 ***을 알리는 활동을 하기 위하여 2002년에 설립되었습니다. 설립된 후 *** 연대는 다양한 문화, 인권, 사회 활동을 하고 있습니다.[2)]

난민들은 단체를 통해 문화축제, 난민으로서의 역사를 기록 발간, 외부 난민단체와의 교류와 협력, 구성원에게 인터넷 활용을 위한 교육 등의 교육지원 활동 등을 수행해오고 있다. 이를 통해 수동적 수혜자로서 난민이 아니라 적극적 실천가로서 삶을 새롭게 구성하고 한국 사회문화에 적응하고 있다. 단체 차원뿐 아니라 개인적 차원에서도 스스로를 변화의 주체로서 역할을 수행하고 있다. 개인으로서 이들은 현실을 개선하기 위해 교육훈련 활동에 참여하며 외국인에 대한 차별과 편견의 현실적 한계에 부딪히지만 스스로 미래를 준비하고 있

---

2) http://cafe.daum.net/jummo

었다.

솔직히 말씀드리자면, 학생들을 가르치기 위해서 저는 TESOL을 이수했지만 한국 사회에서 호주나, 캐나다, 미국, 영국 출신의 선생님을 원하다 보니까 의기소침해진 상태입니다. 불가능하다고 생각해요. (로엘)

3년 전에 저는 동국대학교에서 공부하려고 했었습니다. 작년에는 장학금 신청을 했었고… 대학교나 기관에 등록되어 있지 않으면 지원을 받지 못합니다. 그리고 우선은 한국어학 코스를 맞춰야 하고 토플이나 토익을 공부해야 합니다. 그래서 좀 어려움을 겪었고 가족들을 부양해야하는 문제로 현재 중단을 한 상태입니다. 아직 생각 중입니다…. 어떤 것을 해야 한국 사회에서 더 잘 살 수 있을까 생각 중입니다. 차별적 대우 때문에 호텔이나 음식점에서 일하는 것도 어렵지만 언어적 장벽으로 인해 기술 산업 분야에서 일을 하는 것도 쉽지 않다고 생각해요. 그래서 아직 결정한 바가 없어요. (보이사)

(7) 미래에 대한 긍정의 시선

난민으로서 살아가는 것은 선택의 문제는 아니다. 난민이 되는 것에서 매 순간 자발적 의지로 선택할 수 있는 것은 많지 않다. 이러한 삶의 조건에서 이들이 경험하고 받아들이는 절망과 좌절은 다른 이주민과는 달랐다. 난민들은 단절 속에서 상실감, 미래에 대한 불안, 반복되는 사회적 소외와 배제, 상처를 품고 살아야 하였다. 하지만 이러한 삶의 정황 속에서 스스로를 피해자화하고 그 안에 머물지는 않았다. 어려운 가운데 미래를 긍정하고 희망의 흔적을 찾았고 알 수 없는 가능성을 믿었다. 그들은 지금의 한국을 "예전하고 다른 모습"이라고 바라보며 길 끝에 이르면 그곳에 새로운 길이 있다는 믿음으로 세상을 긍정하였다.

> 제가 여기 온 2007년 이후 3년 되었지만 그때와 지금도 많이 달라요. 3년 전에는 외국인들에게 친근하게 다가오지 않았어요. 하지만 지금은 외국인에게 친근한 편이죠. 그때보다는 지금이 다문화를 받아들이는 게 훨씬 나아졌어요…. 예를 든다면 제가 2007년 여기서 멀지 않은 **에 있었는데, 그때 제가 할 수 있는 말은 안녕하세요가 전부였어요. 은행에 갔었는데 은행의 모든 컴퓨터가 다 한국어로만 되어 있었고 알 수가 없어서 거기 있는 사람에게 도와달라고 요청을 했었어요…. 그런데 아무 답을 안 하더라고요. 그때 정말 놀랬고요, 생각하기를 내가 외국인이라 그런가 생각했어요, 그 사람이 저를 그냥 쳐다보고는 아무 말도 안 하고 그랬죠…. 하지만 지금은 많은 사람들이 저희를 친근하게 대해요. 저희를 알기를 원하고요. 그런 면에서 나아진 것 같아요. (자말)

문화적응을 통해 한국 사회가 다문화 사회에 적응하고 이를 수용하는 과정에서 상호 이해가 높아졌으며, 난민들 역시 한국 사회에 참여하고 살아가면서 문화에 대한 이해가 높아지면서 적응능력이 높아졌다. 그리고 이러한 사회적 변화를 겪으면서 이들은 미래에 대한 희망적 판단을 하고 있었다. 이는 난민으로서 삶 속에서 만난 다양한 사람들이 있었기에 가능하였다. 어려운 상황에서 자신을 도와주는 낯선 이들과의 조우는 난민들의 삶 속에 희망의 증거가 되었다. 그렇기에 예측 불가능한 세상을 살아가면서도 "10년 후 무엇이 저를 기다리고 있을지 모르겠다"고 희망을 가지고 "단지 시간이 지나면 환경과 조건이 나아질 것"이라는 기대를 가지며 오늘도 살아가고 있는 것이다.

3) 소결

이제까지 한국에서 난민으로서 삶을 이해하기 위해 줌머족 출신의 난민 5명을 대상으로 자료를 수집하고 한국에서 난민으로 살아가기 경험에 대한 의미를 찾고자 하였다. 연구를 통해 연구자는 인권침해 속에서 고통받는 난민의 삶을 드러내고 다문화 사회의 담론에서 다중 소외를 당하는 이들의 삶을 극적으로 보여주고 싶었다. 현상학적 연구는 이들의 경험을 보다 분명하게 드러낼 수 있을 것이라 생각하였다. 하지만 연구를 시작하고 면접을 통해 자료를 수집하고 분석과정을 거치면서 스스로가 이들을 '피해자'로 규정하고 '피해자화'시키고 있음을 발견하였다. 이들이 얼마나 큰 사회적 피해자인가를 드러내는 편협한 시선들이 범주화한 자료들에서 선명하게 보였다. "현상 그 자체 돌아가라"는 현상학 연구의 명제를 지키는 못하고 있음을 깨달으며 다시 자료로 돌아가기를 반복하였다.

연구결과 이들 난민으로 살아가기 경험의 본질은 7개의 주제묶음으로 범주화할 수 있었는데 「단절된 세상의 외로운 존재」, 「불투명한 미래가 주는 불안」, 「끝없는 소외와 배제」, 「상처를 품고 살기」, 「돈 벌러 온 사람이 아니라 난민」, 「나로부터의 변화」, 「미래에 대한 긍정의 시선」이었다. 주제묶음과 하위범주로서 주제를 정리하고 경험의 본질적 구조와 의미를 탐색하였다.

연구를 통해 이들은 한국 사회에서 난민으로 살아가면서 중첩된 고통을 겪고 있는 것을 확인할 수 있었다. 그리고 이들은 사회적 무관심과 불합리한 제도 속에서 불안한 현재를 살고 있었으며 한국 사회가 구조적으로 양산해 내는 사회적 배제의 직접 피해자였다. 또한 정치경제적, 사회적으로 약자인 동시에 심리·정서적 상처에 고통 받고 있었다. 난민이 되는 과정에서의 아픔과 상처에 더해져 현실의 힘겨움은 이들의 삶을 치유하지 못하고 몸과 마음에 깊이 각인시켰다. 하지만 이들은 피해자에 머물지 않았다. 난민으로 자신의 존재를 이해하였고 스스로를 의식화하며 불합리한 현실의 경계를 넘어 스스로의 목소리를 냈다. 그리고 이는 변화로 이어졌다. 개인과 집단이 현실의 조건과 환경을 바꾸는 일에 도전하고 참여하였다. 그리고 이러한 삶 속에서 난민들은 나아가 긍정과 희망으로 세상을 보고자 노력하였다. 지금의 현실이 불합리하고 고통스럽지만 변화를 만들어 가는 존재로서, 그리고 그 안에 정착해 살아가며 세상을 절망의 공간이 아니라 '언젠가는' 나아질 가능성이 있는 공간으로 바라보고 살고 있다.

연구자가 초기에 가졌던 편향적인 시선을 성찰하고 편견과 전제들을 조금씩 해체하며 바라본 난민들의 살아가기 경험은 단순하게 설명될 수 있는 것이 아니었다. 이들의 삶은 절망과 희망, 현실의 한계와 미래의 가능성, 좌절과 도전, 외로움과 새로운 관계가 날실과 씨실이 짜놓은 촘촘한 그물망처럼 연결되어 있었다. 그리고 각각의 경험은 서로를 의지하고 지지하며 난민으로 살아가기의 의미를 구성하였다. 하루의 일상에서 난민으로서 고통을 '감내해야' 하지만 동시에 주체적으로 자신의 삶을 '살아내고' 있었다. 그리고 이러한 감내하기와 살아내기는 뫼비우스의 띠처럼 끊어지지 않고 이어진 고리로 과거와 현재, 미래를 만들어가는 삶의 반복적 과정이었다.

3. 난민으로 살아가기 경험: 콩고 난민을 중심으로

1) 연구방법

(1) 연구 참여자

콩고 난민그룹의 참여자를 모집하는 데 있어 고려하였던 점은 크게 세 가지이다. 첫째, 한국에 온지 5년 이상 되어 초기 적응 상태를 넘어 중장기 적응 상태에 접어들어 있는가 하는 점과 둘째, 한국에서 자녀를 낳아 양육한 경험이 있는가 하는 점, 셋째, 적은 수라도 난민인정자와 난민신청 단계에 있는 콩고 난민의 차이점을 살펴보고자 하였다.

최종적으로 두 콩고 난민가정이 부부단위로 연구에 참여하게 되었으며, 이 두 가정 모두 연구자가 2008년에 석사학위논문(난민 가정의 문화정체성에 대한 문화기술지적 사례연구, 연세대 석사청구논문)을 진행할 때 연구에 참여하였던 사람들이라서 더욱 의미가 있었다. 2008년 이후 4~5년에 걸친 시간동안 이들 개인적으로 혹은 가정적으로 어떻게 변화하였으며, 그동안 자녀들이 성장하면서 한국 적응에 있어 어떠한 새로운 국면을 맞이하게 되었는지를 알아볼 수 있는 좋은 기회이기 때문이었다. 이들은 연구자의 요구에 적극적으로 응하였으며 2008년 연구 때보다 더욱 다양하고 진솔한 이야기들을 전해주었다.

30대 중반에서 중반에 걸쳐 있는 이들 연구 참여자들의 정보를 간략히 정리해 보면 〈표 3-3〉과 같다.

난민의 특성상, 4명의 연구 참여자들의 신변을 보호하기 위해 가명을 사용하기로 하며, 국적 이외의 상세정보(주거지, 나이)는 별도로 제공하지 않고자 않다. 다음 4명 중 움바투와 마리가 부부이며, 현재

〈표 3-3〉 연구 참여자 명단

이름(가명)	성별	국적	결혼여부/자녀여부	인터뷰 언어
움바투	남	콩고민주공화국	기혼/남아 2명	주로 불어/영어 약간
루뭄바	남	콩고민주공화국	기혼/남아 2명	주로 불어/영어 약간
마리	여	콩고민주공화국	기혼/남아 2명	주로 불어/영어 약간
자끌린	여	콩고민주공화국	기혼/남아 2명	주로 불어/영어 약간

* 아프리카에는 두 개의 콩고가 있다. 콩고민주공화국과 콩고공화국인데, 통상 '콩고'라고 할 때는 콩고민주공화국을 일컫는다. <표 3-3>에서는 정확도를 기하기 위해 콩고민주공화국이라고 적고, 연구 보고서의 나머지 부분에서는 줄여서 '콩고'라고 부르기로 한다.

두 명의 남아를 한국에서 낳아 양육하고 있으며, 루뭄바와 자끌린이 부부이며, 그 부부 역시 비슷한 연령의 남아 2명을 한국에서 낳아 양육하고 있다.

다른 이주민 연구에서와 달리 난민 연구에서는 이주의 목적과 경로의 특성을 이해할 필요가 있다. 이주를 크게 자발적 이주와 비자발적 이주로 나눈다고 하였을 때, 난민은 대표적인 '비자발적' 이주에 속한다. 한국에 거주하는 난민들에게 흔히 "왜 한국을 선택했나요?"라고 질문하는데, 역설적이게도 이들은 한국을 선택한 것이 아니라, 선택을 '당한' 것이다. 이 연구의 참여자들 역시, 목숨을 위협하는 급박한 상황에서 지인이 도움으로 본국을 떠나 한국으로 오게 되었으며, 그중 루뭄바는 중국을 거쳐 한국에 온 경우에 속한다.

움바투/마리 부부는 각각 난민사유가 있어 따로 한국에 와서 난민신청을 하고, 친구를 통해 한국에서 만나 서로 의지하다가 결혼하게 되었다면, 루뭄바/자끌린은 콩고에서부터 결혼을 한 상태였으며, 루뭄바가 갑자기 스파이로 오해받아 한국에 난민으로 오고, 나중에 자끌린이 남편을 찾아 한국으로 와서 결합한 경우이다.

(2) 자료 수집

연구 자료를 수집할 때는 부부 단위가 아니라 남녀를 그룹으로 나누어 면담을 진행하였다. 이는 실제로 콩고 남성들과 여성들의 삶의 양태가 성별로 유사해서 면담 일정을 잡는 데 있어 부부별보다는 성별로 진행하는 것이 수월하기도 하고, 부부별로 면담을 진행하였을 경우 서로 눈치를 보느라 말을 편하게 하지 못하는 면이 있을 것이라는 연구자의 경험상 판단이 작용하였기 때문이다.

각각의 남녀 그룹은 인터뷰는 주로 콩고의 공용어 중 하나인 불어로 이루어졌다. 이들이 가장 편하게 여기는 언어인 링갈라어로 면담을 진행하였으면 더 좋았을 것이라는 아쉬움은 있으나, 연구자가 링갈라어를 전혀 이해하지 못하기 때문에 어쩔 수 없었다. 면담 중 간혹 연구 참여자들이 서로 이야기를 나눌 때에는 링갈라어를 사용하였는데, 이 부분은 전혀 연구 자료로 수집할 수 없어 안타까웠다.

또한, 면담자와 연구자 간에 불어로 이야기를 하다가 막히는 부분이 있거나 영어 단어가 먼저 생각이 나는 경우에는 서로 영어를 일부 사용하기도 하였음을 알려두고자 한다. 이와 마찬가지로 한국의 특수한 상황을 설명할 때는 한국어도 일부 사용되었는데, 이들의 한국어 실력은 남녀에 따라 차이가 있었으며 콩고 난민남성들은 초급 정도, 콩고 난민여성들은 중급 정도의 수준이었다.

(3) 자료 분석

남녀 그룹별로 각각 3번의 면담을 진행하였으며, 연구동의서를 받은 후에 녹음하여 모든 내용을 전사하였다. 전사된 자료를 분석하는 과정에서 먼저 이들이 한국에 와서 적게는 8년 길게는 10년 정도 지내는 동안 경험한 내용을 세밀하게 들여다보고, 그 경험들이 의미하는 바가 무엇인지를 판단이나 선입견 없이 '있는 그대로' 이해하고자 노력하였다.

이는 후설의 현상학에 기초한 연구방법이며, 현상학적 연구 중에서도 특별히 전체 연구 참여자들의 공통적 속성을 도출하는 데 초점을 맞춘 콜라지(Colaizzi)의 분석방법에 입각하여 연구를 수행하였음을 알려두고자 한다.

(4) 연구에 있어 윤리적 고려

앞에서도 언급한 바 있듯이, 이 연구의 참여자들은 모두 난민이다. 이들은 개인적인 사유로 정치적인 박해를 받아, 본인의 의사와는 무관하게 한국으로 망명하였으며, 지금도 간혹 누군가가 자신을 쫓고 있을지 모른다는 정신적 압박과 위협을 느끼고 있는 사람들이다. 그러한 이유로 연구자의 입장에서 가능한 한 최대로 연구 참여자들의 신변을 보호할 의무가 강조되었으며, 이를 위해 참여자들의 신분이 드러날 수 있는 내용은 결과를 기술함에 있어 배재하였다.

덧붙여 말하자면, 이러한 이유로 난민들의 연구에 있어 무엇보다 중요한 것은, 연구자와 참여자 간의 '신뢰'라고 할 것이다. 연구자 자신의 정보를 노출해서 난민으로서의 신변에 위협을 가할지도 모른다는 두려움이 있을 경우, 참여자들은 결코 진정성 있는 이야기들을 해줄 수 없다. 다행히도 본 연구자와 참여자들은 6년 이상 서로 개인적으로나 가정적으로 친분을 유지해 왔고, 특히 콩고 난민여성들의 경우 같이 공방사업이나 예술작업을 통해 두터운 신뢰관계를 쌓아왔다는 점에서 유리한 지점에서 연구를 진행할 수 있었다.

2) 연구결과

자료를 분석하기 위해 연구자는 먼저 아무 판단이나 편견을 배제하고 전사한 내용을 반복적으로 읽는 작업을 수행하였다. 그렇게 반복적으로 읽어가면서 참여자들 사이에서 공통적으로 나오는 이야기들이나 강조점을 주고 한 이야기들을 표시하고 옆에 간단한 메모를 하는 식의 작업을 통해 '구성된 의미(formulated meaning)'를 찾아냈다. 이것들로부터 소주제를 찾아 다시 더 큰 주제로 묶어 범주화하고 이를 통해 참여자들이 난민으로서 경험한 것들을 본질적인 의미가 무엇인지 밝혀내고자 노력하였다.

이런 과정을 공동연구자와 각각 수행하는 과정을 통해 2개의 공통된 큰 범주와 7개의 주제묶음, 그리고 14개의 주제를 도출해냈으며, 단 세부 주제들을 각 그룹의 경험의 다양성을 반영하여 서로 다르게 기술하였다. 도출된 주제 묶음과 주제는 〈표 3-4〉와 같다.

(1) 외로움이 주는 고통

앞에서 언급한 바 있듯이, 난민의 이주는 다른 이주민의 이주와는 다른 성격을 지닌다. 보통 우리가 주변에서 흔히 보는 외국인노동자와 결혼이주여성에게는 분명한 이주의 목적과 의도가 있다. 외국인노동자는 경제적인 이유로 노동을 위해 이주하였고, 결혼이주여성은 말 그대로 결혼을 목적으로 이주하였다고 하겠는데, 난민은 이주의 목적과 의도가 없다. 굳이 찾는다면 '보호'라고 할 수 있을 것이다. 이주를 통해 무언가 이루고 싶어서 한국에 온 것이 아니라, 급박한 상황에서 보호 받을 곳을 찾아 왔다는 이야기이다.

또 한 가지, 여타 이주민들의 이주와 난민의 이주 사이에 차이점을

〈표 3-4〉 난민으로 살아가기 경험에 대한 범주화

범주	주제묶음(theme clusters)	주제(themes)
감내하기	1. 외로움이 주는 고통	달라도 너무 다른 음식
		점점 외로움에 지쳐감
	2. 알 수 없는 복불복 미래	언제 어떻게 될지 모르는 난민신청, 복불복인생
		충족되지 않은 배움을 향한 욕구
	3. 차별 속 차별	차별 속 차별: 공장 내 계급제도
		일상적으로 경험하는 차별
	4. 지워지지 않는 상처	난민, 운명이 아닌 불의의 사고
		살아남은 자의 아픔
살아내기	5. 언젠가는 돌아갈 나라	두 얼굴의 난민
		언젠가 돌아갈 땅, 콩고
	6. 더불어 살아가기	콩고 커뮤니티의 힘
		낯선 이들과 관계 만들기: 경험의 공유
	7. 미래에 대한 기대	배워야 산다!
		아이들의 미래에 대한 기대

찾는다면, 난민들의 이주는 '준비 없는, 갑작스러운' 이주라고 할 수 있겠다. 요즘 외국인노동자들과 결혼이주여성들은 본국에서 소정의 한국어 교육까지 받고 온다고 한다. 한국에 와서 적응하는 데 필요한 기본적인 교육을 받고, 마음의 준비를 단단히 한 후에 한국에 온다는 말이다. 결혼이주의 경우 출신 국가에 따라 다르지만 한국 남성과 결혼이 성사되기까지 짧게는 몇 개월, 길게는 일 년이 넘게 집단생활을 하면서 한국에 올 준비를 하지만, 난민들은 미처 이주를 준비할 시간이 없다.

이번 연구에 참여한 난민들도 마찬가지 상황을 경험하였다. 움바투는 민족이 다르다는 이유로, 루뭄바와 마리는 정치적인 이유로 박해를 경험하다가 지인의 도움으로 거의 아무런 정보 없이 한국으로 급하게 이주한 경우라서 초기 적응이 너무 힘들었다고 한다. 그나마 루뭄바의 아내인 자끌린은 남편이 한국에 온 후에 콩고를 떠나 결합한 경우라서 준비할 시간이 있었다고는 하나, 마음의 여유가 없고 마땅히 한국에 대한 정보를 구할 방법이 없어 한국에 대해 무지한 상태로 오기는 다른 세 명과 마찬가지라고 하겠다.

• 달라도 너무 다른 음식

연구에 참여한 난민들이 처음에 한국에 와서 가장 힘들었던 것은 음식이라고 한다. 한국에서 뭘 먹는지도 전혀 모르고 온 지라 무엇을 먹을 수 있는지 없는지, 어떤 음식이 입에 맞는지 전혀 안내해줄 사람도 없다 보니 처음에는 밥과 설탕으로만 연명하였다고 한다.

> (처음에 한국 왔을 때) 아침 8시에서 저녁 5시까지 하는 아르바이트 자리를 하나 얻었었죠. 의정부 쪽에 있는 가구 공장이었는데, 일도 너무 힘들고 음식도 입에 맞지 않아 엄청 힘들었어요. 콩고에서는 고기를 주로 먹는데 한국에서는 야채를 주로 먹고 맛도 낯설더군요. 그래서 초기에는 밥에 설탕만 뿌려 먹었어요. 아니면 과자하고 주스로 때우든지요. 한국 생활에 익숙해지기까지 2-3년 정도 걸렸어요. (움바투)

난민 신청을 한 후에도 정부에서 아무런 지원을 받지 못하는 난민들의 초기 삶은 그야말로 '생존' 모드로 일관된다. 물어물어 경기도 외곽에 일자리를 구하고 숙식이 제공되는 공장에 가면, 이들은 십중팔구 컨테이너 인생을 시작하게 된다. 누구하나 친절하게 한국 생활에 대해 알려주지 않기 때문에 작은 것도 모험이고 도전이 되는 상황을 맞이하는 것이다.

> 처음에는 작은 공간에 화장실과 부엌이 있는 컨테이너 박스에 살았어요. 정말 돈도 없고 아무 것도 없었어요. 밥을 설탕하고만 먹던 시절이었죠. 한국어도 전혀 몰랐구요. 조금 지나서는 (설탕이 질려서) 땅콩버터를 밥에 발라 먹었어요. 다른 것들은 어떻게 먹어야 할지 겁이 났거든요. (자끌린)

남편을 찾아 한국으로 용기를 내서 온 자끌린을 기다리고 있는 것은 경기 외곽의 컨테이너 박스였다. 말끔하고 아기자기한 핑크빛 신혼방은 그 어디에도 없었다. 밥벌이를 위해 남편이 공장에 나가고 나면 자끌린은 하루 종일 혼자 두려움에 떨며 '설탕밥'을 먹어야 하였다.

혼자 한국 땅을 밟은 마리의 경우는 더욱 힘들었다. 당장 잘 곳도 없는 상황에서 무조건 '외국인이 많은' 이태원으로 온 마리는 길에서 만난 아프리카 사람을 통해 한국에 거주하는 콩고 사람들 몇을 알게 되었지만, 그들의 삶 역시 녹록치 않아 마리를 그냥 재워주기만 할 뿐, 어떠한 안내자의 역할도 해 줄 수 없었다.

> 저는 한국에 혼자 와서 더 힘들었어요. 처음에는 빵과 우유만 계속 먹었어요. 어떤 콩고사람이 나를 자기 집에 재워줬는데, 내가 이런저런 음식을 요구할 처지가 아니었죠. 그 사람의 공장주가 주는 음식을 싫어도 억지로 먹는 수밖에 없었는데, 아무래도 김치는 못 먹겠더군요. (…) 얼마 후에 지금의 남편이 된 사람이 같이 살도록 해 주었는데, 그곳 역시 컨테이너 박스여서 정말 힘들었고, 이것저것 요구하기가 미안했어요. (…) 우리가 살던 컨테이너는 곰팡이도 심했고, 화장실에 문도 없는데다 부엌에 창문도 없었고 겨울에는 큰 쥐가 들어왔어요! (마리)

재워주는 사람의 눈치를 봐야하는 마리는 이걸 사달라, 저걸 사달라 요구할 수 없었다. 마리에게 주어진 음식은 빵과 우유뿐이었고, 그나마 그것들이 안전하게 먹을 수 음식들이었다. 자끌린과 마찬가지로 하루 종일 컨테이너 밖을 나가지 못한 채 지내야 하였던 마리에게 친구는 곰팡이와 큰 쥐가 전부였다.

• 점점 외로움에 지쳐감

그래도 남편이 있는 한국에 오면 뭔가 다르지 않을까 하였던 자끌린의 기대는 보기 좋게 빗나갔다. 콩고에서 나름 고급교육을 받고 중국에 가서 유학과정도 일부 밟았던 남편은 한국에서 공장노동자로 살고 있었고, 단란한 가정집은 고사하고 스산한 공장지대의 컨테이너 박스가 자끌린을 기다리고 있었다. 남편 역시 안타깝고 미안한 마음은 있었지만, 하루하루 생존해야 하는 상황에서 아내를 챙길 여유가 없었다. 외로움을 견디는 것은 고스란히 자끌린의 몫이었던 것이다.

> 친구마저 이사 가고 나 혼자 남았는데, 남편은 아침 8시부터 밤 8시까지 일해야 해서 하루 종일 알아듣지도 못하는 티비만 보며 지냈어요. 티비 보다 자다, 자다 티비 보다… 그게 전부였죠. 거의 2년을 그렇게 살았어요. (…) 굉장히 외롭고 스트레스가 컸어요. (자끌린)

그나마 있던 친구도 다른 지역으로 이사를 가고, 덜렁 혼자 남은 자끌린은 점점 지쳐갔다. 알아듣지도 못하는 티비를 보다 지쳐 잠들고, 다시 깨서 티비를 멍하니 쳐다보는 식물 같은 세월을 거의 2년 정도 보냈다고 한다.

(2) 알 수 없는 복불복 미래

• **언제 어떻게 될지 모르는 난민신청, 복불복 인생**

노동을 하러 온 외국인노동자는 '돈을 모으면 돌아간다'는 희망이 있고 어느 정도 체류기간도 예상할 수 있지만, 난민은 그렇지 못하다. 난민 지위를 신청한 후 할 수 있는 것은 마냥 기약 없이 기다리는 것밖에 없다.

> 정말 희망이 없었고, 낙담을 많이 했습니다. 우선 시간이 정말 많이 걸렸고, 어떤 이유에서 그렇게 지연되는지도 모르겠고, 그래서 힘들었습니다. 또한, 내가 말하는 내용을 그들(법무부)이 잘 이해했는지, 통역이 잘 된 건지도 확인할 수 없어 답답했죠. (루뭄바)

루뭄바 역시 어떤 보장도 없이 기다리는 시간이 장기화되었고, 그 사이 아내가 한국으로 와 가정을 꾸리고 아이도 낳았지만 가족의 미래는 막연하기만 하였다. 게다가 난민 인정절차에 대해 잘 알지 못하는 상황에서 일방적으로 통보받아야 하는 데 대해 이해할 수가 없었다.

> 3심제에 대해 잘 이해가 되지 않습니다. 1심, 2심, 3심 모두 본질적으로는 같은 법원인데, 왜 1심에서 이겼는데, 2심에서 졌는지 모르겠어요. 그리고 2심에서 지면 왜 3심에서 질 확률이 높은 건지도 모르겠고요. (루뭄바)

난민으로 인정받는 과정은 한국 지식인들도 자세히 알기 어려울 정도로 복잡하다. 출입국관리국에서 2번의 기회가 있고, 그 과정에서 난민으로 인정받지 못하면, 결국 한국의 법무부를 대상으로 '내가 난민이 맞다'는 것을 인정받기 위한 소송에 들어가는데, 루뭄바는 1심에서 이기고, 2심에서는 안타깝게 지고 말았다고 한다. 1심에서 이긴 후 '다 끝났다'고 안심하고 있던 루뭄바는 2심에서 졌다는 통보를 받고 절망할 수밖에 없었던 것이다.

> (…) 한국에서 콩고에서 일어난 일을 확인하는 것도 사실상 불가능합니다. 그리고 행정소송을 할 때 법정에서 국가별로 한꺼번에 처리를 하는 것 같더군요. 예를 들어 한꺼번에 20명을 처리하고 그중에 2명만 난민으로 인정해준다든지 그런 식이라는 거죠. (루뭄바)

소송을 비롯한 난민인정 절차가 장기화되면서 루뭄바는 나름대로 법무부의 난민인정 행태를 분석해 본 것 같았다. 주변에 난민들이 많다보니 자연스럽게 어떤 나라의 누가 난민으로 인정받았는지 소식을 접하게 되고, 여럿이 한꺼번에 심사에 떨어졌는데 한두 명만 난민으로 인정받는 일이 반복되자 나름대로 결론을 내린 모양이었다. 루뭄바가 난민의 입장에서 관찰을 통해 분석한 바에 따르면, 한국 정부로부터 난민으로 인정받는 것은 '복불복'이라는 말이 된다. 한 마디로 운 좋으면 인정받고 재수 없으면 인정받지 못한 채 본국으로 쫓겨나야 한다는 좌절감과 냉소적인 태도를 느낄 수 있었다.

또한 통역이 제대로 이루어지고 있지 않다는 불안감, 한국 정부에서 수집할 수 있는 콩고에 대한 정보라고는 콩고 정부에서 공식적으로 제공하는 것들뿐이어서 실체를 파악하기 어렵다는 생각들이 루뭄바로 하여금 재판의 결과를 순순히 받아들일 수 없게 만들었다.

• 충족되지 않는 배움을 향한 욕구

난민 중에는 유난히 학력이 높은 사람이 많다. 본국에서 대학을 나왔거나 대학을 다니다 온 사람들이 많고, 심지어 석사를 하고 온 사람들도 간혹 만날 수 있다. 직업도 노동자 출신보다는 사무직이 대부분인데, 국가비밀정보국 요원, 회계사, 교사, 대사관 직원 등 상당히 안정적이고 높은 사회적 지위를 누리던 난민들을 쉽게 만날 수 있다.

이번 연구에 참여한 콩고 난민들 모두 대학을 나와 남의 부러움을 살만한 직장에 다니던 사람도 있고, 유학 경험이 있는 사람도 있으며, 최소한 대학을 다녀본 경험이 있는 등, 모두 엘리트에 속하는 사람들이었다. 그런 이유에서인지 이들은 한국에서도 계속 배우고자 하는 욕구가 있으나 잘 채워지지 않아 목말라하고 있었는데, 특히 남성들의 경우가 더욱 그러하였다.

> (…) 한국에서 내가 훈련받은 것도 아니고, 교육을 받은 것도 아니기 때문에 걱정이 되죠. 난민신청을 하고 내가 한 일이라고는 공장에 다닌 것이 전부에요. 교육이 정말 필요한 데 말이죠. 그래야 사회에 유용한 사람이 될 수 있지 않겠어요? 그런데 여전히 나는 공장에 다닐 수밖에 없는 상황이고 다녀야 할 테죠! (…) 내가 한국에서 교육을 받고 콩고에 돌아가면 외교관이 되어 잘 하면 콩고에서 한국을 알리는 사람이 될 수도 있을 텐데…. 나는 여전히 공장에 다니는 것 말고는 할 일이 없어요. (루뭄바)

> UNHCR에 혹시 내가 교육받기 위해 장학금을 받을 수 있겠느냐고 물은 적이 있는데 '없다'고 하더군요. 방법이 없는 것 같아요. 그저 공장에 다니는 수밖에…. 나도 기회가 주어진다면 교육을 받고 싶습니다. (움바투)

루뭄바와 움바두 모두 한국에서도 계속해서 교육을 빋기를 원하였고, 기회를 찾아보기도 하였으나 결과는 실망으로 끝났다. 루뭄바는 지질학을 움바투는 전기학으로 공부하였다고 하였다. 자신들의 전공을 살려 공부를 할 수 있는 기회가 있었으면 좋겠다고 바랐지만, 그들은 한국 와서 십년 동안 한 것이라고는 공장 다니는 일밖에 없다고 하였다. '공장 가고, 집에 와서 자고, 또 다시 공장 가고 집에 와서 자고' 그런 희망 없는 날들이 10년째 이어지고 있었다.

(3) 차별 속 차별

• 공장 내 계급제도

이번 연구에 참여한 난민들이 아프리카 출신이기 때문에 겪는 어려움이 더 있었던 것 같다. 움바투와 루뭄바는 물론이고 그들의 아내인 마리와 자끌린도 일상적으로 이루어지는 피부색으로 인한 차별로 멍들어 있었다. 이러한 차별은 그들의 일터인 공장에서 지속적이고 공공연하게 이루어질 뿐 아니라, 거리에서 전철에서도 흔하게 일어나고 있었다. 먼저 공장에서 겪는 차별에 대해 루뭄바와 움바투는 오랫동안 성토하였다.

> 직장에서도 한국인이 외국인보다 더 많은 임금을 받고, 아시아계 노동자가 우리들보다 더 많이 받아요. (루뭄바)

> 전에 다니던 공장에서 야간작업을 하던 방글라데시 사람이 떠나서, 그 사람의 일을 대신 밤에 하게 되었는데, 동일한 일인데도 나한테 돈을 적게 주더군요. 그 후에 나대신 중국 사람이 그 일을 맡았는데, 나보다 더 많이 줬어요. (움바투)

10년간의 공장생활 동안, 그들은 똑같은 직급으로 똑같은 일을 하는데도 항상 적은 임금과 못한 대우를 받아 왔다고 한다. 두 사람의 말을 정리하자면, 공장에도 계급이 있다. 먼저 한국인이 가장 윗자리, 그 다음이 조선족을 비롯한 중국인, 그리고 필리핀이나 방글라데시 같은 동남아시아인, 그 다음 가장 아래 위치하는 것이 바로 피부가 가장 검은 아프리카 출신 노동자들이다. 이런 계급 체계에 따라 임금도 정해지고, 사람에 대한 대우도 달라진다는 이야기이다. 간혹 아프리카 사람들을 선호하는 경우도 있는데, '힘이 많이 드는 일'이거나 야간노동을 시켜야 할 때라고 한다.

왜 이렇게 한국인>중국인>동남아시아인>아프리카인이라는 계급 제도가 생기는가에 대해, 루뭄바는 나름대로 생각이 있었다.

> 사장도 아시아 사람이기 때문이겠죠. 아프리카에서는, 예를 들어 콩고에서는 외국인을 존중하고 잘 해주는 편인데 한국에서는 그렇지 않아요. 내가 옳더라도 외국인이기 때문에 내 편을 들어주지 않는 거죠. 한 번은 쉬는 토요일이어서 집에서 쉬고 있는데, 사장이 일하러 나오라고 해서 쉬는 날이니까 안 나가겠다고 한 적이 있었어요. 내가 옳았는데도 사장은 나를 해고하겠다고 으름장을 놓았고, 차라리 그럼 일을 그만두겠다고 했다. 내가 맞는 데도 사장은 끝까지 우겼어요. (루뭄바)

루뭄바가 이해가 안 되는 것은 비단 피부색으로 인한 차별 대우만이 아닌 것 같다. 비합리적인 사장의 태도 역시 정말 이해하기 힘든 부분인 것이다. 움바투도 목소리를 높이며 적극 동의하였다.

> 한국에서는 사장(이나 상사)의 말을 무조건 옳다고 해야 하는 것 같습니다. 그리고 나중에 사장이 말을 바꾸더라고 아무 소리 못하고 넘어가는 경우가 많은데, 프랑스 문화권에 익숙한 우리로서는 이해가 잘 안 된다. 한국에서도 사장이 틀려도 그것에 반대하기 어려운 문화인 것 같

더군요. (움바투)

지금은 많이 좋아졌다고는 하나 난민들의 취약한 사회적 지위를 이용해 이들에게 불이익을 주는 공장주들도 여전히 존재하고 있었다.

공장에서 일을 하다가 사고가 나면, 사고를 당한 외국인노동자가 직접 의료비를 내야합니다. 불법으로 이뤄진 노동이라는 이유로 고용주가 책임을 지지 않아요. 특히 난민신청자들은 노동권이 없어서, 고용주가 그러한 점을 악용해 의료보험을 가입해주지 않는 경우가 허다하죠. 친구들 중에 일하다 사고를 당했는데 공장에서 책임지지 않는 경우를 많이 봤습니다. (루뭄바)

좋은 고용주도 물론 있죠. 하지만 나쁜 고용주가 더 많은 것 같아요. 산업연수생 제도로 일하는 사람들은 보험 혜택을 받지만, 난민신청자는 그런 혜택이 전혀 없어요. 오히려 보호받지 못하는 난민신청자의 처지를 악용하는 경우가 많습니다. (움바투)

7년 가까이 난민들을 가까이서 지켜보면서 가끔 쓸데없는 상상이기는 하나 만약 이들이 한국이 아닌 유럽으로 갔다면 어땠을까? 거기에서는 과연 어떤 대우를 받았을까를 생각해 본 적이 있는데, 아니나 다를까 연구 참여자 본인들도 그런 얻는 것 없는 상상이나 바람을 간혹 하는 것 같다.

유럽으로 갔다면, 사람들이 내게 전에 무엇을 했는지 어떤 교육을 받았는지도 물어보고, 그에 맞는 직업을 찾을 수 있도록 도와주었을 겁니다. 필요하다면 일을 수행하는 데 필요한 연수도 받았을 거예요. 하지만 한국에서는 내가 전에 무엇을 했는지가 전혀 중요하지 않더군요. (…) 콩고에서 받은 학위를 한국에서는 전혀 인정해주지 않는 것 같고, 애초에 그런 것에는 관심도 없는 것 같습니다. (루뭄바)

• 일상적으로 경험하는 차별

공장에서 일 때문에 일어나는 차별뿐 아니라 일상적으로, 예고 없이 닥치는 차별도 문제였다.

일상생활에서도 인종차별을 겪습니다. 교회 가려고 가족이 버스를 기다리고 있었는데, 교회에 가느라 정장을 잘 차려 입고 있었죠. (…) 한 남자가 다가와 말을 걸었는데, 한국어를 아느냐고 묻더니 곧장 킹콩을 아느냐고 하더군요. 날더러 킹콩을 닮았다고 하면서! 내가 그게 무슨 말이냐고 화가 나서 따져 물으니까, 주변에 있는 한국 사람들도 같이 거들어서 같이 항의했어요. 충격적인 일이었죠. (…) (루뭄바)

킹콩 같다, 고릴라 같다는 등의 말들을 거침없이 내뱉는 한국인들 때문에 외출을 했다가 기분이 상해 낭패를 겪은 일이 적지 않다고 하였다. 더군다나 아이들과 함께 잘 차려입고 나갔다가 그런 일을 당하고 나면, 남편이나 아버지로서 자존심도 많이 상하는 것 같았다.

또한, 공장에서 일 때문에 겪는 차별들은 이제 그냥 어느 정도 이해하고 넘어갈 수 있지만, 아주 사소하고 일상적인 부분에서 불현듯 차별이 닥치면 더욱 어이가 없고 속이 상한다고 하면서 이런 예를 들어주었다.

한번은 공장 사람들과 같이 찌개를 먹는데, 한국인들은 숟가락으로 같이 떠먹으면서 필리핀 사람에게도 국자로 따로 떠먹으라고 했어요. 밥을 먹을 때, 외국인들은 따로 먹도록 하는 경우가 많은데 그런 식으로 장벽을 쌓는 거죠. (…) 한국인들은 보통 외국인이 그들에게 다가가길 원하고, 그 사이에 있는 장벽을 없애려는 노력을 하지 않는 경우가 많아요. 하지만 그 장벽은 한국인 쪽에서 허무는 것이 훨씬 빠른데 말이죠! (…) 간혹 인사를 하거나 영어로 질문을 하는 사람들이 있는데, 그렇게 대화를 하다보면 마음이 조금씩 열리는 것을 느낄 수 있더군요. (루뭄바)

찌개를 같이 먹는 것은 어찌 보면 한국의 고유한 문화인데, 이런 고유한 문화도 피부가 검은 아프리카인에게는 예외적으로 적용되는 모양이었다. 먹으면 다 같이 그렇게 먹고, 아니면 다 같이 그렇게 안 먹는다면 모를까 한국인에게만 허용된 한국문화로 인해 난민들은 회식 자리에서도 장벽을 느끼고 있었다. 루뭄바의 마지막 말처럼, 한국인은 외국인에게 불필요하게 장벽을 쌓고 있는 것 같다. 그 장벽을 허물 수 있는 사람은 한국인 본인인데, 필요성을 느끼지 못하는 것인지 아니면 용기를 내지 못하는 것인지 궁금해지는 대목이다.

(4) 지워지지 않는 상처

연구자가 만나본 대부분의 난민들은 상처를 안고 살아가고 있다. 이는 주로 난민이 되는 과정에서 겪은 상처이며, 심한 경우 고문과 강간 같이 강도가 높은 상처들도 어렵지 않게 마주하게 된다. 종교가 달라서, 정치적 의견이 달라서 저항하다가 박해를 당하는 경우도 있고, 때로는 본인은 아무 잘못도 하지 않았는데 오해를 받아서 박해를 당한 경우도 있다.

이번 연구에 참여한 난민들의 경우, 움바투는 조상이 콩고 사람들이 싫어하는 부족 출신이어서 콩고 내에서도 차별을 당하다가 이에 항의하는 운동을 잠시 벌였다는 이유로 박해를 받아 한국에 왔다고 하였다. 루뭄바와 마리는 안타깝게도 본인 의사와는 전혀 무관하게, 당시 콩고의 상황이 내전의 위협 때문에 급박하게 돌아가는 와중에 아주 작은 실수로 스파이나 반군으로 오해를 받아 난민으로 오게 된 경우이다. 마지막으로 자끌린은 본인에게는 난민 사유가 없으나, 루뭄바와 약혼 상태에 있었고 본인의 삼촌을 비롯한 지인들이 루뭄바의 탈출을 도왔다는 이유로 박해를 당하다가 한국으로 오게 되었다고 한다.

• **난민, 운명이 아닌 불의의 사고**

> 콩고에서는 범죄를 개인이 저지르는 것으로 보지 않고 가족이 저지른 것으로 인식하기 때문에 나를 포함해서 가족 모두가 위험에 처해 있었어요. (…) 당시에 나는 대학에 다니고 있었는데 학교까지 군인들이 찾아와서 종종 나를 심문했어요. (…) 3년 동안 남편이 어디에 있는지도 모르고 연락도 안 되는 상황에 있다가 (…) 남편이 중국에 가 있을 때 도와줬던 삼촌 친구의 도움으로 한국에 올 수 있었어요. (…) 그 친구가 아니었다면 아마 다시는 남편을 만나지 못했을 거예요…. (자끌린)

> (…) 콩고에 르완다가 공격을 해왔고, 시민들이 공격을 받았는데 유감스럽게도 그곳은 유엔평화유지군 소관이었어요. 콩고 사람들, 특히 킨샤사(콩고의 수도) 사람들이 분노했고, 백인들 중에 특히 미국인 들이 표적이 되었어요. 그런 와중에 미국대사관에서 일하고 있던 나도 스파이로 몰리게 된 거죠. (…) 처음에는 어디로, 어떻게 도망쳐야 할지도 몰라서 부모님 집으로 피신했는데, (군인들이 들이닥쳐) 아버지와 형제들을 잡아가 폭행했고 나도 때렸어요. (…) (마리)

이들의 이야기를 듣고 있으면 난민이 된 것은 운명이 아니라, '사고'와도 같은 것이었음을 알게 된다. 그 누구도 스스로 난민이 되고 싶은 사람은 없다. 그리고 난민이 되기 전까지는 평범한 일상을 살아가는 시민 중 한 사람이었을 뿐이었다. 콩고 같이 오랜 내전과 독재로 수백만의 사람들이 죽어간 나라에서도, 대부분의 사람에게 난민이 된다는 것은 '남일'에 불과하다. 막상 그 일이 자신에게 닥치기 전까지는. 이는 마치 어느 날 불의의 교통사고로 두 다리를 잃고 휠체어에 의지해야 하는 장애인이 되기 전까지, 그 누구도 내가 장애인이 될 것이라고는 전혀 꿈도 꾸지 못하는 것과 같은 이치라고 하겠다.

마리의 경우 역시 마찬가지였다. 사소한 실수로 스파이로 오인 받아 난민이 되기 전까지 마리의 일상은 아주 평온하였다. 대학에서 마케팅을 전공하고 모 대사관에서 보안직원이라는 든든한 직장을 잡은 마리는 보수도 두둑하였고, 부모님 집에서 살면서 아무 근심 없이 안정적인 삶을 누리고 있었다. 가족이 사실 전혀 이런 일에 경험이 없는 것은 아니었다. 형부가 반 정부세력으로 몰려 고초를 당해 언니 가족이 모두 유럽으로 이주해야 하였고, 그로 인해 부모님이 밤잠을 설치며 불안에 떤 일이 있었다고 한다. 하지만 그 이후로 다시 평온을 되찾았고 더 이상 그런 불행이 없을 것이라고 굳게 믿고 있었는데, 예상치 않게 마리로 인해 다시 한 번 온 집안이 풍비박산나고 만 것이다.

확실히 그때는 더 나은 삶을 살고 있었죠. 젊었고, 공부를 마치고 일도 하고 있었구요. 부모님 집에 살고 있어서 집세 낼 걱정도 없었고, 정말 걱정이 없었어요. 아무 위협을 느끼지 않고 길을 마음대로 다닐 수 있었죠. 내가 어딘가에 난민으로 가게 되리라고는 꿈도 꾼 적 없었어요. 콩고의 정치적인 상황이 안 좋긴 했지만 그건 늘 있는 일이었구요. (…) 정치, 반란 같은 건 정말 다른 사람의 일 같았어요. (…) 갑자

기 닥친 일이었어요. (마리)

꿈 많은 대학생이었던 자끌린에게도 난민은 먼 나라 이야기였다. 중국에 유학 간 약혼자가 공부를 마치고 돌아오면 멋진 미래가 펼쳐질 것이라는 기대에 부풀어 있던 자끌린에게 약혼자가 스파이로 몰려 감옥에 갔다는 소식은 마치 청천벽력과도 같았다.

> 내 경우도 비슷해요. 당시에 나는 대학교에 다니고 있었고, 남편이 중국에 유학 중이어서 친정에서 지내면서 편하게 잘 살고 있었어요. 평온한 삶이었죠. 하지만 남편에게 그런 일이 생긴 후로는 경찰이 남편을 잡으려고 학교까지 나를 찾으러 와서 학교를 계속 다니기 어려웠어요. 그래서 다른 작은 학교로 옮겨 컴퓨터 공부를 했는데, 그곳까지 찾으러 오더군요. 그 전에 우리는 남편이 공부를 끝내면, 미국으로 가서 공부를 계속하려고 했었는데 말이죠! (자끌린)

• 살아남은 자의 아픔

마리에게 닥친 정치적 박해는 언니 때보다 더 큰 충격과 피해를 입혔는데, 그도 그럴 것이 마리를 찾으러 집으로 들이닥친 군인들이 형제들과 아버지를 폭행하고 언니들을 욕 보였기 때문이다. 마리는 그때의 충격과 고통을 잊을 수가 없다. 한국에 온 후에도 줄곧 '나만 아니었다면 가족들이 그렇게 불행해지지 않았어도 됐을 텐데'라는 후회와 죄책감에 시달려야만 하였다.

> (…) 그 일이 있은 이후에 아버지가 병을 얻었어요. 가족들도 항상 불안 속에서 살아야 했고요. 내가 한국에 도착할 때까지도 가족들은 내가 잘 탈출했는지, 아니면 어디 숨어있는 건지도 모른 채 걱정을 많이

했어요. (마리)

'나 때문에…' 가족 모두가 심한 어려움을 겪었고, 특히 아버지가 병을 얻어 일찍 돌아가셨고 언니는 지금까지 결혼도 못 하고 있다는 죄책감이 마리를 늘 괴롭혔다. 자신이 잘못해서 일어난 일이 아닌데도 불구하고, 마리는 한국에 온 후에도 줄곧 가족에 대한 미안함을 떨쳐 버릴 수가 없었다. 이로 인해 마리는 1년 가까이 신경정신과에서 전문적인 치료를 받았고, 연구자가 그 기간 동안 통역자로 동석해서 치료과정을 지켜보았다. 결국 다행히도 치료에 효과가 있어서 '내 잘못이 아니다'라는 확신을 얻은 후에야 불안증으로부터 자유를 누릴 수 있게 되었다.

난민들 중에 마리처럼 '살아남은 자의 아픔'을 안고 살아가는 사람들을 어렵지 않게 만날 수 있다. 난민이 되는 과정에서 얼마나 혹독하고 두려운 경험을 하였느냐에 따라 차이는 있지만, 어쩔 수 없이 본국을 떠나 한국으로 온 난민들은 대부분 남겨 놓은 가족을 생각하며 불안감과 죄책감에 시달린다.

심한 경우 극심한 우울증과 불면증을 겪으면서도 생존을 위해 힘든 공장일로 연명하는 난민 여성도 있었는데, 이 여성은 자기 때문에 아이들을 다른 사람의 손에 남겨두고 온 상황이어서 더욱 미안한 마음이 컸다. 유난히 우울증 지수가 위험수위에 달할 정도로 높았던 이 여성 역시 1년이 훨씬 넘게 약물치료와 심리치료를 병행한 후에야 비로소 밤마다 자신을 괴롭히던 악몽에서 벗어날 수 있게 되었다.

(5) 언젠가는 돌아갈 나라

한국에 거주하는 난민은 자신이 난민인 것을 어떻게 받아들이고 있는가? 연구자는 처음에 '난민은 자신의 소신을 분명하게 내세워 박해를 받아 온 사람들이니까 자신이 난민인 것에 대해 자부심을 느낄 것'이라고 생각하였다. 하지만 그런 예상은 보기 좋게 빗나갔다. 난민들은 자신이 난민인 것에 대해 '양가감정'을 가지고 있음을 알 수 있었다. 다시 말해, 아주 자부심이 없는 것도 아니지만 '수치심'을 더 크게 느끼는 것을 확인할 수 있었다.

어떤 때는 외국인노동자와 자신을 동일시하기도 하고, 때론 완강히 구별 짓기도 하는 난민들을 볼 때 이들 자신들도 일종의 혼동 상태를 경험하고 있음을 느낄 수 있었다. 이 연구에 참여하였던 난민들 역시, 은연중에 두 가지 태도를 모두 드러내었다.

• 두 얼굴의 난민

"돈 많이 벌었으니 돌아가!"라고 말하는 사람들도 있어요. 한국 사람들은 다른 문화라든지, 다른 언어에 대해서 잘 모르는 것 같아요. 종종 지하철 같은 곳에서 나에게 말을 거는 사람들이 있는데, "언제 왔어요" 라고 물어보고, "돈 많이 벌었으니… 언제 가요?"라고 해요. 내가 한국에서 뭘 하는지도 모르고 어떻게 그런 걸 물어보는지… 남자든 여자든 한국 사람들이 그런 걸 정말 많이 물어봐요. (자끌린)

한국에서는 사람들이 우리에게 돈 벌러 왔냐고 물어봐요. 한국 사람들의 생각은 딱 거기에 제한되어 있는 것 같습니다. 아프리카는 잘 못 사는 곳이고, 그러니 한국에 온 것은 돈을 벌기 위해서 온 거라고 밖에는 생각 못하는 것 같아요. (움바투)

자끌린과 움바투의 말에서 알 수 있듯이, 이들은 '돈 벌러 왔냐'는 한국인의 반응에 못마땅해 한다. 왜냐면 난민은 돈 벌 목적으로 한국에 온 사람이 아니기 때문이다. 자신은 어쩔 수 없이 박해를 피해 한국에 왔을 뿐이지, 한국에서 뭔가 얻어갈 목적으로 온 것이 아니기 때문에 나름대로 자존심을 내세우며 외국인노동자와 구별되기를 원하는 것이다.

하지만 실제 이들의 삶은 외국인노동자와 거의 다를 바 없으며, 심지어 그보다 못한 경우도 허다하다. 앞부분에서 말하였듯이 난민인 것은 직업을 찾는 데 오히려 걸림돌로 작용할 뿐 결코 보탬이 되지 않기 때문이다. 난민이라는 이주민으로서의 지위는 한국에서 결코 특권이 아님을 지각한 난민들은 차라리 허가받은 외국인노동자를 부러워한다. 10년 정도 외국인노동자와 다름없이 살다보니, 때론 자신도 모르게 그들과 자신을 동일시하는 면도 없지 않은 것이다.

> 사장님이 우리 가족과 같이 밥도 먹고 아이들에게 선물을 주기도 하지만, 임금에 대해 말을 꺼내면 급변해서 화를 내요. 나는 부양해야 할 가족이 있는데도 싱글인 베트남 노동자보다 임금을 더 적게 받아요. (루뭄바)

> 전에 말했듯이 한국의 노동문화를 배우면서, 나중에 내가 공장을 운영하게 된다면 도움이 될 수 있을 거라는 생각이 들어요. (움바투)

베트남 노동자와 자신을 비교하면서 은근히 부러워하는 모습이라든지, 공장 생활이 싫고 지겹다고 하면서도 그 안에서 배운 한국의 노동문화를 나중에 공장을 운영하게 되면 잘 써 먹을 수 있을 것이라고 전망하는 모습에서 연구자는 일종의 모순을 느낀다. 한국인들이 자신들을 외국인노동자로 오해하는 것이 싫다고 하면서도, 오랜 공장 생활에 익숙해진 탓인지 아니면 나름대로 배운 것이 있다고 느껴서인지 어떤 부분에서는 스스럼없이 공장 노동자로 자신을 규정하는 면도 나타나기 때문이다.

• 언젠가 돌아갈 땅, 콩고

난민을 정의하는 또 다른 문장은, "난민은 돌아갈 수 없는 사람"이라고 한다. 여기서 '돌아갈 수 없는'이라 할 때는 정해져 있지 않지만, '당분간'이라는 전제가 깔려있다. 즉, 정치적, 종교적, 혹은 사회적 이유로 박해를 당할 위험이 있어 당분간(본국으로) 돌아갈 수 없는 상황에 처해 있다는 의미라고 하겠다.

돌려 말하면, "난민은 본국의 상황이 좋아지면 돌아갈 사람"이라고 바꾸어도 같은 의미라고 할 수 있을 것이다. 연구자가 만난 대부분의 난민은 언젠가 돌아가 본국에 기여하겠다는 포부를 내비쳤다. 그런 의미에서 어떤 난민은 한국을 '큰 학교(big school)'라고 표현하기도 하였는데, 이유인 즉, 한국이 이뤄낸 민주화와 경제화를 잘 배워가서 본국에 긍정적인 변화를 이끌어내겠다는 다짐이 깔려 있기 때문이다.

루뭄바와 움바투도 '내가 콩고로 돌아간다면'이라든가, '내가 콩고로 돌아갔을 때' 같은 말들을 자연스럽게 내뱉었으며, 그런 말들을 할 때 무언가 눈에 비장한 각오가 담겨 있는 것을 눈치 챌 수 있었다. 아이들은 몰라도 본인들만큼은 상황이 허락한다면 콩고로 돌아가는 것을 당연하게 여긴다.

연구자가 참여자들에게 유럽 국가 같은 '제3국으로의 재정착 가능성'에 대해 언급하였을 때 루뭄바와 움바투는 입을 모아 '그렇다'고 답하였다.

> 아무래도 식민지 시대의 경험 때문에 우리는 유럽의 문화에 익숙하

죠. 한국에서는 우리를 잘 받아들이지 않기 때문에, 한국 정부가 우리를 유럽 국가에 재정착할 수 있도록 해준다면, 그것은 좋을 것 같아요. 그리고 다른 나라에서는 난민에게 교육의 기회를 많이 주잖아요. (움바투)

난민으로서 교육을 받아야 한다는 생각, 그래야 본국에 돌아가서 무언가 의미 있는 일을 해 보탬이 되어야 한다는 생각을 일관되게 하고 있다는 사실이 놀라웠다.

(6) 더불어 살아가기

• 콩고 커뮤니티의 힘

연구자가 2008년 같은 연구참여자들과 '문화 정체성'에 대한 학위논문을 준비하면서 가장 인상적이었던 부분은, 콩고 난민들 사이에 커뮤니티가 꽤나 잘 발달되어 있다는 점이었다. 움바투/마리, 루뭄바/자끌린 부부도 오래전부터 커뮤니티에 속해 있었고, 비중 있는 역할을 맡고 있었다. 한국에서 난민으로 살아가는 이 사람들에게 있어 콩고 커뮤니티는 어떤 의미가 있으며, 어떤 역할을 담당하는지 살펴볼 필요가 있다.

마리와 자끌린의 경우, 첫 만남부터 콩고 커뮤니티를 통해 이루어졌다.

한국에서 흑인은 소수이기 때문에 요즘도 길에서 만나면 서로 간단하게라도 인사를 하게 되죠. 한국에 와서 처음 만난 흑인을 만났을 때, 내가 콩고에서 왔다고 하자, 자기도 콩고 사람을 한 명 안다고 했어요. 그 덕분에 이태원에 있는 콩고인 모임에 우연히 가봤고, 그곳에서 자끌린을 처음 만났어요. (마리)

마리가 결정적으로 남편인 움바투를 만난 것도 이 커뮤니티를 통해서였다고 한다. 낯선 한국 땅에서 아무 의지할 곳 없던 마리는 말 그대로 자기 몸 하나 누일 곳 없어 황망한 상태였다. 이때 커뮤니티를 통해 움바투를 소개받았고 움바투에게 '안전한' 숙소를 제공받을 수 있었다는 것이다. 아무리 급박한 상황이라 하더라도 낯선 남자의 집에 얹혀 지내는 생활이 불편하고 불안하기도 하였던 것이 사실이었으나, 움바투는 아주 조신한 사람이라 마리를 잘 보호해 주었다고 한다. 결국 고마운 마음이 좋아하는 마음으로 발전하고 결혼에 이르게 된 것이다. 그러면 콩고 커뮤니티 내의 관계는 어떠할까?

> 콩고 사람들과의 관계는 가족과 같아요. 우리 아이들은 마리에게 '엄마'라고 부르고 마리의 남편에게는 '아빠'라고 불러요. (…) 우리 콩고 사람들끼리는 서로 도우면서 잘 지내요. 예를 들어, 우리 집에 문제가 생기면 다른 콩고 이웃에게 도움을 구할 수 있어요. 경제적으로도 조언을 해주면서 서로 돕죠. 아이를 잠깐 맡아달라고 부탁하기도 해요. (…) 콩고에서는 서로가 가족처럼 지내기 때문에, 우리는 이렇게 사는 방식이 익숙해요. 한국에서는 서로 일 때문에 떨어져 지내지만, 물질적으로, 정신적으로 정말 많이 돕고 살아요. (…) 하지만 한국인들과는 다르죠. 여기 굉장히 오래 있었지만, 서로 친구라고 하지만, 교회를 같이 다니더라도 어디에 사는지도 몰라요. 우리 아이들은 한국에서 나서 자랐지만 한국인 친구는 하나도 없어요. 유치원에서 사귄 친구는 유치원에서만 친구일 뿐인 것 같아요. 하지만 코트디부아르에서 온 가족의 아이들과는, 아프리카에서 왔다는 공통점 때문인지, 아이들끼리도 친구로 잘 지내고 놀러가고 잠도 자고 오고 그래요. (자끌린)

이웃과의 관계 맺기에 있어 연구자가 가장 놀라웠던 점은, 콩고인들에게는 '아줌마', '아저씨'가 없다는 것이다. 한국인들의 경우, 나이가 든 부모 또래의 어른을 아이들은 대부분 아줌마나 아저씨로 통칭한다. 그나마 자신의 엄마와 친분이 두터운 사람에게는 '이모'라고 부르는 정도가 다인데, 연구자가 만나본 콩고 가정의 아이들은 엄마의 친구면 다 엄마, 아빠의 친구면 다 아빠라고 스스럼없이 부르는 점이 신기하기도 하고 놀랍기도 하였다.

지역적으로도 이들은 도보로 쉽게 왕래할 수 있는 거리에 모여 살면서 서로 일상적인 도움을 주고받으며 살고 있었다. 자끌린의 첫째 아이가 먼저 초등학교에 입학하고, 다음 해에 마리의 첫째 아이가 같은 학교에 입학하자, 자끌린은 마리에게 학부모의 경험과 어려움을 전수하며 많이 도와주었다. 한국인들도 첫 아이를 초등학교에 입학시킬 때면 어리둥절하고 당황해서 실수하는 경우가 많은데, 콩고 사람들에게는 더욱 그럴 것이다. 하지만 다행히도 마리는 선배 학부모인 자끌린이 곁에 있어 시행착오를 줄이고 안심할 수 있었던 것이다.

콩고 커뮤니티는 이런 정서적 지지뿐 아니라 그 이상의 '경제적 상호부조'의 역할을 하고 있었다. 마리가 최근에 집이 너무 낡고 곰팡이가 거실 벽을 뒤덮어 아이들이 늘 기침과 천식에 힘들어 해서 이사해야할 상황에 처했었는데, 이때 콩고 커뮤니티가 큰 힘이 되었다고 한다.

은행에서도 돈을 빌리기 어려운 콩고 난민들에게 콩고 커뮤니티는 일종의 '신협' 같은 역할을 하고 있었다. 현재 12가정이 오랫동안 돈독한 관계를 맺으며 월 회비를 모으며, 매월 모임도 갖고 있다. 모아놓은 회비는 회원 중 어떤 사람이나 가정이 급하고 어려운 일을 당하였을 때 무이자로 빌려주는데, 정확한 기간이 정해져 있는 것도 아니고 '사정이 되는대로' 갚되 다른 사람이 어려운 상황에 처할 수 있으니 여력이 되는대로 조금씩이라도 갚도록 하고 있다. 연구자는 무이자에 기간도 정해져 있지 않은 대출이 존재하는 것에 놀라지 않을 수 없었다. 이는 회원들 간에 완전한 신뢰가 있지 않고는 불가능한 일이기 때문이다. 현재 마리 가정도 여윳돈이 생기는 대로 상환해서 급전으로 빌린 돈을 다 갚은 상태이다.

만약, 콩고 커뮤니티가 없었다면 어땠을까? 이들이 한국에서 도움을 받을 수 있는 방법이라고는 한국인들이 운영하는 민간 난민지원단체와 교회, 그리고 콩고 커뮤니티가 전부이다. 부모, 형제 일가친척이 전혀 없는 난민들은 이웃을 사귀는 것도 힘들다고 호소한다. 특히, 예기치 않게 가족 중에 누가 입원을 하거나 마리처럼 이사를 해야 해서 목돈이 필요한 경우에는 속수무책인 상황이 되곤 하는데, 이때 가장 '부담 없이' 손을 내밀 수 있는 곳이 바로 콩고 커뮤니티인 것이다. 내가 도움을 받고 상환을 하고 나면 커뮤니티 내의 또 다른 사람이 도움을 받는 구조이기 때문에, 난민지원단체나 교회에서 받는 '일방적인 도움'과는 근본적으로 성격이 다르다. 그야말로 '상부상조'하는 구조이기 때문에 도움을 받으면서도 당당할 수 있는 것이다.

콩고 커뮤니티의 중요한 일원인 움바투는 커뮤니티의 중요성에 대해 이렇게 서술하였다.

> (콩고 커뮤니티가) 한국에서 가장 좋은 아프리카인 커뮤니티는 아니에요. 하지만 우리는 최선을 다하고 있어요. 어떤 콩고인들은 커뮤니티가 소용없다고 말하기는 하지만, 아프리카에서는 '손가락 한 개로는 얼굴을 씻을 수 없다'는 말이 있는데, 어려울 때일수록 서로 뭉치고 도와야죠. (움바투)

'손가락 한 개로는 얼굴을 씻을 수 없다'라는 속담을 들으니 연구자에게 이와 아주 유사한 한국 속담이 떠올랐다. 바로 '십시일반'이다. 한 숟가락씩 보태면 어느새 밥 한 그릇이 된다는 속담이 우리에게도 있다. 어디에서도 이해받기 힘들고, 의지할 부모와 형제도 없는 콩고 난민들은 한국에서 이렇게 한 숟가락씩 모아 밥 한 그릇을 만들어 놓았다가, 서로가 굶주렸을 때 선뜻 대접하는 방식으로 힘을 얻으며 살아가고 있다.

• **낯선 이들과 관계 만들기: 경험의 공유**

앞에서도 언급한 바 있듯이, 아프리카 출신인 콩고 난민들이 한국인을 비롯한 아시아인들과 친하게 지내는 데는 어려움이 있다. 먼저 움바투의 솔직한 말을 들어보기로 하자.

> 아시아계 사람들과 우리 사이에는 벽이 있는 것 같아요. 하지만 이해할 수 있어요. 서로 공유하는 경험이 다르면 서로 융합하기가 힘들죠. (움바투)

아시아인들에게 느끼는 벽은 어디에서 오는 것일까? 왜 이들은 아시아 사람들과 친하게 지내기 어렵다고 느끼는 것일까? 움바투가 말하는 '공유하는 경험'이란 무엇일까? 궁금하지 않을 수 없다. 연구자가 개인적으로 2007년에 이들 가정을 집으로 초대한 일이 있었다. 그때 이들은 이미 한국에 온 지 5년이 넘은 시점이었는데도 불구하고 한국인의 가정에 초대받은 것은 처음이라고 하였다. 2시간 반이 넘는 거리를 아이들과 함께 대중교통으로 오가는 불편을 감수하고, 초대받은 콩고 가정들은 모두 연구자의 초대에 응하였고 서로 음식을 나눠먹으면서 즐거운 한때를 보냈다.

처음 초대한 날부터 몇 년이 흘렀을 때, 마리는 뜬금없이 나에게 이런 말을 하였다. “그때 처음 한국 가정의 화장실에 가봤어요” 보통 한국인들은 어떤 가정의 초대를 받아 다녀오면 식사를 대접받은 것을 맨 먼저 기억하고 그 이야기를 하는 반면, 마리는 화장실 이야기를 해서 속으로 조금 놀랐던 기억이 있다. 그러고 나서 곰곰이 생각해보니, 누군가의 집에 가서 그 집 화장실을 쓴다는 것은 상당히 ‘사적인 공간을 공유하는 일’이라는 생각이 들었다.

그 후로도 간간히 서로의 집을 오가며 가정 단위로 교제를 이어오고 있는데, 재미있는 것은 마리와 자끌린의 아이들이 한국어를 배우기 시작하면서, 연구자에게 ‘엄마’라고 부른 일이다. 아이들이 불어로 ‘마망’이라고 불렀을 때, 나는 설마 나한테 그러는 것은 아니겠지 하는 마음에 뒤를 돌아보았다. 하지만 분명히 나를 두고 하는 호칭임을 깨닫고는 놀랍기도 하고 고맙기도 하였다.

이렇듯 서로가 만남을 이어가며 같은 공간과 시간, 그리고 경험을 공유하다 보면 한국인/콩고인, 대한민국 국민/콩고 출신 난민과 같은 경계는 아무 짝에도 쓸모없이 사라져버린다. 역설적이게도 연구자의 경우, 한국인 친구들과 그 아이들에게서는 느끼지 못하였던 친근감을 이들에게서 더 깊이 느끼기도 한다.

> 서로 이야기를 하면서 경험을 공유할 수 있으면 사이가 좀 친해지는 것 같습니다. 예를 들어, 방글라데시 사람들과 한국에서 받은 차별을 같이 이야기하다 보면, 그 공유하는 경험 덕분에 서로 위로를 받고 친해지기도 합니다. 그렇게 관계가 형성되는 것 같네요. (…) 한국인들은 보통 외국인이 그들에게 다가가길 원하고, 그 사이에 있는 장벽을 없애

려는 노력하지 않는 경우가 많아요. 하지만 그 장벽은 한국인 쪽에서 허무는 것이 더 빠르죠. 인사를 하거나 (영어로) 내게 질문을 하는 사람들이 간혹 있는데, 그렇게 하다 보면 그들도 마음을 여는 것을 느낄 수 있어요. (루뭄바)

루뭄바가 말한 것처럼 공유하는 경험이 많아질수록 장벽은 자연스럽게 허물어진다. 다만 그 장벽을 허물고자 다가서는 용기가 필요할 뿐이다. 루뭄바는 한국인들이 먼저 다가서 주기를 바라고 있었다. 아무래도 한국인들이 자신들의 피부색 때문에 두려워서 다가서기를 주저한다고 느끼고 있는 것 같았다.

(7) 미래에 대한 긍정의 시선

• 배워야 산다!

연구에 참여한 콩고 난민들은 모두 배움에 대한 남다른 욕구와 의지를 가지고 있었다.

교육과 훈련이 중요한 거죠. 만약 내가 이 상태로 다시 콩고로 돌아간다면, 십 몇 년 동안 한국의 공장에서 일한 것밖에 내놓을 것이 없을 테니. 하지만 내가 훈련을 잘 받는다면, 혹시나 콩고대사로 한국에서 일할 수 있을지 누가 알겠어요? (루뭄바)

나는 계속 전자와 관련된 공부를 하고 싶습니다. 한국에서 공부할 기회가 주어진다면 정말 좋을 것 같아요. (움바투)

마케팅에 대해 더 깊이 공부하고 싶다. 기회가 되면 박사학위라든지…. 정말 공부하고 싶어요. 나는 마케팅과 관련한 다양한 아이디어를

여전히 가지고 있어요. (마리)

대학에서 3년 동안 법학을 공부했지만, 남편에게 사건이 난 이후에는 학교를 옮겨야 해서 컴퓨터를 공부하게 됐어요. 결국 학업을 다 마치지 못하고 콩고를 떠나 남편을 만나러 오게 되었죠. 기회가 주어진다면 한국에서도 정말 공부하고 싶어요. 하지만 지금 처한 상황 때문에 못하죠. (자끌린)

이들은 아주 일관되게 반복적으로 배움에 대한 욕구와 방향을 구체적으로 밝혔다. 또한 공통적으로 '기회가 된다면'이라는 말을 전제로 달고 있었다. 이런 말들을 할 때 이들의 표정은 기대감으로 잠깐 빛나다가 이내 '안 될 거야'라고 마음으로 어두워지는 것을 볼 수 있었다. 자신들이 생각하기에 학위를 계속 이어간다는 것은 여건 상 불가능하다고 느끼는 모양이었다. 한국에 온 지 10년이 다 되었어도 여전히 한 달 한 달을 어렵사리 넘기는 상황에서 자신들을 위해 공부한다는 것은 일종의 사치나 이루지 못할 꿈으로 여기는 것이다. 하지만 '기회가 주어진다면'이라는 기대를 마음 한 구석에 잠시 접어두었을 뿐 아예 포기하지 않았음을 감지할 수 있었다.

연구자는 다른 방식으로 질문해 보았다. "학위 과정이 아니라도 인문학 교육이나 예술 교육을 받을 수 있다면 어떻게 할 거에요?"라는 물음에 루뭄바는 적극적이고 즉각적으로 긍정적인 의사를 밝혔다.

꼭 학위와 관련된 교육뿐만 아니라, 다양한 훈련도 중요한 것 같아요. 직업과 관련한 연수뿐만 아니라, 그림그리기라든지… 아내가 받는 훈련도 참 좋죠. 그런 것은 삶을 풍요롭게 하니까. (루뭄바)

'삶을 풍요하게 해주니까요'라는 루뭄바의 마지막 말이 연구자의 귀에 와서 꽂혔다. 공장과 집이 삶의 전부인 콩고 난민남성들의 삶은 단조로울 수밖에 없다. 더군다나 본국에서 어느 정도 높은 사회적 지위를 누렸던 루뭄바와 움바투 같은 이들에게는 문화적 욕구가 한 구석에 꿈틀거리고 있음을 확인할 수 있었다. 처음에 한국에 왔을 때는 그저 죽음의 위협으로부터 보호받을 수 있는 안전한 장소이면 어디든 괜찮다는 마음에 힘든 육체노동도 참고 견딜 수 있었지만, 이제 그러한 위협으로부터 어느 정도 안전해지고 한국 생활에도 적응하였는데도 불구하고, 자신들에게 주어지는 배움과 발전의 기회가 전혀 없다는 사실이 이들의 마음을 답답하게 만드는 것 같았다.

배움의 기회도 없고 만나는 사람도 지극히 제한적이지만 이들은 일상적인 한국인들의 삶에서 새로운 삶의 지혜를 익혀가고 있었다.

> 아프리카에서는 일을 해도 8시에 시작하면 12시나 오후 1시에는 끝나요. 아무리 많이 해도 오후 3시나 4시면 끝나죠. 하지만 한국에서는 '빨리빨리' 일해야 하고… 정말 일에 미쳐 있어요. 정말 이런 방식은 상상도 할 수 없는 겁니다. 나는 대학교육을 받은 사람인데 공장에서 이런 일을 한다는 것 자체가 정말 상상할 수 없는 일이었죠. 포기하고 싶었지만 서로 위로하고 격려하면서 버텼어요. 돈이 없으니 일을 할 수밖에 없었고, 그 덕분에 끈기를 기르게 된 것 같아요. 그리고 공장의 사장님도 경영을 대학에서 배우지 않았는데도 공장을 잘 운영하는 것을 보면서 그 방식을 많이 배웠구요. 한국에서는 노인도 폐지를 줍는다든지 그렇게 계속 일을 하죠. 할머니가 고물을 주워 파는 모습을 보면 한국의 노동정신, 근면함을 배우게 되요. (루뭄바)

처음에 루뭄바는 뭐든지 '빨리빨리' 해야 하고 하루 종일 해야 하는 육체노동을 받아들이기 힘들었다. 게다가 대학을 나온 엘리트로서 자존심이 상하기도 한 모양이었다. 루뭄바나 움바투처럼 학력이 높은 난민이라 할지라도 그 학력을 인정받지 못하고, 한국어도 서투른 데다 피부색 때문에 이들이 구할 수 있는 일이라고는 공장일 같은 단순노동이 전부이다. 생전 해보지도 않은 육체노동을 온종일 해야 하는 상황을 이들은, '내가 이런 일 할 사람이 아닌데…'라는 생각 때문에 더욱 받아들이기 힘들었다.

그렇게 공장노동자로 자신을 자리매김하는 데 오랜 시간이 걸린 루뭄바와 움바투는 그 열악한 노동 현장에서도 무언가 배우는 자신을 발견하게 된다. 특히 루뭄바는 경영을 전공하지 않고도 공장을 잘 운영하는 공장주를 잘 지켜보면서 어떻게 공장을 조리 있게 운영하는지 어깨 너머로 배우면서, '나중에 만약에 콩고에서 공장을 운영하게 된다면 저렇게 해야지' 하는 다짐도 해본다고 하였다. 하다못해 공장과 집을 오가는 차 안에서 창밖으로 폐지 줍는 할머니를 보면서도 한국 사람들의 근면성을 배운다고 하니, 이들은 열악한 교육환경 속에서 '자가 학습'을 하고 있는 셈이다. 면담이 끝나갈 무렵 루뭄바는 배움에 대한 열정을 잘 보여주는 명언을 연구자에게 던져주었다.

> 프랑스어에 이런 표현이 있어요. "대장장이 일을 하다 보면, 대장장이가 된다" (루뭄바)

애초부터 무엇이 되겠다고 마음먹고 어떤 일을 배우는 것이 아니라 할지라도, 계속 그 일을 열심히 하다보면 요령을 터득하게 되고, 그렇게 오랜 시간 숙련 과정을 거치면 그 분야에 있어 진문가가 된다는 말로 해석할 수 있다.

움바투와 루뭄바, 마리와 자끌린 모두 기회만 된다면 자신의 전공을 살리고 싶은 소망이 남아 있다. 하지만, 그 기회가 주어지지 않는다고 해서 이들이 한국 땅에서 전혀 아무 것도 배우지 않고, 꿈도 꾸지 않는 것은 아니다. 인문학이 됐든, 예술 교육이 됐든 이들은 무엇이든 배우고 싶어 하고 그 과정에서 반드시 무엇이 되지 않는다 하더라도, 우선 그런 새로운 배움이 '삶을 풍요롭게' 해 줄 것이라는 기대를 가지고 있다. 심지어 배움의 기회가 전혀 주어지지 않는 상황에서도 이들은 자신들이 마주하는 한국인들의 일상적인 행태를 관찰하면서 스스로 삶의 지혜와 원리를 배워가고 있는 것이다. 배운다는 것은 그런 속성이 있는 것 같다. 어떤 의도 없이도 반복적으로 주의를 기울여 하다 보면 어느덧 나도 모르게 '발전한 나'가 되어 있음을 우리는 종종 깨닫게 된다.

• 아이들의 미래에 대한 기대

한국에 온 지 5년 이상 되어 가정을 꾸리고 자녀를 낳아 양육하고 있는 난민 가정들에게 가장 큰 고민은 '아이들의 미래'이다. 자신의 의지와는 무관하게 태어나자마자 난민이 된 아이들이 살아가기에 한국 사회는 너무 차갑고 척박하다. 콩고 난민 부부들은 아이들의 미래에 대해 어떤 생각들을 하고 있을까?

아이들의 교육과 관련해서는 걱정이 없어요. (움바투)

우선 아이들이 무상교육을 받을 수 있다는 것은 굉장히 좋은 것 같아요. 초등학교 프로그램도 좋은 것 같고. 다만, 보통 아이들은 학교가 끝나면 학원에 가는데, 우리 아이는 그럴 수 없어서 집에 있어야 하기

때문에 그것이 좀 마음에 걸리죠. (루뭄바)

우선 콩고 난민가정의 남성들, 즉 아빠들은 한국에서 아이들이 괜찮은 교육을 받고 있다고 생각한다. 자녀들이 아직 어려서 이제 막 큰 아이를 초등학교에 입학시킨 두 가정은, 초등학교 교육이 무상으로 제공된다는 점에 만족하고 있었다. 콩고에서와는 달리 공부를 많이 시킨다는 것도 긍정적으로 받아들이는 것 같았다.

반면, 엄마인 마리와 자끌린의 입장은 좀 달랐다. 자녀들의 양육을 주도적으로 담당하고 있으며 가까이서 한국 엄마들을 볼 수 있는 마리와 자끌린은 한국의 교육에 대해 과연 어떻게 생각하고 있을까?

> 한국에서는 자기 아이가 다른 집 아이보다 뛰어나길 바라기 때문이겠죠. 한국 사람은 완벽을 지나치게 추구하는 것 같아요. 그리고 과시욕도 있는 것 같고요. 어떤 사람은 "우리 아들은 캐나다 선생님에게 시간당 십만 원짜리 영어 수업을 받아요. 골프 수업도 받아요" 이런 이야기를 해요. (자끌린)

> 콩고에서는 (…) 아이들은 충분히 놀고, 유급을 하더라도 다음번에 더 잘할 수 있도록 주변 사람들에게 격려 받아요. (…) 한국에서는 서울대학교, 연세대학교 같은 좋은 학교를 나와야만 취직도 잘 하는 것 같은데, (콩고에서는) 대학의 이름보다는 그 사람의 머릿속에 들어있는 지식을 중심으로 평가받죠. (마리)

콩고 아빠들과 달리 콩고 엄마들은 아주 구체적으로 한국 교육과 콩고 교육의 차이점을 지적하고, 한국 교육의 문제점에 대해서도 지적해주었다. 이제야 겨우 초등학교에 입학하였을 뿐인데, 콩고 엄마들이 보기에 한국의 교육은 지나치게 비교하고 경쟁하는 데 주력하고 있다고 느끼는 모양이었다. 낙오자 없이 잘 따라올 수 있도록 모두를 격려하는 콩고의 교육 풍토에 비해, 누가 더 잘 하는지와 얼마나 비싼 교육을 받고 있는지가 늘 대화 주제로 등장하는 한국 엄마들 사이에서 두 콩고 엄마는 혼돈을 겪는 것처럼 보였다.

아무리 보아도 이런 식의 교육은 바람직하지 않다고 생각하면서도, 앞으로 자녀들이 한국에서 교육받고 직장을 구하려면 한국 아이들 못지않은 경쟁력을 갖추어야 하는데, 생각이 이 대목에 이르면 늘 막다른 골목에 다다른 것처럼 막막하기 때문이다.

> 지금과 상황이 다르지 않다면, 아이들은 한국에서 좋은 일자리를 얻기 힘들겠죠. (자끌린)

> 누가 외국인에다 아프리카 흑인인 사람을 병원이나 은행에서 써 주겠어요? 유럽에서는 능력만 있다면 외국인이라도 기회가 있지만 한국에서는 기회가 적죠. 유일한 일자리는 공장이나 NGO(비영리민간단체)일 것이라고 생각해요.

지금 자녀들에게 제공해줄 수 있는 교육 여건의 열악함이나 한국의 경쟁적 교육 시스템, 그리고 피부색에 대한 차별까지 모두 감안할 때, 콩고 엄마들은 아이들의 미래에 대해 조금 어두운 전망을 하고 있었다. 한국에서 태어나 자신들을 한국 아이들과 동일시하는 콩고 아이들 중에는 심지어 국적이 없는 경우도 있다. 콩고 대사관에 가면 잡힐까봐 차마 갈 수 없어서 콩고 국적을 받지도 못하고, 한국 국적은 당연히 받을 수 없는 상황이기 때문에 자녀가 '무국적(stateless)' 상태에 머물러 있는 것을 생각하면 더욱 암담해질 수밖에 없다.

결코 미래를 밝게 전망할 수 없는 콩고 난민가정들, 그 부모들은 어떤 마음으로 아이들을 키우며 그들이 미래에 어떻게 살기를 바라는지가 궁금해졌다. 자신들은 본국의 정치적인 상황만 허락한다면 언제든 콩고로 돌아갈 것이라고 주저 없이 말하는데, 과연 아이들도 콩고로 함께 갈 수 있을 것이라고 보는지 물어보았다.

> 아이들은 한국에 이미 너무 잘 적응했죠. 콩고 상황이 변하지 않는다면 아무래도 (아이들은) 콩고로 가기 어려울 거라고 봅니다. (움바투)

움바투의 아내인 마리는 연구자에게, "제 아들은 몸은 콩고 사람, 머리는 한국 사람이에요"라고 자조 섞인 목소리로 말한 적이 있었다. 그래서 연구자가 실험삼아 마리의 첫째 아이에게 "너는 콩고 사람이야, 한국 사람이야?"라고 물어본 적이 있는데, 아이는 한시도 주저하지 않고, "한국 사람이에요"라고 대답하였던 기억이 있다.

자신을 보호해주지 못한 고국에 대한 애증이 있지만, 결국 한국에서 잘 배워 콩고로 돌아가서 사회에 기여하고 싶어 하는 콩고 부모들과 한국에서 태어나 자신을 한국 아이로 인식하고 자라고 있지만 국적조차 없는 콩고 난민자녀들 간의 '불편한 진실'은 과연 어떤 결말을 가져올 것인가? 이런 절망적인 상황이라 하더라도 콩고 난민 부모들은 자녀의 의사를 존중하고 그들의 상황에 따라 미래가 달라질 수 있다고 보고 있었다.

> 부모로서 아이들이 좋은, 고귀한 일을 할 수 있으면 좋겠다고 바라죠. 그리고 그 일이 아이들에게 도움이 되면 좋겠죠. 아이들이 하고 싶

은 것을 스스로 정한다면 무엇을 하든지 상관없어요. 큰 아들은 소방관이 되고 싶어 해요. 벌써 서서히 자기가 하고 싶은 것이 생기고 있는 거죠. (루뭄바)

한국인의 아프리카 사람들에 대해 생각이 바뀌길 바라요. 아프리카는 가난한 대륙으로 여기지만, 우리도 한국에서 기여하는 부분이 분명히 있을 거예요. (마리)

한국인이 아프리카 사람들을 바라보고 대하는 방식이 변화했으면 좋겠어요. 그들이 생각을 바꾸면 모든 것이 달라질 거예요. (자끌린)

3) 소결

지금까지 연구자는 콩고 난민 두 가정, 즉 두 명의 콩고 난민남성과 그들의 배우자인 두 명의 콩고 난민여성을 세 차례 면담한 내용을 바탕으로 하여 7가지의 주제 묶음과 14가지의 세부 주제를 중심으로, 이들이 한국에서 난민으로 어떻게 살아가고 있는지를 심층 기술하였다.

우선 전체적인 인상에 대해 이야기하자면, 아프리카 콩고에서 온 이주자, 외국인노동자, 난민, 그리고 콩고 난민여성의 경우 여성이라는 정체성 하나하나가 한국에서의 삶을 녹록치 않게 만들고 있었다. 더군다나 콩고가 정치적으로 불안하고 여전히 일부 지역에서는 내전이 발발하고 있지만, 연구에 참여한 콩고 난민들은 나름대로 배운 사람이고 사회적 지위도 있어서 사는 데 별 어려움 없었던 사람들이었다. 평온하던 일상이 갑자기 바뀐 것은 자신이 하지도 않은 일로 반정치세력이나 스파이로 오해받기 시작한 그날부터였다. 그 이후로 이들의 인생은 평범한 유학생, 꿈 많은 여대생, 남들의 부러움을 사는 커리어우먼에서 졸지에 아프리카 출신 난민으로 전락하고 만 것이다.

아무 준비 없이, 아무런 정보도 없이 온 한국 땅에서 이들은 다중적인 어려움과 본국에서는 듣도 보도 못한 인종차별을 경험하게 되고, 생존을 위해 생전 하지도 않던 육체노동으로 연명하기에 이르렀다. 그들에게 '무엇을 전공했느냐', '전에 무슨 일을 했느냐'고 묻는 공장주는 한 명도 없었다. 한국인 고용주들이 보기에 콩고 난민남성들은 그저 '까맣고, 무식하고, 힘센' 외국인노동자일 뿐이었다. 게다가 난민이라는 거추장스러운 이름을 달고 있는, 때로는 임금을 착취하고 일을 하다 다쳤을 때 병원비를 주지 않아도 아무 말 할 수 없는 사회적 약자에 불과하였던 것이다.

힘든 초기 적응시기를 지나, 결혼을 하고 체류가 장기화되면서 이들 가정은 다른 국면을 맞이하게 되었다. 바로 교육에 관한 문제였다. 자녀들은 물론이거니와 본인들 역시 배움에 대한 열정을 간직하고 있었기에 무엇이든 미래에 도움이 될 만한 것을 배우고 싶어 하였다. 그것이 기왕이면 전에 공부하였던 전공을 살려 더 높은 학위를 딸 수 있는 조건이라면 말할 나위 없이 좋겠고, 꼭 그런 류의 교육이 아니더라도 인문학이나 예술교육 등 무엇이라도 배웠으면 좋겠다는 바람을 이들은 갖고 있었다. 왜냐면 배움은 '삶을 풍요롭게' 해주니까!

자녀들의 교육과 미래에 대해 말하자면, 아이들이 한국에서 무상으로 양질의 초등학교 교육을 받고 있는 것에는 만족하고 있었다. 하지만, 콩고 엄마들의 경우, 아빠들에 비해 한국 사회와 가정을 좀 더 가까이서 관찰해본 결과, '경쟁과 비교'를 교육의 원리로 삼고 있는 한국 사회에서 자녀들이 좋은 대학을 나와 좋은 직장을 얻을 가능성이 희박하다는 어두운 전망을 내놓았다. 같은 의대 교육을 받았다 하더라도, 한국의 병원에서 난민 가정 출신의 흑인 의사를 선뜻 써주겠냐고 연구자에게 반문한 적도 있었다.

그럼에도 불구하고, 콩고 난민 부모들은 결코 포기하는 기색을 보이지 않았다. 자신들이 처음 한국에 왔던 2000년대에 비해 10년이 흐르는 사이, 한국 사회는 다문화 사회에 접어들었고, 처음보다는 자신들에 대해 열린 태도를 대하는 사람들이 많아졌음을 느낀다고 하였다. 자녀의 미래를 좌지우지하고자 하는 한국 부모들에 비해, 자녀들의 의사와 재능을 존중하는 콩고 부모들은, 앞으로 자녀들이 무엇을 하고 싶어 하든 그 일이 '고귀한 일'이라면 기꺼이 존중하고 지지해주겠다고 진지하게 이야기하였다. 더불어, 한국 사람들의 아프리카와 아프리카 사람에 대한 인식과 태도가 달라진다면 아이들의 미래에도 승산이 있다고 하였다.

개인적으로 6~7년가량 이들 부부들을 가까이서 지켜봐 왔고, 이번 연구 프로젝트를 통해 다양한 질문들을 놓고 진솔한 이야기를 나눠본 결과, 이들 콩고 난민가정들은 한마디로 '용기와 지혜, 힘'이 있는 사람들임을 확신할 수 있었다.

씻지 못한 상처를 안고, 지도에서만 보던 한국에 불시착한 콩고 난민들, 이들은 단순히 피부색 때문에 일터에서 공장에서 일상적인 차별을 겪어야 하였으며 지금도 겪고 있지만, 그 안에서 나름대로 인내를 배우고 한국의 노동문화에 대해 알아가고 있다. 특히, 밥에 설탕을 뿌려 먹으면서 텔레비전을 친구 삼아 외롭게 초기 한국 생활을 보낸 콩고 여성들 역시, 비교적 어린 나이에 엄마가 되어 두 자녀를 낳아 야무지게 키우고 있다.

결론적으로, 한국은 아직 콩고 난민 가정에게 결코 만만하지 않다. 사회적으로 낮은 신분과 난민에 대한 일반인의 몰이해, 그리고 피부색에 대한 차별이 10년이 지나도 이들을 발목을 붙잡고 있는 것이다. 이는 난민으로 인정을 받은 움바투/마리의 가정에도 마찬가지였다. 이들은 모두 난민이기 전에 사람이고, 그것도 배울 만큼 배운 지식인층이다. 이들의 바람처럼 한국인의 아프리카인에 대한 인식과 태도가 바뀌고, 난민에게 다양한 훈련과 교육의 기회가 주어진다면, 한국에서든 본국에 돌아가서든 어엿한 사회 구성원으로 충분히 그 사회에 기여할 수 있을 것이라고 본다.

제 4 장

난민들을 위한 국내외정책 및 제도에 대한 사례조사

제4장 난민들을 위한 국내외정책 및 제도에 대한 사례조사

1. 서 론

유엔난민기구(UNHCR) 통계에서 볼 수 있듯이 오늘날 한국 난민문제뿐만 아니라 전 세계의 난민제도 및 상황은 국제 관심의 대상으로 전 세계인이 예의주시하는 민감한 문제이다. 만일 1951년 난민협약과 1968년 난민의정서가 없었더라면, 지금쯤 아니 벌써 세계는 난민문제로 큰 혼란에 빠져 있을 것이다. 그만큼 난민 문제는 평화로운 세계질서의 확립뿐만 아니라 한 나라 국가정책의 안정적 운영을 위해서도 모든 나라가 함께 풀고 상호 협력해야 할 불가피한 과제이다.

〈표 4-1〉에서 나타나는 바와 같이 1970~1980년대를 거치면서 대량 난민문제를 떠안았던 대부분의 서구 선진 국가는 1990년대 사회주의권 붕괴 영향을 직접 받아 왔고, 2000년대에 있어서도 난민문제 해결을 위한 재정적 지원 대부분을 부담하고 있는 실정이다.[1] 이

1) 2008년 최고 금액을 기부한 국가는 미국(5억 1천만 달러), 유럽연합(1억 3천만 달러), 일본(1억 1천만 달러), 스웨덴 (1억 5백만 달러), 네덜란드(8천 5백만 달러)이다. UNHCR, http://www.unhcr.or.kr/unhcr/html/001/001003002.html

〈표 4-1〉 전 세계 난민 및 보호대상자 현황

	난민	비호 신청자	귀환민	자국내 실향민	무국 적자	기타	합계
아프리카	2,924,091	390,715	2,582,718	6,961,093	21,119	174,333	13,054,071
아시아	5,104,115	83,130	1,192,200	4,254,311	2,759,418	1,132,812	14,525,988
유럽	1,534,415	312,701	2,764	369,665	696,544	104,703	3,020,793
중남미 (카리브해 연안 포함)	377,784	49,677	29	3,888,309	20	-	4,315,819
북미	429,646	53,573	-	-	-	-	483,219
오세아니아	34,755	5,488	-	-	-	-	40,243
합계	10,404,806	895,284	3,777,711	15,473,378	3,477,101	1,411,848	35,440,134

2010년 12월 기준/ UNHCR 글로벌 동향보고서(2011년 6월 발행) 참고.

〈표 4-2〉 주요국가의 연도별 난민신청자 수

	2008	2009	2010	2011	2012	총계	변화% (11-12)
한국	360	320	430	1,010	1,140	3,260	13
일본	1,600	1,390	1,200	1,870	2,540	8,600	36
미국	49,560	49,020	55,530	76,000	83,430	313,540	10
캐나다	36,900	33,250	23,160	25,350	20,500	139,160	-19
영국	31,320	30,670	22,640	25,900	27,410	137,940	6
호주	4,770	7,420	12,640	11,510	15,790	52,130	37
프랑스	35,400	42,120	48,070	52,150	54,940	232,680	5
독일	22,090	27,650	41,330	45,740	64,540	201,350	41

자료: UNHCR.
변화: 2008~2012.

에 비해서 한국은 그동안 난민문제에 심각한 관심을 가질 형편이 못되어 아직 난민정책에 관한 한 시작 단계에 불과하지만, 이제 국제공동체의 일원으로서 난민문제가 한국에서 사사로운 문제가 아닐뿐더러 더 이상 난민의 인권보호라는 국제적 책임도 회피할 수 없게 되었다. 본 장에서는 난민정책의 수십 년 전통을 가진 여타 선진국의 난민제도 분석을 통해 한국 난민 정책의 문제점을 고찰하고 그 개선 방향을 모색해보고자 한다.

〈표 4-2〉는 한국을 비롯한 세계 주요국의 난민신청자 수의 연도별 변화 추이이다. 우선 난민신청자의 총계만을 볼 때, 미국, 프랑스, 독일, 캐나다, 영국 호주 등의 난민문제는 한국과는 비교할 수 없을 정도로 거대한 국가적 문제임을 보여주고 있다. 이들 국가 중 최근 2011~2012년 기간 중 특히 독일, 일본, 호주 등의 국가는 26~41% 정도로 급격히 난민신청자 수가 급증하고 있다. 미국에서도 꾸준히 난민신청자 수가 증가함을 알 수 있다.[2)] 이들 국가 중 일본, 미국, 캐나다, 영국, 호주, 프랑스 등은 최근 규모와 증가율이 주목의 대상이 되는 나라들로서 나름의 사회문화적 특성을 반영한 난민제도를 발전시켜 왔기 때문에 이 책의 주요 논의 대상이 될 것이다.

2. 일본의 난민 정책

1) 최근 난민 동향

최근 2011~2012년 기간에 일본의 난민신청자 수는 급격히 증가하였다. 2010년 1,200명, 2011년 1,870명(56% 증가), 2012년 2,540명(36% 증가) 등으로 매년 급격한 증가를 보이고 있다. 인근 국가 한국이 2010년 430명, 2011년 1,010명(135% 증가), 2012년 1,140명(13% 증가)과 비교하여 숫자상 2배 이상 가파르게 증가하고 있다. 난민신청자들의 입장에서 볼 때, 이러한 변화는 외견상 일본의 난민에 대한 대우가 그만큼 난민들에게 비교적 유리한 제도를 제공한다고 보여지나, 한국과 일본의 인구와 국내에 체류하는 외국인 수를 감안하면 비

2) UNHCR Global Trends 2011-2012, Asylum applications submitted in Europe and selected non-European countries(table 1), p.20 참고 및 재구성.

〈표 4-3〉 한국-일본의 난민신청자 수 추이 (단위: 명)

	2010년	2011년	2012년
한국	430	1,010	1,140
일본	1,200	1,870	2,540

자료: UNHCR.

슷한 추세를 보인다고 판단된다. 2012년 말까지 누적된 일본 내 난민 및 난민신청자 수는 총 8,600~10,000명에 달하는 것으로 추산된다.[3)]

일본은 1981년 난민협약에 가입한 이래, 30년 이상의 난민 역사를 가지고 있다. 그런데 일본은 난민에 관한 새로운 법을 제정하지 않고 기존의 "출입국관리법"을 "출입국관리와 난민인정에 관한 법률"로 개명하여 관련 조항을 추가하였으며, 이 법률은 1982년에 발효되었다. 이후 2002년에 법 개정은 기존 60일 원칙 철폐와 이의 신청 심사의 경우, 난민참고인 제도 도입 등 관련법의 한계가 국제인권기준과 난민법의 수준을 지향하면서 개정되어 2005년 5월에 발효되었다. 그러나 아직도 국제기준에 비해서는 많은 개선이 필요한 상황이다. 특히 일본의 난민인정제도와 관련하여, 난민지위 인정과정의 투명성 부족, 이의신청 및 행정소송과정의 독립적 판단 부족 등이 지적되며, 국제난민협약 당사국으로서의 의무를 다하기 위해 난민관련법과 제도의 재검토와 개선이 있어야 한다는 정책 제안이 국제기구, 난민관련 NGO 및 독립연구자에 의해서 꾸준히 발표되고 있다.[4)]

3) Naoko Obi, "A review of assistance programme for asylum seekers and refugees in Japan," New Issues in Regugee Research, No. 259, Policy Development and Evaluation Service, UNHCR, pp.1-2.

4) Meryll Dean, "Japan: Refugees and Asylum Seekers," A Written Report commissioned by UNHCR, Protection Information Section(DIP), February 2006, p.32.

일본은 1992~2001년까지 난민인정자가 94여 명으로 인정실적이 매우 미미하므로 난민인정제도 역사가 깊다고 할 수 없다.[5] 최근까지 난민신청자 수가 꾸준히 증가하여 현재 20여 개 출신국으로부터 1만여 명의 난민인정자 및 신청자가 일본 내에 체류하고 있다.

1991년 처음 인도적 지위가 주어진 이래 2001년 67명, 2006년 현재 264명의 인도적 지위 체류자가 있었고, 2009년 현재 500명 이상 수준, 2012년 말까지 2,342명에 다다른다. 난민인정자 수는 2006년 현재 330건, 2012년까지 협약난민 307명으로 알려졌으나, 이와 관련 가족 결합 등을 감안하면 상당한 증가를 예상할 수 있다.[6]

일본은 난민인정제도와는 별도로 재정착 프로그램을 통해 1978~2005년 동안 난민 약 11,000의 정주를 허용하였으며, 그중 40%가 주변국의 캠프를 거쳐 도착하였다. 하지만 일본이 보호하는 난민 수는 미국이나 유럽 각국에 비해 터무니없이 적어 국제적 비난을 받아 왔다. 이를 해결하기 위해 정부는 군사정권이 지속되는 미얀마 난민에게 제3국 정주를 추가 허용하기로 결정하였다. 이에 일본은 재정착 프로그램을 통해 2010~2011년에 45명을 수용하였으며, 2012년까지 총 90명의 난민을 정주시켜 왔다.[7]

2010년 난민신청자 수를 기준으로 한 국가별 순위는 다음과 같다. 미얀마 345명, 스리랑카 173명, 터키 127명, 네팔 110명, 파키스탄 83명, 인디아 82명, 이란 35명, 나이지리아 34명, 방글라데시 27명,

5) 참고로 한국은 2001년 최초의 난민인정자를 배출하였다.

6) Naoko Obi, ibid., pp.2-3. 일본정부가 인정한 인도적 지위 체류자수에 비하여 협약난민의 수가 매우 적다는 점에서 일본정부가 난민인정은 하지 않고 인도적 체류 허가만 하고 있다는 비판적 시각도 있다. 이호택, 난민인권단체 피난처대표 인터뷰, 경인일보, 2013. 10. 21.

7) Kyodo News(교도통신사), 일본 난민 지원체계 재검토해야(논설), 2011.10.18.

우간다 21명 등이다. 2011년 들어서도 상위 5개 국가 구성은 크게 변하지 않았지만 숫자는 급격히 증가하고 있음을 알 수 있다. 순서는 미얀마 489명, 네팔 250명, 터키 235명, 스리랑카 226명, 파키스탄 170명 순이다.[8)]

이들 대부분은 일본 국내에서 난민지위를 신청하였다. 극소수의 신청자가 공항에서 신청을 시도하였으나, 입국시키지 않고 적절한 조치 없이 그대로 송환해 난민협약 33조에 따른 강제송환금지의 원칙을 위반한 경우도 확인되고 있다.[9)] 일본에는 많은 난민신청자들이 자유롭게 체류하고 있지만, 불법입국하거나 불법체류한 자는 난민신청자라 할지라도 구금하는 정책을 가지고 있다. 일본 법무성에 따르면, 2011년에는 약 38%, 그리고 2012년까지 모든 난민신청자들 중 약 48.5%가 불법체류 상태에서 난민지위를 신청하였다. 현행 제도상 체류자격이 없이 난민신청을 하더라도 사회복지 혜택을 받을 수 없기 때문에, 이러한 수치는 난민신청자의 약 50% 정도가 정부의 적절한 지원을 받지 못하고 있음을 의미한다. 이들 중 구금자들에게는 적절한 통역, 의료서비스, 법률서비스의 접근이 제한되기 때문에 구금시설 내 외국인들에 대한 인권침해 문제가 보고되고 있다.

이러한 문제점에 대응하여 출입국관리 및 난민법(ICRRA)에서는 구금조치에 대한 대안으로 임시석방, 임시체류 허가 등의 조치를 제공하고 있어, 최근 구금자 수는 점차 줄어들고 있다. 2009년 332명, 2011년 150명 등으로 줄어들고 있으나, 아직도 난민신청자의 구금

---

8) UNHCR Global Trends 2011, Top-10 populations of origin of asylum applicants by country of asylum (talble 23), p.44.

9) 2005년 1월, 2인의 UNHCR 위임 난민이 입국을 거절당하고 강제 송환되었다는 기록이 있으며, 이는 난민협약에 대한 명백한 위반행위임이 지적되고 있다. Meryll Dean, Ibid. p.29.

〈표 4-4〉 일본 내 출신국별 난민신청자 수 (년: 2010~2012)

	2010	2011	2012
터키	127	235	422
미얀마	345	489	368
네팔	110	250	320
파키스탄	83	170	298
스리랑카	173	226	255
방글라데시	27	98	169
인도	82	51	125
나이지리아	34	51	112
가나			104
카메룬		48	58

문제는 일본 난민제도의 주요 관심사로 남아 있다.

일본에서 난민 구금의 대안적 조치가 이루어지기 위해서는 난민신청자가 구금에서 풀려난 후 거주문제가 해결되어야 한다. 그러나 현재 일본 출입국 및 난민사무소의 예산으로는 수많은 난민신청자에게 수용시설을 제공할 만한 여유가 없고, 취업을 허용해야 하는데 그 또한 쉽지 않은 실정이다. 현재 난민신청자의 30% 이상은 외부 지원을 필요로 하나, 재원 부족으로 난민신청자 스스로 생존 수단을 찾지 않을 수 없다.

2010년 4월 한국정부와의 구금제도 대안책을 위한 토론회 이후, 일본 난민신청자의 처우도 많은 변화가 있었는데, 구금상황조사위원회의 구성, 구금자수 감축, 일본 변협과 이민국 간의 파트너십 출범을 통해 구금자를 위한 법률 상담 제공 등이 대표적인 예라고 할 수 있다. 2011년 7월부터는 필요 시 구금자에게 정신건강서비스 프로그램을 제공하고 있다.[10]

2) 난민인정제도

일본에서 난민지위인정 심사는 법무부 입국관리국에서 처리되지만, 난민지위가 불허되었을 경우 법원에서 소송하게 되며, 이는 난민지위 심사와 인정을 담당하는 정부 관료제 처분에 대한 도전 수단이다. 그러나 일본 법원의 전통은 행정부의 결정을 번복하는 일에 매우 소극적이기 때문에 난민인정까지는 많은 저항에 부딪치게 된다.

일본의 난민인정제도는 난민협약에 가입하면서, 협약 당사국의 난민의 국제적 책임을 기초로 설립한 제도로서 난민협약 내용을 국가의 출입국정책 상황에 맞추어 가면서 발전해 왔다. 난민인정제도의 법적 기초로서 출입국관리 및 난민인정법 1982년 제정되었으나 아직 독립적인 난민 법안이 제정되고 있지 않다. 결국 출입국 관리 차원의 난민정책을 시행하다 보니, 외국인 출입국의 통제에 치중하는 경향을 나타내 인권문제를 야기하기 쉽다.

〈그림 4-1〉에서 도식하는 바와 같이 난민인정 절차는 법무부 출입국이 시행하며, 최초 심사 약 6개월, 이의신청 약 2년, 행정소송은 개별 사건의 성질에 따라 수년이 걸리기도 한다. 일본제도의 특이사항은 난민인정신청은 횟수에 상관없이 재신청 가능하나, 재신청자는 정부의 재정 및 생활지원이 제한된다는 것이다.[11)]

따라서 난민불인정자를 위한 몇 가지 구제 방안을 제시하고 있다. 우선 난민인정의 재신청이 횟수에 상관없이 가능하기 때문에 최소한 난민신청자의 합법적 신분은 계속 유지할 수 있다. 여기서 더욱 중요한 것은 난민인정 조건에 미달할 경우, 출신국과 신청자의 사정으로

---

10) Naoko Obi, ibid., p.4.

11) Naoko Obi, ibid., pp.3-4.

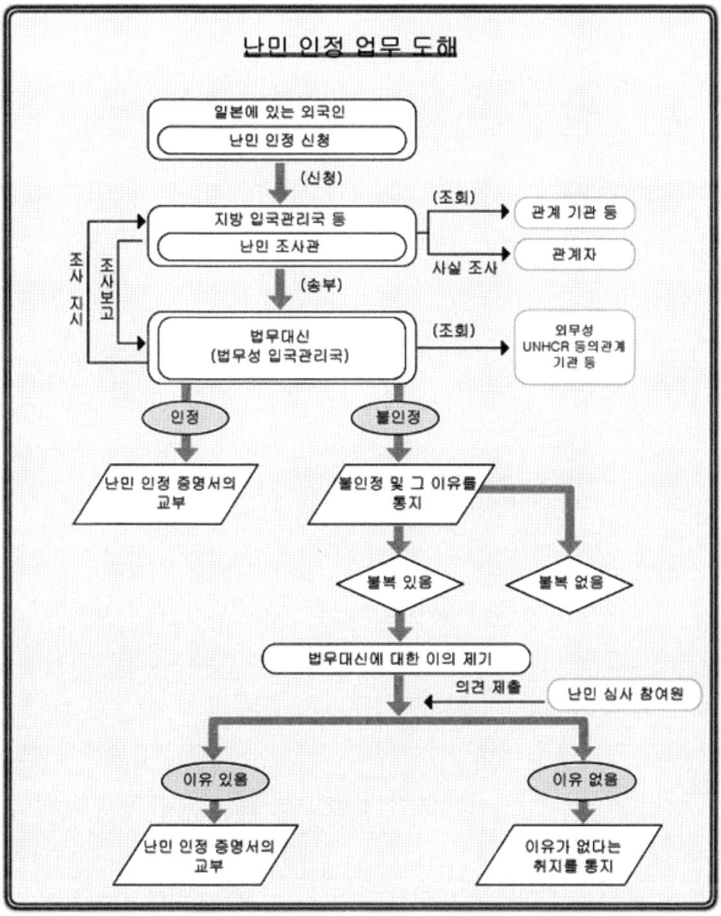

〈그림 4-1〉 일본의 난민인정 심사 과정도

귀국이 불가능하다고 판단되면, 인도적 견지에서 임시체류를 허가함으로써 난민인정 과정에 보호의 의미를 강화하고 있다. 이와 함께 일본인과의 결혼, 의료 처치가 필요한 경우 혹은 일본과 연계가 있다고 보이는 경우 임시체류를 고려하고 있기 때문에 2001년 67명,

2009년 500명 이상, 2011년 2,342명 등 최근 들어 인도적 체류자가 크게 증가하고 있다.

3) 난민지원제도

일본 내 체류하는 난민은 상시적인 어려움에 노출되어 있다. 우선 언어장벽의 문제이다. 난민신청자에게 제공하는 일본어 교육과정이 있지만, 이 단기 교육만으로 일상생활에 적용하고 취업할 수준까지 가기는 큰 한계가 있다. 다음으로 생존을 위한 생활비 문제이다. 현재 정부는 난민과 난민신청자에게 어느 정도의 지원을 하고 있다. 특히 외무성 산하단체인 난민사업본부(Refuge Associate Headquarters, RHQ)가 소규모 지원 프로그램을 진행하고 있다. 이 사업은 주로 난민인정자를 대상으로 하지만, 난민신청자도 생활보조금, 숙소 등을 제공받을 수 있다. RHQ는 난민신청자 중 생활이 곤란한 자에게 생활보조금으로 12세 이상은 하루 1500엔, 12세 이하의 어린이는 750엔을 제공하고 있다.[12] 그런데 이 지원은 4개월에 한정되기 때문에 수년에 걸쳐 진행되는 난민심사 기간에 비하면 턱없이 부족하고, 또한 소송 중인 난민신청자에게는 지원 자격을 주지 않고 있다.

셋째, 난민은 자신과 자녀의 교육의 중요성을 인식하고 있지만, 성인은 호구지책으로 시간제 아르바이트라도 해야 하므로 교육시간이 매우 부족하다. 시간이 흐를수록 자녀와의 대화 단절 문제도 심각해지고, 교육비도 부족하여 정상적인 교육 혜택 기회로부터 멀어져 일본사회에 적응하기도 어려워진다.

---

12) Naoko Obi, ibid., p.18.

넷째, 난민의 출신 배경과 일본 내에서 처한 상황의 특수성 때문에 공동체 참여와 사회통합의 문제에 당면한다. 대부분의 난민들이 준비 없이 출신국을 급하게 탈출한 경우가 많기 때문에 일본에 대한 사전 지식도 부족하고, 인종 및 생활방식도 많이 달라 현지인과의 교류도 단절되기 쉽다. 이러한 문제는 아프리카 출신 난민의 경우 더욱 심각해 장기 체류에도 불구하고 현지 공동체에서 쉽게 받아들여 지지 않는 경향이 있다고 한다. 지난 2001~2011년 사이에 아프리카 출신 난민신청자 비율은 전체 난민신청자 중에서 10% 내외를 차지하고 있지만, 실제로 아프리카 난민신청자 수는 5배 이상 증가하였다는 점을 살펴볼 때, 아프리카 출신 난민에게 특별한 관심이 요구되는 상황이다.[13)]

다섯째, 대부분의 난민은 건강 문제를 겪고 있다. 출신국에서 생긴 트라우마와 일본 사회에서 처한 입장 등은 심각한 스트레스를 가져오기 때문이다. 그럼에도 불구하고 대부분의 난민은 의료보험이 매우 비싸고, 자격 또한 없는 경우가 많기 때문에 질병 시 의료서비스를 제공하는 병원에 대한 정보도 부족하고, 진료 시 언어소통으로 문제가 야기될 가능성이 많아 기피대상 환자로 간주되기 쉽다고 한다. 이러한 어려움 속에서 난민들이 생존하기 위해서는 정보원인 시민단체나 NGO와의 접촉을 통해 생활의 기초정보를 얻고 있고, 일본 정부는 소송과정에서 법률지원을 하지 않기 때문에 그 빈자리를 NGO가 담당하고 있으며, 이들의 기초생활을 가능케 하는 취업정보도 제공하고 있다.

13) Naoko Obi, ibid., p.7.

4) 일본의 난민제도의 특징과 시사점: 인도적 지위 인정으로 불법체류 예방

현재 한국 난민인정제도는 국내외로 너무 엄격한 잣대를 가지고 있다고 평가되고 있다. 그 근거로 한국의 난민인정자는 2012년 말 난민인정신청자 연인원 총 5,069명 중 320명으로 인정률은 11.02% 정도이다. 이 중 인도적 체류자는 171명으로 전체의 3.37%에 불과하였다.[14] 2014년 인도적 지위 인정을 받은 신청자가 크게 늘어 한 해에만 539명의 신청자가 인도적 체류 자격을 획득한 바 있으나, 일본은 이미 언급한 바와 같이 2009년에 이미 500명 이상, 2012년 말까지 2,342명에 해당하는 신청자들이 인도적 체류자로 인정되어 전체 난민신청자의 23%에 해당한다는 점에서 2014년 이전까지 인도적 지위 인정이 양국 간 매우 대조적으로 진행되어 왔음을 보여준다.

현재 한국에서 난민불인정자 수는 매년 급속히 증가하고 있고, 이러한 상태의 외국인에 대해 현재 UNHCR을 비롯한, NGO, 정부 관련기관 등 어느 기관도 관심을 가지고 있지 않다. 즉 UNHCR 한국 대표부는 실패한 난민신청자를 보호대상자(person of concern)로 간주하지 않기 때문에 이들에 대해서는 자문하고 있지 않다.[15] 시민사회단체 및 NGO는 주로 난민신청자의 신청과정과 생활지원에 주력하고 있기 때문에 더 이상 이들을 지원할 여력이 없다. 그리고 출입국사무소 등 정부 관련기관의 경우, 이들이 특별한 범법행위를 하지 않는 한, 일부러 조사나 수색을 하지는 않기 때문에 무기한 방치하고 있는 실정이다.

---

14) 한국 UNHCR 내부 통계자료.

15) 한국 UNHCR 관계자 면담.

이러한 상태에서 난민불인정자는 돌아갈 곳도 체류할 곳도 없어 정처 없는 유랑민으로 존재하고 있고, 자칫 생활고에 시달려 불법행위에 노출되기 쉽다. 그러나 난민신청자의 입장에서 볼 때, "한 나라의 난민인정은 이로서 난민이 되는 것이 아니라, 난민이 그 국가에서 난민임을 인정받는 것"이기 때문에, 비록 증거 부족 등의 문제로 난민인정을 받지 못하였다고 하더라도, 엄격히 말해 난민협약의 보호대상에서 제외되는 것은 아니다. 따라서 한국의 난민인정심사 기관이 인도적 체류 제도를 좀 더 확대하여 난민인정신청을 처분한다면, 어차피 귀국하지 못하는 난민신청자의 불법체류를 예방하고, 사회질서를 유지하면서 이들을 사회적으로 보호할 수 있는 제도적 틀을 갖추는 데 도움이 될 것으로 판단된다.

한국에서는 2001년 정치적 박해에 따른 첫 난민을 인정한 이후 2013년 8월 말 기준 난민신청자 5,834명 중 340명을 난민협약에 의한 협약난민으로 인정, 176명에게 인도적 체류를 허가하였다. 난민지위 인정자와 인도적 체류자 총 516명을 제외한 5,318명 중 일부는 자진 귀국하겠지만, 대부분 난민불인정자는 이미 본국의 보호를 포기한 상태에서 불법체류자로 전락할 가능성을 가지고 있는 것이다.

3. 미국의 난민 정책

1) 최근 난민동향

2012년 기준 미국에 거주하는 난민은 262,030명, 난민신청자는 18,966명(심사대기자)이다. 2012년 한 해 동안 난민신청자는 83,425명으로 2008년 39,362명에 비하여 두 배 이상 증가하고 있다.[16]

미국은 그동안 1970년대 인도차이나 난민을 적극적으로 보호하고 수용하는 등 국제사회의 난민보호에 적극 동참하였다. 그러나 이민과 난민의 급증, 경기침체, 9.11 테러 등의 악재로 국민 사이에 외국인 유입으로 인한 국가안보의 우려 때문에 최근 난민수용에 비교적 소극적인 자세를 취하고 있다. 지난 2008년 난민인정자는 16,742명, 거부처분된 자는 28,407명이며, 2008년 한 해 동안 약 60,200명의 재정착 난민을 받아들였다. 이후 UNHCR 통계를 보면 2011~2012년간 미국 난민신청자의 국적별 순위는 중국(15,450⇒15,884), 멕시코(8,186⇒11,067), 엘살바도르(4,011), 과테말라(3,363⇒4,152), 인디아(2,457⇒1,998), 온두라스(2,528), 네팔(1,384⇒1,666), 하이티(1,348⇒1,612) 등이다.

미국에 난민지위를 신청하는 숫자는 멕시코, 중앙아메리카 출신 비율이 급격히 증가하고 있다. 그 이유는 대부분 마약거래 조직폭력 집단으로부터의 탄압, 위협 그리고 사회 전반적인 범죄 증가 등으로 인한 공포라고 알려지고 있다.

미국은 1951년 난민협약에 가입하지 않았지만 1968년에 유엔 난민의정서(1967)에 가입하였고, 1980년 난민법을 제정하여 난민의정서상 난민 정의를 국내법에 포함하였다. 현재는 이민국적법(Immigration and Nationality Act, INA) 제208조에 비호에 대한 사항을 규정하고 있다. 출신국에서 박해나 고문의 공포로 미국에 입국한 사람이나 미국 내 체류하는 외국인은 난민신청, 추방유예 신청, 고문방지협약(CAT)상의 보호요청 등 세 가지 유형의 구제 및 보호를 요청할 수 있다.

우선 난민신청을 위하여 신청인은 미국에 입국한 날짜로부터 1년 이내에 난민신청을 할 수 있다. 만일 1년이 지나 난민신청을 하려면

---

16) UNHCR Global Trends 2011-2012, Asylum applications submitted in Europe and selected non-European countries(table 1), p.20 참고 및 재구성.

〈표 4-5〉 미국 내 출신국별 난민신청자 수(2012)

중국	15,884
멕시코	11,067
엘살바도르	4,587
과테말라	4,152
이집트	2,285
온두라스	2,115
인도	1,998
네팔	1,666
하이티	1,612
에쿠아도르	1,394

〈표 4-6〉 미국의 난민 수 연도별 변화

	2008	2011	2012
난민	279,548	-	262,030
난민신청 건	39,362-49,560	76,000	83,425

자료: UNHCR.

신청을 지체한 특별한 사정을 반드시 증명해야 한다. 난민신청자에게 난민지위가 인정되면 본인과 가족 또한 난민지위가 인정된다. 이와 함께 국외에 있는 가족의 난민지위 인정을 위하여 초청을 요청할 수 있으며, 미국 내 체류가 일정 시간 지나게 되면 영주권 및 시민권을 취득할 기회도 부여된다.

다음으로 난민신청 기한을 놓친 외국인에게 제공되는 제도로서 추방유예(withholding of removal) 신청이 있다. 추방유예는 난민신청보다 더 많은 입증 책임이 신청인에게 부과된다. 이 경우 신청인은 자신이 박해를 받을 것이라는 명확한 가능성을 반드시 입증해야 한다. 추방유예 승인은 신청인이 박해받을 수 있는 국가로 추방되지 않을 것임을 의미하지만, 여전히 국외로 추방될 여지가 있다. 또한 추방유예는 본인에게만 유효하기 때문에 미국 내 거주중인 가족을 함께 구제하거나 외국에 있는 가족을 초청할 수도 없으며 해외여행도 금지된다. 난민인정자와는 달리 영주권이나 시민권 획득으로 이어지지도 않는다. 그러나 취업활동은 허가되고 있다.

셋째, 미국은 고문방지협약의 당사국으로서 미국 내 거주하는 외국인을 고문 가능성이 있는 타국으로 추방, 송환 또는 인도하지 않을 의무를 가진다. 고문방지협약에 의한 보호는 신청인이 특정 국가로 추방될 경우 고문당할 가능성이 있음을 입증해야 하나, 그 고문이 난민협약상 다섯 가지 사유 중 한 가지에서 비롯된 것임을 증명할 필요는 없다. 고문방지협약에 의한 보호는 적절한 방법일 경우 신청인을 구금할 수 있고, 고문을 받지 않을 제3국으로 추방할 수 있다. 담당 관청은 신청인의 생계유지를 위한 취업을 허가하나, 외국에 있는 가족을 초청할 수 없으며 당사자가 출신국에서 고문당할 개연성이 더 이상 존재하지 않는다고 판단할 경우, 보호는 종료된다.

2) 난민인정제도

미국의 난민지위인정 절차는 국토안보부(DHS), 이민국(CIS)에서 담당한다. 미국 내 체류 중인 외국인의 경우, 추방 절차가 진행되는 동안 법무부 이민심사사무소(EOIR)의 이민 판사에게 추방유예를 신청할 수 있다. 신청 성격의 이러한 차이를 반영하여 전자를 적극적(affirmative) 난민신청, 후자를 소극적(defensive) 난민신청이라고 한다.17) 적극적 난

17) (http://www.uscis.gov/humanitarian/refugees-asylum/asylum/obtaining-asylum-united-states)Affirmative asylum: applying for asylum within 1 year of arriving in

민신청은 미국 도착 후 1년 내에 난민신청을 하는 것을 말하고, 소극적 난민신청은 체류지위 없이 거주하다가 체포된 경우, 강제퇴거의 위협에 처한 사람 및 불법 입국하는 과정에서 서류 미비로 입국이 거절된 경우 신청하는 것을 말한다.

미국에 거주하는 난민신청자는 이민국에 난민신청서(I-585)를 제출한다. 이민국은 약 4주 후 난민사무소 8곳 중 1곳에서 인터뷰 일정을 잡는다. 약 10일 뒤 난민사무소는 난민임이 인정된 신청인의 난민지위를 인정하거나, 인정받지 못한 신청인의 경우 추방 절차를 밟고 해당 사건의 재판을 위해 이민법원(Immigration Court, IC)에 회부한다. 한편 소극적 난민신청, 즉 추방유예 신청은 추방절차가 진행 중인 외국인이 추방조치에 대응하여 행하는 자구행위이다.

적극적 난민신청의 1차 결정이 내려진 후 그 결과에 불복하여 이민법원(IC)에 항소할 경우, 사건 심리는 항소 후 3개월에서 2년 사이에 진행된다. 판결은 재판에서 구두로 신고되거나 재판기일 후 1개월에서 6개월 후 서면으로 선고될 수 있다. 항소인이나 이민국이 이민판사의 판결에 불복할 경우, 이의신청은 반드시 30일 이내에 제기하여야 한다. 이의신청을 제기하면, 이민항소위원회에서는 접수 후 약 1년 정도의 시간을 가지고 결정을 내린다. 이의신청이 인용될 경우, 난민지위가 허용되거나 해당 사건이 이민법원으로 환송된다. 이의신청이 기각되면, 연방항소법원에 심사를 청구할 수 있다. 항소법원이 심사청구를 기각한다면 마지막으로 대법원에 상고할 수 있다.[18]

U.S. (this was before immigration reform bill was passed in June 2013); usually does not involve detention, but most are not allowed to work during this process; Defensive asylum: requesting asylum after being caught in U.S. without proper documentation and under threat of being removed from the country, or arriving at port of entry without documentation

〈표 4-7〉 난민인정자 국적별 현황

연도	총계 (전체)	중국	베네수엘라	에티오피아	이집트	아이티	기타
2011	24,988	8,601	1,107	1,076	1,028	878	12,298
2010	21,056	6,678	648	1,086	531	833	11,280
2009	22,219	6,159	585	1,111	482	1,006	12,876
연도	총계 (재판)	중국	베네수엘라	에티오피아	네팔	이집트	기타
2011	11,504	4,700	505	481	323	274	5,221
2010	9,869	3,796	407	179	230	216	5,041
2009	10,298	3,449	410	198	172	174	5,895

미국의 난민통계는 국토안보부(DHS)에서 매년 출간하는 〈난민유입연간보고서(Annual Flow Report)〉에 공표된다. 2012년도 보고서에 따르면 2011년에는 모두 56,384명이 난민신청을 하였고, 24,988명이 난민지위를 인정받았다. 이 수치는 국토안보부에서 난민심사관의 심사를 통해 인정된 13,484명과 이후 재판 단계에서 인정된 11,504명을 포함한 수치이다.

미국은 이민법 개정으로 난민신청자의 인권보호에 노력을 기울이고 있다. 2013년 1월 27일 통과된 개혁안은 난민신청 과정을 개선하고 1년 체류 조항을 제거할 계획이다. 이 개정법안은 2013년 6월 27일, 상원을 통과하였는데, 이 개정안은 난민신청을 미국 도착 1년 내 해야 한다는 조건을 삭제하였다.19)

18) http://www.immigrantjustice.org/asylum-services

19) June 27, 2013 immigration reform bill passed: seeks to improve asylum process, removes requirement to apply for asylum within 1 year of arrival. On June 27 2013, U.S. Senate passed the immigration reform bill that includes provisions that can aid asylum seekers: includes removing the requirement to apply for asylum within 1 year of arriving in U.S., trying to use alternatives to detention, increasing

미국은 그동안 재정착 난민을 가장 많이 수용한 국가이다. 그러나 적정한 체류자격 없이 미국에 도착한 난민신청자는 구금하는 것이 원칙이었다.

새로 개정되는 이민 법안은 구금을 하지 않고 대안적 방법으로 난민신청 결과를 기다린다는 새로운 개선책이 포함되어 있다. 그러나 이 개선안은 국경지대에서 난민신청자를 보호한다는 조항도 포함되어 있어 난민신청자에게는 오히려 장애가 된다는 평가도 있다.

3) 난민지원제도

미국의 난민지원 프로그램은 연방정부의 주정부 및 지방정부 그리고 전국적, 지역적 NGO가 복잡하게 연결되어 있다. 주로 정부의 재정지원 아래, 민간지원 단체들이 프로그램을 운영, 지원하는 체계로 되어 있다.

우선 주거에 있어 난민의 체제 지위에 따라 자격조건이 다르다. 재정착 난민과 난민인정자의 경우, 정부와 협력하는 미국이민난민위원회(USCRI) 등의 민간단체를 통하여 공식적으로 주거시설을 마련, 제공받을 수 있다. 그러나 난민신청자에게 미국 내 이동의 자유는 부여하지만 주거를 위한 서비스는 제공하지 않는다. 난민신청자는 주소 변동의 경우 10일 내에 이민국이나 이민법원에 주소변동 사실을 신고하여야 한다.

---

counseling. However, the bill's provisions also include increased border protection, which could be detrimental to asylum seekershttp://www.humanrightsfirst.org/2013/06/27/senate-immigration-bill-reflects-america%E2%80%99s-commitment-to-refugees/

난민의 생계지원과 관련하여, 미국정부는 재정착 난민 도착 후 8개월간, 그리고 난민의 경우 난민지위를 인정받은 후 8개월간 도움을 준다. 그리고 이들은 필요 시 5년까지 의료서비스, 7년까지 식권(food stamp), 생활비 등 공적 부조를 지원받을 권리가 부여된다. 정부의 지원은 전적으로 재정착 난민과 난민인정자를 수혜 대상으로 하며, 난민신청자에게 공식적・명시적 지원이 없다.

난민의 취업과 관련하여, 난민인정자는 자동으로 취업허가를 취득하지만, 난민신청자의 경우 원칙적으로 일할 권리가 주어지지 않는다. 그러나 난민신청 후 150일이 지나도 결정이 나지 않을 경우 취업허가를 신청할 수 있다.[20)]

교육과 관련하여, 난민인정자는 미국 시민과 동일한 교육을 받을 권리가 있는 반면, 증거자료 없는 난민신청자는 사실상 공적 부조를 받을 권한이 없다. 다만, 특수한 상황인 경우 공공교육과 긴급 의료서비스는 예외로 인정한다.

난민지위인정 신청 과정에서 어린이나 미성년자의 경우, 특별한 보호 대상이 된다. 보호자가 동행하지 않은 어린이의 경우, 난민신청기간(입국 후 1년 이내)과 안전한 제3국 경유 여부 제한이 적용되지 않으며, 난민담당관은 이들의 난민신청을 우선적 검토를 원칙으로 한다. 또한 21세 미만의 자녀는 가족결합의 원칙에 따라 자동적으로 부모와 같은 난민자격이 주어진다.

사회통합관련 서비스와 관련하여, 이민국(USCIS) 내 시민권 부에서는 난민 사회통합을 위하여 난민의 미국 사회로의 통합과 참여를 돕는 교육상품과 정보자원의 개발, 미국 시민사회의 원칙과 시민의 권

---

20) http://www.uscis.gov/portal/site/uscis

리와 의무에 대한 이해를 높이는 훈련 프로그램, 연방 차원에서 주도하는 이민자의 사회통합과 같은 사업을 지원하고 있다.

난민인정자는 보건복지부 내 난민정착국(ORR)에서 지원 및 서비스를 제공받을 수 있다. 난민은 연방정부 지원을 받기 위하여 일반적으로 거치는 5년의 대기 기간을 적용받지 않고, 미국 내 입국의 허락 또는 난민인정과 동시에 식권(food stamp), 저소득 가정 일시적 지원(Temporary Assistance for Needy Families, TANF) 등을 신청할 수 있다.[21]

4) 미국의 난민제도의 특징과 시사점: 난민불인정자에 대한 인권보호 노력

미국의 난민제도에서 주목해야 할 부분은 불법체류와 이로 인한 강제추방을 사전에 예방하거나 구제할 수 있는 제도를 가지고 있다는 것이다. 우선 미국정부는 입국 후 1년 내에 해야 하는 난민신청의 기회를 놓친 외국인에게 추방유예 신청을 할 수 있도록 하여, 신청인이 박해를 받을 수 있는 국가로 강제 추방당하지 않도록 난민신청자의 체류지위에 관계없이 오직 인권보호의 차원에서 별도의 조치를 취한다는 점을 주목해야 한다. 이런 점에서 추방유예는 신청자 본인에게 유효하지만 가족에게는 해당하지 않는다.

이와 함께 미국은 고문방지협약의 당사국으로서 미국 내 거주하는 외국인이 고문 가능성이 있는 타국으로 추방 및 송환되지 않게 하는 제도를 운영하고 있다. 이 경우 난민 사유보다는 고문방지에 주목적

21) http://www.immigrationdirect.com/googleresult.jsp?cx−015123976728114943109%3Alduxzueud0o&cof=FORID%3A9%3BNB%3A1&ie=UTF-8&q=refugee

이 있기 때문에 고문당할 가능성이 난민협약상의 다섯 가지 사유 즉 인종, 국적, 종교, 특정집단, 정치적 의견 중 한 가지에서 비롯된 것임을 증명할 필요도 없다.

한국 난민법 제3조에 따르면, 난민인정자와 인도적 체류자, 난민신청자는 난민협약 33조, 고문방지조약 3조에 따라 본인의 의사에 반하여 강제로 송환되지 않는다고 하였다. 그런데 출입국사무소 단계와 난민소송 단계에서 난민지위 인정에 모두 실패한 난민신청자(failed asylum seekers)는, 출국만기일이 지났을 경우, 미등록상태로 체류자격을 상실하게 된다. 이러한 상태에도 난민법이 보장하는 강제송환의 금지가 적용될 것인지는 검토가 필요하다.

미국의 난민제도는 한국에서 계속 늘어나고 있는 난민지위 불인정자(혹은 실패한 난민신청자)의 추가적 조치 마련 가능성을 보여준다. 한국 정부가 지금처럼 난민불인정자를 방치하기보다는 고문방지협약의 당사국으로서 적절한 조치를 취할 의무가 있다. 즉 난민지위인정 요건에는 미달하더라도 신청인의 개별적 인권보호 차원의 고문방지 가능성이 존재한다면, 난민 지위는 아니더라도 인도적으로 체류할 수 있는 긴급조치를 별도로 도입할 필요가 있을 것이다.

왜냐하면 유엔난민기구의 자료에 따르면, "한 국가의 난민심사과정은 난민이 난민임을 인정받는 과정이지, 난민 여부를 결정하는 과정이 아니다."라고 난민의 자격은 국가의 인정과는 별개의 문제임을 명확히 하고 있다. 그렇다면 실패한 난민신청자도 사실상 난민임을 감안하여 난민법 3조를 적용하는 것이 바람직하다고 본다. 한국 출입국관리법 64조는 불법체류자가 체류기간 내에 자발적으로 출국하지 않을 경우, 강제퇴거명령을 시행하여 송환할 수 있음을 명시하고 있다. 그 방법 중 제4항은 "본인이 송환되기를 희망하는 국가"로 송환하도록 정부의 의무를 규정하고 있다. 그런데 한국은 난민법이 정비되어 있고, 정치경제적으로 안정된 국가에 해당되기 때문에 유럽각국 난민 관련법에서 규정하는 "안정된 국가를 거친 외국인은 본국에서 난민 신청을 금한다"는 규정과 정면 배치되는 것이다.

현재 우리나라 난민인정제도의 역사가 10년 이상을 넘어가면서, 난민신청자의 불법체류화가 증가할 것으로 예상하고 있다. 따라서 점증하는 난민불인정자 수 문제를 해결하기 위해 추방유예제도의 도입과 함께 앞서 언급한 64조 4항의 규정 "본인이 송환되기를 희망하는 국가"로 출국을 유도하는 것은 불법체류자의 적체를 해결할 중요한 대책이 될 것으로 생각한다. 이에 대한 구체적인 방법과 시행방향을 설득력 있게 적시하여 대책 없이 늘어나는 미등록 외국인의 수를 감소시키고, 이에 따른 사회적 부담의 문제를 예방할 수 있을 것이다.

4. 영국의 난민제도

1) 최근 난민동향

영국 이민국 자료에 따르면, 한때 영국으로 유입되던 난민신청자는 1991년 73,000명, 2002년 103,100명까지 이르렀으나 이후 점차 줄어들고 있다. 당시 출신 배경은 아프리카(40%), 아시아·태평양(37%), 중동(19%) 순이다. 최근 UNHCR 자료에 따르면, 2008~2012년 기간 영국의 난민신청자는 총 137,940명에 이른다. 그리고 2012년 한 해 동안 난민신청자는 27,410명이었다. 2011~2012년 영국의 난민신청자의 구성은 다음과 같다.

〈표 4-8〉을 보면 2012년은 2011년보다 약 10% 정도 난민신청

〈표 4-8〉 영국의 난민신청자 수 연도별 변화

	2008	2011	2012
난민신청 건	31,320	25,900	27,410

자료: UNHCR.

자수가 늘어났음을 보여주는데, 이는 2012년 하반기 동안 파키스탄, 시리아, 인도, 방글라데시, 알바니아, 출신의 신청자가 급격히 늘어난 데서 그 원인을 찾을 수 있다. 즉 국가별로 난민신청자 수가 급격하게 변화하는 현상은 그 나라의 내전 및 정치 상황과 직결되어 있음을 알 수 있다.

2) 난민인정제도

영국 난민제도의 기본법은 2002년의 '국적 이민 난민법(Nationality, Immigration and Asylum Act)', 1993년의 '난민이민항소법(Asylum and Immigration Appeals Act)', 2006년 '난민과 인도적 보호자들을 위한 규정(Refuge and person in Need of Humanitarian Protection Regulations)'이다. 난민인정 및 처우에 관한 사무는 내무부(Home Office) 산하기관인 영국 출입국사무소(Border Agency)에서 관장한다. 영국은 1954년 난민협약에 가입하여 1970년에는 베트남 난민, 1990년대 후반에는 코소보 난민을 대거 수용한 바 있다. 1980년대 말에 난민신청자 수가 급증하면서 1993년 법에서 난민이 이민에서 독립하여 규정되었다.

2005년에는 난민 이민 5개년 정책이 발표되었다. 그 주요 내용은 영국 국경 경비의 강화, 난민인정 절차의 신속 및 간소화, 이민법에 의거한 불법체류 단속 강화, 가산점 제도 등을 이용해 영국 경제에 기여할 수 있는 전문 인력의 우선 수용 등이다. 이 정책에 따르면 명

〈표 4-9〉 영국 내 주요 출신국별 난민신청자 수(2011~2012)

	2011	2012
파키스탄	3,945	4,783
이란	3,045	3,155
스리랑카	2,125	2,128
나이지리아	1,055	1,428
시리아	-	1,289
아프간	1,525	1,234
인디아	-	1,180
방글라데시	-	1,155
알바니아	-	987
중국	920	859

※ 2011년 리비아 1185, 에리트리아 835, 수단 790, 짐바브웨 735.

백한 근거가 없는 신청은 신속하게 결정내려지며 1달 이내에 최초 결정이 내려지고, 이의신청에 대한 결정까지는 기간이 6개월 이내로 단축되었다. 영국은 Gateway Protection Program에 따라 UNHCR과 협력해 2003년부터 매년 약 500~750명 정도의 재정착 난민을 수용하고 있다.

영국은 우선 입국 시 공항 만에서 출입국관리사무소 공무원에게 난민신청을 하는 경우, 신속한 절차에 따른 적격성 심사와 난민인정 심사를 받으며, 그동안 일반적으로 구금된다. 국내에서 신청하는 경우, 런던 외곽에 있는 내무성의 이민국에 신청한다. 2007년의 경우 84%의 신청자가 국내에서 신청하였고, 16%만이 공항에서 신청하였다. 난민인정 신청 후, 담당관이 배정되기 전 신청 적격성 판별을 위한 예비면담이 진행되고, 신청 적격성이 판별되면 사건 담당관이 지정된다. 사건 담당관은 대체로 신청 후 10일 이내에 사건 내용을 심사하기 위해 면담을 실시하고 대부분 1개월 이내에 제1차 결정을 내린다. 사건담당관은 난민지위에 관한 협약, 인도적 지위나 자유재량에 의한 허가 순으로 기준에 맞는지를 심사한다.

면담은 신청인의 법률 대리인이 동석할 수 있으며, 법률 대리인이 없을 경우 신청인은 면담의 녹음을 요청할 수 있다. 면담 내용 확인을 위하여 면담기록부 사본이 신청인에게 교부된다. 난민으로 인정되면 난민지위와 거주 허가가 주어지고 5년의 체류가 허가된다. 영국정부는 필요한 경우 신청자를 구금할 수 있다. 대체로 난민신청을 신속하게 진행할 가능성이 높거나 강제 추방될 자가 이에 해당한다. 구금하의 신속절차에서 난민신청이 거부되는 경우, 2일 안에 난민・이민 재판소(AIT, Asylum and Immigration Tribunal)에 이의신청할 수 있고 이의신청 후 2일 안에 심판이 이루어진다. 난민신청이 거부되면 신청자는 난민・이민 재판소에 이의신청을 할 수 있다. 난민・이민 재판소의 심판은 재심리를 요청할 수 있으며, 재심리 결과는 양측이 고등법원에 항소할 수 있고, 고등법원의 판사는 서면으로 그 사건을 심사한다. 이후 고등법원의 판결이 최종 판결이 된다.

2009~2012년 심사현황과 결과를 살펴보면 〈표 4-10〉과 같다. 1차 심사에서는 6,065건의 난민지위를 부여하여 36%의 인정률을 보였

〈표 4-10〉 2009~2012년 영국의 난민지위인정 심사현황

기간	총계	1차심사	인정	불인정	항소	결정	인용	기각	진행중
2009	24,487	24,287	6,742 (28%)	17,545 (72%)	14,340	12,813	3,712 (29%)	8,627 (67%)	474 (4%)
2010	17,916	20,261	5,195 (26%)	15,066 (74%)	13,928	14,723	4,029 (27%)	10,061 (68%)	633 (4%)
2011	19,865	17,380	5,649 (33%)	11,751 (64%)	9,986	10,597	2,779 (26%)	7,139 (67%)	679 (6%)
2012	21,785	16,918	6,065 (36%)	10,853 (64%)	8,172	8,229	2,192 (27%)	5,447 (66%)	590 (7%)

다. 같은 기간 재판소와 법원에서 결정한 총 8,172건의 항소심 가운데 2,192건이 인용되어 27%의 신청인이 난민인정을 받았다.[22)]

3) 난민지원제도

영국에서는 내무성 이민국 산하의 난민신청 서비스센터(National Asylum Seekers Service)가 생활이 곤란한 난민신청자에게 주택이나 생활비를 제공한다. 이민국은 난민 지원시설을 전국 각 행정구역에 고루 배치하고 있으며, 각 신청자에게는 이민국의 사건 담당관을 지정하여 신청자의 주거 및 각종 지원과 활동을 책임진다.

영국에서는 난민의 주거공급에 있어서 도시집중을 피해 지방 분산화를 꾀하고 있다. 극빈한 난민신청자는 주거나 생계보조금 혹은 양쪽 모두의 지원을 받는다. 지역 분산형 거주 정책에 의해서, 비호신청자는 각 지역의 공영 민간 주택, 호스텔 등을 할당받는다. 의료상황 등 예외적 사유를 제외하고는 신청자는 거주 지역을 선택할 수 없고, 숙소를 배정받으면 허가 없이 다른 곳으로 이동할 수 없다. 허가 없이 숙소를 옮길 경우 NASS의 주거 생활비 지원이 중지될 수 있다.

생계비는 난민신청자가 입국 후 신속하게 신청하였을 경우에 한해 지원한다. 그러나 18세 미만의 어린이가 있는 가정이나 취약집단에 속하는 자는 필수적으로 생활비 지원을 받게 되어 있다. 거주 지원을 받지 않는 사람도 생활비 지원을 받을 수 있다. 그 밖에 이민국과의 면담 등을 위한 교통비를 지원받을 수 있다.

난민신청자는 기본적으로 취업할 수 없다. 단 최초 결정이 1년 이

---

22) UK Home Office(2013), "Asylum part 1: application, initial decisions, and outcome" February 28, 2013.

상 걸리는 경우에는 취업허가를 신청할 수 있다. 신청자는 대학 등에서 제공하는 직업훈련과정에 참가할 수 있고, 무급의 직업연수 등에 참가할 수 있다. 난민신청자 전원은 국민보건서비스(National Health Service)에 의해 무료로 의료서비스를 제공받을 수 있다. 16세 미만 어린이는 영국의 어린이와 동등한 교육을 받을 권리를 가진다. 16세와 18세 사이의 어린이는 교육과 기술 위원회에서 제공하는 교육비를 받을 권리가 있다. 19세 이상의 난민신청자가 고등교육을 받고자 하는 경우 자신이 학비를 부담해야 한다. 또한 지역단체, NGO 등에서 제공하는 영어 교육 프로그램에 자유롭게 참가할 수 있다. 보호자가 동행하지 않는 어린이는 담당 사회복지사를 배정하여, 케이스 담당직원과 팀을 이룬다. 16~17세의 미성년자는 호스텔이나 임대주택을 배정받고 16세 미만의 어린이는 보육시설이나 대리부모와 함께 생활한다.

2008년 10월 1일부터 난민과 인도적 보호를 받는 이들에게 난민 사회통합과 취업서비스(Refugee Integration and Employment Service)가 제공된다. 이는 초기 1년간 지속되며 취업상담, 멘토링 서비스 같은 실질적인 사회통합 프로그램으로 구성되어 있다. 재정착 난민에게는 별도의 좀 더 폭넓은 지원을 제공한다. 입국 시 긴급한 필요사항을 처리해 주고, 재정착 난민 각자에게 사회복지사를 배정하여 지역서비스를 이용하거나, 영국에서 누리는 권리와 책임, 일반교육, 언어 교육, 취업을 위한 재인증과 재교육 등을 받을 수 있도록 돕는다.

4) 영국 난민제도의 특징과 시사점: 지방 분산화와 신속절차 소송

영국정부가 주거공급에 있어서 도시 집중을 피해 지방 분산화를 꾀하고 있는 조치도 주목할 만하다. 난민신청자에게 도시 지역은 일자리 없이 생존하기에는 생활비가 너무 비싸기 때문에, 주거와 의료, 교육 등 각종 지원서비스를 마련함으로써 생활 근거를 도시 외곽으로 유도하는 정책도 적용해볼 만한 방안이라고 본다.

영국에서는 난민인정 신청 후 10일 내로 사건 내용을 심사하기 위한 면담을 실시하고, 대부분 1개월 이내에 최초 결정이 내려진다. 그 이유는 일단 난민신청 건이 예비면담을 통해 적격하다고 판정되면 사건 담당관이 지정되어 난민지위를 총괄적으로 결정하는 권한을 가지고 소정의 기간 내 업무를 추진하기 때문이다.

한국의 경우, 현재 난민지위 신청 후 면담까지 1년 6개월 정도 무작정 기다려야만 한다. 그동안 난민신청자의 경우 신청 후 1년이 지날 때까지는 취업허가도 내주지 않았기 때문에 지나치게 비인간적 조치라는 비난이 많았다. 더욱이 1년이 경과되어 취업허가를 받으려면 우선 업체와 계약서를 먼저 작성하여 출입국사무소에 제출해야 하기 때문에 취업허가서 없이 취업을 시도해야 하는 불합리한 점이 있다. 난민신청자를 생계지원도 없이 1년 이상을 수입이 없는 상태에서 방치한다는 것은 사실상 강제송환금지의 원칙에 반하는 것이기 때문이다. 다른 한편 난민신청자가 생존하기 위해서는 수단과 방법을 가리지 않고 생계유지 수단을 찾아야 하기 때문에 불법취업은 불가피한 수단이 될 수밖에 없는 것이다. 2013년 7월 난민법 발효 이후, 난민신청한 지 6개월이 지나면 취업허가 신청을 할 수 있도록 단축하였지만, 이 경우에도 난민심사기간을 최소한 6개월 이내로 완결하는 등 좀 더 현실적으로 난민신청자 입장에서 예측 가능한 생존수단이 강구될 필요가 있다.

그러나 이와 함께 고려해야 할 사항은 신속한 절차가 가져올 수 있는 부작용이다. 영국의 경우, 매년 수만 명씩 밀려드는 난민신청자를 일정시간 내 처리하기 위해서 신속절차는 불가피한 측면이 있고, 난민이 신속히 심사를 받을 권리를 존중하는 것으로 평가할 수 있다. 그러나 이에 따르는 부작용 사례도 감안할 필요가 있다. 예를 들어 영국의 난민소송에서 기각되어 강제 송환된 콩고인들이 학대당하였다는 의혹이 제기된 것은 오늘 내일 이야기가 아니다. 영국에서 강제 송환된 콩고인들은 외국에서 망명을 요청하였다는 이유로 '배신자'로 간주되어 가혹한 대우를 받고 있는 것이다. 실제로 십여 년 전부터 각종 시민사회단체와 인권 및 난민 보호 단체들이 강제 추방자들이 당하고 있는 학대와 체포에 대해 경종을 울려왔다.

사실상 영국에서 쫓겨나 강제 송환된 콩고망명신청자의 처지에 대한 우려가 십여 년 전부터 계속 제기되어왔다. 2012년 1월 한 비정부기구에서 발표한 보고서 「불안전한 귀환(Unsafe Return)」은 기각 판결을 받은 망명신청자들이 콩고민주공화국에서 안전하게 지내고 있다는 영국정부의 확언에 의혹을 제기하고 있다. '콩고인 망명신청자들의 강제송환'이라는 제목의 이 보고서에서 캐서린 라모스는 콩고로 강제 송환된 콩고인 17명이 킨샤샤의 은질리(N'djili) 공항에 도착하자마자 그들이 당한 학대에 관해 상세히 기술하고 있다.[23] 그들은 구금, 고문, 강탈, 신체적 폭행 그리고 일부는 성적 학대를 당하였다. 만약 그들이 별다른 문제가 없이 공항을 통과한다 하더라도 그 후 언제 어디서든지 체포될 위험이 있다. 이러한 시민사회의 비판에 영국정부와 법원이 모든 증거를 인정하지 않는 것에 대해 여러 가지 이유를 내세웠는데, 특히 난민신청자의 증언은 증거를 바탕으로 세워지고

---

23) 참고 Catherine Ramos, "Unsafe Return: Refoulement of Congolese Asylum Seekers(2011.1)," http://justicefirst.org.uk/unsafe-return-report-2.

〈표 4-11〉 호주 내 출신국별 난민신청자 수(2011~2012)

	2011	2012
아프간	1,719	3,079
스리랑카	371	2,345
이란	2,142	1,839
파키스탄	821	1,512
중국	1,190	1,135
인도	767	943
이라크	495	760
무국적	527	544
이집트	418	385
레바논		327
	-	-
총 수	11,510	15,786

있지 않아서 신뢰성이 낮다는 것이다. 이러한 난민신청자의 증언과 증거 채택수준의 문제는 영국만의 문제가 아니라 모든 난민 수용국의 공통된 과제이기도 하다.

5. 호주의 난민제도

1) 최근 난민동향

2011년, 2012년 한 해 동안 호주의 난민신청자는 각각 11,510명, 15,786명으로 아시아·태평양지역에서는 최대 난민 수를 나타낸다. 이 기간에 호주 내 난민의 출신국별 구성은 〈표 4-11〉과 같다.[24)]

24) UNHCR Global Trends 2011-2012, Asylum applications submitted in Europe and selected non-European countries(table 1), p.20 참고 및 재구성.

호주의 난민은 해외에서 호주로 재정착하는 난민(resettlement refugees)과 호주 국내에서 보호되는 난민으로 나뉘고, 후자는 다시 난민협약상의 난민에 해당하는 사람이거나 협약상 난민에는 해당하지 아니하나 특별인도주의 프로그램(special humanitarian program)에 의하여 보호받는 사람들이 있다. 이와 함께 난민이나 인도주의 프로그램에 따라 비자 없이 또는 일시비자를 받아서 국외로부터 호주 내로 들어와 난민신청을 하는 사람들에 대한 보호가 제공된다.

2) 난민인정제도

난민문제를 규율하는 호주의 이민법령은 1958년 이민법(Migration Act)이다. 이 이민법은 호주시민이 아닌 비합법적으로 호주에 머무는 모든 이주자는 특별한 허락이 없는 한 구금되어야 하고 가능한 빠른 시일 내에 퇴거되어야 한다고 규정한다. 다만 난민지위를 받은 자는 구금시설에서 석방되어야 한다고 규정하고 있다. 1992년 이주구금법에서는 비자 없이 입국하는 모든 외국인을 일단 구금시설에 수용하는 것을 원칙으로 하여 선박 등으로 불법입국을 시도하는 이주민들을 통제하였다. 1999년에는 이민법을 개정하여 임시보호비자(TPV)를 도입하여 난민으로 판정되나 비자도 없이 입국한 사람들에게 3년 만기 임시보호비자(TPV, Temporary Protection visa)를 발급하는 조치를 취하였다.

2001년에 개정된 이민법은 호주 인근의 크리스마스 섬, 애쉬모아 카르티에 섬, 코코스 섬 등 3개 섬을 영토배제지구로 지정하여 이곳에 머무르는 이주민 또는 난민은 호주비자 신청을 금지하고 있다. 이 조치는 보트피플이 허가 없이 들어와 난민신청하는 것을 방지하기 위하여 고안된 제도이다.

2004년에는 임시보호비자(TPV) 소지자가 영주권 비자 신청을 할 수 있도록 하였고, 이들 중 난민신청이 거부되었을 경우, 귀환지원비자(RPV: Return Pending Visa)를 받아 18개월 거주 연장을 할 수 있게 하였다. 2008년에는 임시보호비자 제도가 폐지되어, 모든 해당자들에게 영구보호비자(PPV, Permanent Protection visa)를 신청하도록 하였다.

한편 호주에서는 최근 엄격한 난민제도의 도입과 이에 수반되는 인권침해적 처우로 인해 부작용이 반복되고 있다. 지난 2013년 취임한 신임 수상 토니 압보트(Tony Abbott)는 그의 최우선 정책 중 하나가 보트를 타고 들어오는 난민신청자들의 유입을 막는 것이라고 공언하였다. 즉 입국허가 없이 호주에 들어오는 보트를 막고 국경 밖의 작전 특별 구역으로 돌려보낸다는 것이다.[25)]

이와 함께 호주 정부는 최근 파프아뉴기니와 협정을 맺고, 그 지역에 난민 관리 및 재정착시설을 세워 난민인정자를 호주영토 외부 지역에 정착시키거나, 불허자를 구금 또는 송환시키는 계획을 세우고 있다고 한다.[26)] 이러한 강경조치가 잇따르는 상황에서 지난 2013년 10월 호주 난민수용소에서 부당한 처우에 항의하는 자살 시도가 잇따라 발생하였다. 호주 국영 ABC방송에 따르면 10월 28일 저녁 멜버른 북부 브로드메도우 난민수용소에서 스리랑카 타밀 출신 난민이 밧줄로 목을 매 자살을 시도하다가 발견되었다. 이 난민은 36세 남성

25) 참고 http://www.bbc.co.uk/news/world-asia-24005687, Topic: New Prime Ministerplans stronger action to stop boat arrivals, Date accessed: 9 Sept. 2013

26) 참고 http://www.refworld.org/docid/51f61a504.html, Topic: Australia's new formal agreement with Papua New Guinea for processing and resettlement;

으로 이미 4년 이상 브로드메도우 난민수용소에 억류된 상태였고 언제 나갈 수 있을지도 모르는 처지를 비관해 자살을 기도한 것으로 알려졌다. 호주 정부 심사 결과 이 남성은 정식 난민으로 인정됐지만 한국의 국가정보원에 해당하는 호주안보정보기구(ASIO)가 '안보상의 위험'을 이유로 수용소에서 나가는 것을 허용하지 않았다. ASIO는 이 남성뿐 아니라 비슷한 처지의 타밀 난민 50여 명을 마찬가지 이유로 난민수용소에 장기간 억류하고 있다.[27)]

난민신청의 결정은 이민국장을 대리하여 난민법과 정책에 관하여 정통한 담당관이 심사한다. 최초 심사결정은 원칙적으로 3개월 안에 이루어져야 하며, 신청이 받아들여질 경우 신청자에게는 장기보호비자가 주어진다. 보호비자가 거부된 경우 신청인은 통지를 받은 날로부터 28일 이내에 비자 발급거부 사유에 따라 난민이의재판소(RRT)나 행정이의재판소(AAT) 등에 결과에 대한 이의심사를 청구할 수 있다.

이의심사 절차도 3개월 안에 이루어져야 하며, 거절을 당한 신청자는 28일 안에 출국해야 한다. 이의신청이나 이민국장 재량의 보호비자를 받지 못하였을 경우, 신청자에게는 인도적 지위 신청이나 사법적 절차와 같은 선택사항이 주어진다. 마지막으로 모든 신청서가 거절당한 신청자는 자신의 사건을 연방법원(federal court)으로 가지고 가서 사법적 절차를 밟을 수 있다.

난민지위인정 심사과정을 구체적으로 살펴보자. 이민법의 주요 집행기관은 이민국(DIAC)이고, 이의신청기관은 난민이의재판소(RRT, Refuge

27) 연합뉴스, 2013. 10. 30. 자살을 시도한 남성과 전날 면담하였다는 난민인권단체 책임자 트레버 그랜트는 "이미 4년 이상 수용소에 억류된 그는 미래에 아무런 희망이 없다고 생각하고 있었다"고 말하였다. 이에 앞서 1주일 전에도 같은 난민수용소에서 장기 억류된 처지를 비관한 또 다른 난민이 자살을 기도하는 등 호주 정부의 강경 난민 정책을 둘러싼 논란이 커지고 있다.

Review Tribunal)와 행정이의재판소(AAT: Administrative Appeals Tribunals)가 있고, 그 외 연방이민법원, 연방행정법원이 있다.

이민성은 접수된 사건을 검토하며, 가능한 한 90일 내에 결정을 내려 신청인에게 통지하는 것을 목표로 한다. 이때 이민국으로부터 난민인정을 받는 경우, 난민인정자는 보호비자를 발급받는다. 난민지위가 불인정된 경우, 신청인은 결과를 통보받은 후 28일 안에 난민심사재판소(RRT)에 이의신청할 수 있다. 사건이 난민심사재판소로 전달되면 재판소는 사건의 본안을 심사한다. 이는 재판소가 사건을 새로운 시각으로 바라볼 수 있으며, 사실관계를 처음부터 다시 파악할 수 있고 신청인이 협약상 난민에 해당하는지에 대해 이민국의 심사관과 다른 판단을 내릴 수 있음을 의미한다. 하지만 재판소가 신청인이 난민임을 인정한다고 해서 바로 보호비자가 발급되는 것은 아니며, 보호비자 발급을 위해 사건은 이민성으로 환송된다. 호주에서는 이민국만이 비자를 발급할 수 있기 때문이다.

난민이의재판소가 이민국의 불인정 결정을 확정한다고 하더라도 신청인은 사건통보를 받은 후 21일 내 연방행정법원(FMC, Federal Magistrate Court) 및 상급법원에 항소할 수 있다. 하지만 이때 법원은 사건의 사실관계를 다시 파악할 수 없고 오직 사법심사만 할 수 있다. 즉 법원은 재판소 결정의 법리적 요소만을 검토하여 재판소가 법을 적용하는데 실수가 없었는지만 검토할 수 있다. 재판소가 법을 적용하는 데 오류를 범하였다고 판단되면 사건은 파기되어 난민이의 재판소로 환송된다.

2011~2012년 동안, 호주에서 출신국가별로 재정리한 난민인정 현황은 다음의 표와 같다. 같은 기간 난민신청자 수를 기준으로 비교해보면, 1차 심사에서는 이란, 파키스탄, 이라크, 중국, 스리랑카 순

〈표 4-12〉 호주의 절차별 난민인정 현황(2011~2012)

1차심사			난민심사재판소(RRT)				최종결정		
국적	인정	인정률	국적	환송	확정	환송률	국적	인정	불인정
이란	291	70.1	이집트	131	78	62.7	이란	351	22
파키스탄	259	40.3	중국	114	514	18.2	파키스탄	309	108
이라크	128	77.6	파키스탄	81	72	52.9	중국	264	717
중국	98	9.7	이란	55	11	83.3	이집트	204	103
스리랑카	89	52.4	레바논	41	56	42.3	이라크	146	6
기타	602	-	기타	326	1,168	-	기타	998	1,931
총계	1,467	25.3	총계	748	1,899	28.3	총계	2,272	2,887

인데, 이러한 순위는 난민심사재판소와 최종결정을 거치면서 비슷한 경향을 보여주고 있다.[28]

3) 난민지원제도[29]

호주는 난민신청자에게 구금시설 외에 주거를 제공하지 않는다. 주거제공은 이민구금소(Immigration Detention Center), 이민주거시설, 지역사회구금소 등 세 가지 형태가 있다.

이민구금소(Immigration Detention Center)는 주로 출입국법 위반자들을 위한 주거시설이다. 총 1,200여 명의 수용이 가능하다.

이민주거시설(Immigration Residential Housing)은 난민신청자에게 가정적이며 독립적인 환경을 제공하기 위해 지어진 숙소이다. 이 시설은 도주와 안전의 위험이 낮은 아이가 있는 가족 등에게 우선 제공된다.

지역사회구금시설(Community Detention)은 이민구금소의 형태를 가지고 있지만, 거주자에게 거주와 이동의 자유를 부여한다. 이민국은

28) 통계자료 원문, http://www.immi.gov.au/media/publication/statistics/AsylumTrends.
29) http://www.immi.gov.au/media/fact-sheets/82detention.htm.

이 시설에 구금된 난민신청자를 모니터링하기 위해 NGO와 협력하여 일하고 있다. NGO는 난민신청자의 편의를 제공하고, 정부에게 재정적 지원을 받고 있다.

호주정부는 난민인정 절차가 진행되는 동안 난민신청자에게 의식주와 기본 건강관리를 위한 재정지원, 보호비자신청을 준비하기 위한 전문적 지원, 취업, 임시의료보험 등의 지원을 제공한다. 호주 당국이 지원하는 재정적 지원은 연방정부와 호주 적십자사 관리하의 난민신청자지원센터(Asylum Seeker Assistance)에서 지원한다. 재정적 지원을 받기 위해서는 난민신청자가 적법기준 또는 면제 기준에 부합해야 한다.

호주는 종래 45일 규칙에 근거하여, 호주 입국 후 45일이 지나야 취업이 허가되었는데, 2009년 이후 적극적으로 이민국과 접촉하고 있는 자에게 취업을 허가한 새로운 제도를 도입하였다. 이 제도는 호주에 체류하는 모든 난민신청자가 진지하고 성실하게 문제해결을 위하여 노력하고 출입국의 모든 절차에 있어서 당국과 협력하여 체류자격이 없는 경우, 출국에 협력하도록 하기 위하여 운영되고 있다.

난민신청자는 취업권이 없다 하더라도 아이가 있거나 호주 시민권을 가진 부모가 있다면 의료보험 적용대상이 된다. 또한 고문과 트라우마 생존자를 위한 호주 서비스의 포럼(FASSTT, Forum of Australian Services for survivors of Torture and Trauma)은 호주 전역에 8개의 사무소를 두고 호주에 도착한 난민의 고문과 트라우마 등에 대해 전문적인 도움을 주는 기관이다.

성인이민자영어교실(Adult Migrant English Program: AMEP)은 이민국의 지원으로 이민자와 난민 등 인도적 입국자에게 영어를 가르치는 프로그램이다. 25세 이하의 난민은 910시간, 25세 이상의 난민은 610시간, 다른 이민자들은 510시간까지의 영어 수업을 듣는다.

4) 호주 난민제도의 특징과 시사점: 취업허가 요건 및 기간의 탄력적 운영

호주의 난민제도에서 주목해야 할 부분은 난민신청자에 대한 취업허가 부분이다. 호주에서는 취업 허가를 위한 45일제 폐지 후, 이민국-난민신청자 간 접촉을 활성화하기 위해 접촉을 자주하면 취업을 허가하는 제도를 시행하고 있다. 난민신청자들의 수개월 내지는 수년이 걸리는 심사기간 동안 취업을 불허하는 것은 생존권 보호에 엄청난 도전요인이다.

한편 한국에서 난민신청자의 취업과 관련한 처우는 매우 열악하다. 그동안 법무부는 난민신청자에 대한 아무런 생계지원도 없이, 구 출입국관리 법령을 근거로 난민신청자가 난민신청한 때로부터 6개월이 지나서야 극히 제한적으로 취업허가를 해줄 뿐이었고, 그나마 난민인정 이의신청 단계나 행정소송 단계에서는 취업허가를 해주지 않았다. 이러한 불합리한 규정은 대부분의 난민신청자를 불법취업으로 내몰고, 불필요한 소송과 부작용을 낳고 있다.

예로서 2013년 7월 2일, 우리나라 서울 행정법원에서는 불법취업을 이유로 한 법무부 출입국사무소의 강제퇴거명령에 대하여, 원고의 집행정지 신청을 받아들여 거의 5개월 만에야 당사자를 외국인보호소에서 나올 수 있도록 하였다. 원고는 2011년 7월, 본국의 박해를 피해 한국 정부에 난민인정신청하여 현재 난민인정 이의심사 단계에 있는 난민신청자로서, 2013년 2월경 취업허가 없이 일을 하였다는 이유로 서울출입국관리사무소에 단속되어 강제퇴거명령을 받고 화성외국인보호소에 구금되었다. 서울 출입국관리사무소는 원고가 출입국관리법을 위반하였으니 수개월에서 수년이 소요될 수 있는 난민심사가 종료할 때까지 외국인보호소에 구금되어 있어야 한다는 입장이었다. 원고는 한 시민단체의 지원으로 2013년 5월 서울출입국관리사무소장을 상대로, 서울행정법원에 사건 강제퇴거명령 및 보호명령 처분의 취소를 구하는 소를 제기하고, 본안 판결이 확정될 때까지 강제퇴거명령과 보호명령 집행을 정지해달라는 신청을 하여 승소하였다.[30)]

이렇게 불법취업–강제퇴거명령–취소소송 등의 비능률적 처분을 반복하기보다는 호주에서 시행하고 있는 바와 같이 현실적인 생존문제를 감안하여, 일정기간을 경과한 후에 취업허가를 내주는 것을 고려할 필요가 있다. 출입국사무소와 난민신청자 간의 유기적 협조체제 구축을 도모하기 위해서라도 난민신청자의 개별적 상황을 고려하여 규정을 탄력적으로 적용하는 것이 바람직하다. 즉 체류기간 및 취업허가 기간을 법과 규정으로 한정하지 말고 출입국사무소의 재량으로 난민심사제도의 탄력적 운영으로 취업을 허가한다면, 장기적으로 오히려 난민인권 보호와 국가경제발전 및 사회질서 확립에 도움이 될 것으로 예상한다.

한편 호주의 난민수용소 문제는 우리나라의 난민수용시설 운영과 관련하여 타산지석으로 고려할 사항이다. 난민신청자의 신분이 불확실하다는 이유로 장기 구금함으로써 최근 좌절한 수용자들의 자살사건이 잇따르는 양상은 난민에 대한 비인도주의적 처우가 어떠한 부작용을 가져올 수 있는지 경종을 울리는 것이라고 생각한다. 법무부 산하의 출입국 외국인지원센터를 운영함에 있어서도 단지 난민관리의 편의성에 그칠 것이 아니라, 그들이 동등한 인격체로서 기본적 인권이 존중되어야 할 인간임을 감안하여 추진될 필요가 있다.[31)]

---

30) 공익재단 공감 블로그 http://withgonggam.tistory.com/1241 참조

31) 한겨레21, "혐오시설 된 난민지원센터" [2013.10.14 제981호]

6. 프랑스의 난민제도

1) 최근 난민동향

프랑스는 미국, 캐나다와 함께 난민신청이 가장 많이 이루어지는 나라 중 하나이다. 〈그림 4-2〉를 보면 지난 1981년 이후 매년 17,000~60,000명의 난민이 유입되고 있음을 보여준다. 2008~2012년 동안 프랑스의 난민신청자는 232,680명에 이른다. 2012년 한 해 동안 난민신청자는 54,940명으로 미국(83,430명)에 이어 세계에서 두 번째로 많은 난민신청자를 받고 있다. 〈표 4-13〉을 보면 이들 난민신청자의 출신국별 숫자는 러시아 및 동구권, 콩고민주공화국, 중국, 터키 등의 국적자가 다수를 차지하고 있음을 보여주고 있다.[32]

2012년 난민·무국적자보호국(The Office Francais de Protection des Refugies et Apatrides, OFPRA)은 60,128명의 입국 결정을 하였으며 그

〈그림 4-2〉 프랑스 내 난민들의 입국 추이(1981~2012)

32) UNHCR Global Trends 2011-2012, Asylum applications submitted in Europe and selected non-European countries(table 1) 참고 및 재구성.

〈표 4-13〉 프랑스 내 출신국별 난민신청자 수(2011~2012)

	2011	2012
러시아	4042	5324
콩고민주공화국	3804	5269
세르비아	3458	3936
스리랑카	3183	3085
알바니아		2643
죠오지아		2546
중국	2184	2225
아르메니아	3638	2184
터키	1737	2043
파키스탄		1941

중 12,800명은 함께 온 미성년자였다. 이것은 2012년에 비하여 8% 증가한 숫자이다. 한 해 동안 활동이 점진적으로 증가하여 상반기 월평균 4,800건의 입국 결정이 있었으며 하반기에는 약 5,100건으로 더 많은 유입이 있었음을 알 수 있다. 도표에서 보여주듯이 난민유입의 숫자는 2012년까지 5년 동안 계속 증가하고 있는데 이는 OFPRA의 활동도 이에 부응하여 증가하고 있음을 말해 준다.

난민 인정 판정을 받은 난민신청자 대다수(77%)는 제네바 협정의 지위를 획득하며 난민 지위를 확보하였다. 인정을 받은 난민 중 보충적 보호를 받는 사람들은 23%이며 2년 전부터 이 수준을 유지하고 있다. 인정 비율이 가장 높은 국가는 시리아(92%), 이라크(68.5%), 이란(53,8%), 그리고 말리(48%) 순이다.

이들 인정률이 높은 국가들은 난민신청자 수가 양적으로 적은 국가들임을 알 수 있다. 난민・무국적자보호국은 프랑스 내부에서는 프랑스로 유입되는 인구 중 난민 판단을 담당하며 그들을 보호하는 수단으로 보조금을 제공하기도 한다. 난민으로 들어오는 인구 중, 여성은 소수이지만 보조금을 받는 사람 중 여성의 비율이 높다. 또한 자체 내 보조금 지급과 함께 난민 출신국의 정보에 대해 제공하고 있으며 연구활동과 법 관련 활동도 지속해오고 있다.

2) 난민인정제도

프랑스의 난민인정기구는 난민무국적자보호국(The Office Francais de Protection des Refugies et Apatrides, OFPRA)이다. OFPRA는 외무부 산하에 인적, 물적, 행정적 독자성을 가진 공공기관으로 설립되었다가, 2007년 제정된 법에 따라 난민보호 관련 집행기관이 되었다. OFPRA에서 내린 난민신청불허결정에 대한 이의신청은 국가난민재판소(Cours national du Droit d'Asil, CNDA)에서 담당한다. CNDA는 최고 행정재판소인 Counseil d'Etat 산하로 소속되었다.[33]

프랑스의 난민신청은 국외, 국경, 국내에서 이루어질 수 있다. 국외의 난민신청은 해외 영사관이나 대사관에 신청하여 입국비자를 받고 OFPRA에서 난민지위 결정을 받는다.

국내의 난민신청의 경우 지방경찰청을 통해서 진행된다. 만일 신청자가 프랑스에 오기 전에 다른 EU국에서 비자를 얻었거나 지문을 찍은 경우, 더 이상 위험하지 않은 나라나 안전한 나라 출신인 경우 등에는 임시체류허가를 거절한다. OFPRA는 명백한 비호의 근거가 인정되는 경우에 난민으로 결정한다. 이 결정은 15일에서 몇 주까지 걸릴 수 있다.

난민인정의 요건을 충족하지 못하더라도 살해, 고문, 비인도적 처

33) Ottawa University, Human Rights Research and Education Center, Refugee Forum, France's Asylum System, 2009 참조

우 등 생명과 인권에 대한 직접적이고 개인적인 위협이 있는 경우 보충적 보호조치가 부여된다.

OFPRA의 난민인정거부결정에 대해서는 결정통지서를 받은 날로부터 한 달 이내에 국가난민재판소(CNDA)에 이의신청을 할 수 있다. 지난 2009년부터 CNDA에 이의신청하는 모든 난민신청자에게 법률지원이 가능하게 되었다. CNDA가 최종적으로 난민인정을 거절한 경우, 신청자는 더 이상 난민신청자의 지위를 갖지 못하고 한 달 이내에 출국해야 하고 출국하지 않는 경우 구금되거나 강제 추방된다.

CNDA 결정의 법률상 오류에 한하여 최고행정재판소인 참사원(Conseil d'Etat)에 항소할 수 있고, 난민신청이 거절된 후 새로운 사정변경이 생긴 경우 재신청이 가능하다.[34]

3) 난민지원제도

난민신청자는 프랑스 전국에 흩어진 난민신청자지원센터(Centres d' Acceuil pour Demandeurs d'Asile, CADA)를 통하여 숙소가 제공된다. CADA는 약 20,410개의 자리를 가지고 있는데 신청자는 난민신청절차를 기다리는 동안 약 5개월 정도 머무는 것으로 알려졌다.

시설 부족으로 CADA에 주거공간을 배정받지 못하는 경우, 임시주거비로 월 340유로를 받고 노숙자 시설이나 사회적 약자를 위한 주거시설에서 거주하게 된다. OFPRA에 난민신청을 한 난민은 요구에 따라 한 달, 1회에 한하여 심사대기수당(allocation d'attente) 1700프랑을 지원받을 수 있다. CADA에 주거를 배정받은 사람은 아주 기본

34) http://www.exiles10.org/IMG/pdf/Farsi-Guide_d_asile.pdf

적인 지출을 해결할 수 있도록 1개월에 약 100유로 정도의 지원금을 받는다.

난민신청자의 취업은 원칙적으로 금지되어 있다. 프랑스 정부는 많은 수의 난민신청자가 불법취업을 하고 있고, 특히 더 이상 재정적 지원을 받을 수 없는 난민신청 1년 뒤부터는 더 많은 수가 불법취업을 한다는 사실을 알게 되었다. 이에 따라 정부는 난민신청 1년 후부터 취업을 허용하는 제도의 도입을 고려하고 있다.

프랑스의 공교육 시스템은 난민신청자를 포함한 16세 이하의 모든 어린이에게 보장된다. 프랑스어를 쓰는 아이들은 일반 교실에 들여보내고, 프랑스어를 쓰지 못하는 아이들에게는 예비 교실을 마련해준다.

난민이나 보충적 보호를 받는 사람에게는 '처우 및 사회적 통합 관한 계약'의 혜택을 받을 자격이 주어진다. 이 계약은 건강검진, 국민윤리, 정치 및 행정 기관 소개, 프랑스 생활 정보와 공공서비스 정보 제공, 프랑스어 수업 등을 내용으로 한다.

4) 프랑스의 난민제도와 시사점: 난민인권 보호를 위한 국제협력 주도

2012년도 프랑스에 입국한 난민신청자는 60,128명인데, 그중에서 12,800명이 함께 온 미성년자였다. 프랑스의 난민신청자를 포함하여 16세 이하의 모든 어린이에게 공교육시스템을 제공한다. 프랑스어를 사용하는 아동과 사용하지 않는 아동을 구분하여 수준에 따라 맞춤식 교육서비스를 제공하고 있다. 프랑스어를 사용하지 못하는 학생들에게는 예비 교실을 마련해 준다. 각 도시에는 특별예비교실이 마련되어 있지만 도시 외곽지역에서는 각 지역의 역량에 따라 마련한다.

한국 정부는 정책적으로 국내에 체류하는 외국인 아동에게도 체류자격과 상관없이 교육서비스를 제공하는 원칙이 있다. 한편 2013년 7월 발효된 난민법에서는 난민과 그 자녀(33조) 그리고 난민신청자와 그 자녀(43조)가 교육을 받을 수 있는 권리를 보장하고 있다. 다만 44조에 따르면 난민신청자의 경우는 그 처우가 제한될 수 있는데 난민불인정 결정(기각)이 난 난민신청자가 행정심판 혹은 행정소송을 진행하고 있는 경우 교육권을 포함한 몇 가지 권리가 제한될 수 있다.[35]

실제 한국의 교육현장에서는 학교장에게 모든 권한을 위임하기 때문에, 난민아동에 대한 교육권 보장 원칙이 제대로 지켜지는지 여부는 어떠한 인격의 사람이 학교장을 하느냐에 따라 여러 가지 형태로 나타난다. 학교장에 따라서는 문화가 다르고 한국어에 서툰 외국인 학생의 입학을 의도적으로 거부하는 경우도 일어나고 있다.

그러나 새로운 문화와 언어에 익숙하지 않은 아동을 각별히 배려하는 것은 선진국에서는 특별한 일이 아니다. 프랑스에 매년 입국하는 만여 명의 난민아동에게 제공하는 서비스에 비하면, 한국의 교육대상은 전국적으로 통틀어 수백 명 내지는 천 명 내외에 불과할 것이다. 아동권리협약과 난민협약에서 언급하고 있는 아동이 가지는 특별한 지위를 감안하더라도 한국에서 난민아동 교육에 대한 특별한 관심이 필요하고, 이런 점에서 난민제도의 선진국의 경험에 대한 연구 분석이 더욱 절실하다.

프랑스의 난민인정제도에서는 난민신청이 거부된 후 새로운 사정변경이 생긴 경우에는 재신청이 가능하다. 이의신청을 포함하여 수년이나 걸리는 1차 난민심사과정이 끝났다고 하더라도 긴 결정 지체기간 동안 새로운 상황적인 요인이 생길 가능성을 고려하여 세계인권

---

35) 난민법 [시행 2013.7.1.] (법률 제11298호, 2012.2.10, 제정).

선언 14조에 입각한 난민의 권리를 제도적으로 보장하고 있는 것이다.[36] 우리나라도 이러한 점을 감안하여 1차 심사에서 인정되지 않았을 경우, 출국명령에 앞서 당사자와의 면담을 통하여 새로운 사정 변경 여부를 다시 확인하는 과정이 마련된다면 난민의 인권보장을 더욱 증대시킬 수 있을 것이다.

프랑스에서 난민의 역사는 어느 나라보다도 깊고 다양한 국제적 맥락을 가지고 있기 때문에 프랑스 정부는 정책적으로 유럽 공동 난민보호체제 구축을 위해 주도적인 노력을 하고 있다. 2012년에는 유럽 공동의 난민체제를 지향하고자 하는 협상이 부각되었다.[37] 프랑스의 OFPRA는 화합의 의지에 부응하여 난민을 위한 유럽 공동출자펀드 계획을 통하여 좋은 실천 방법을 모색하는 데 다른 나라의 관련기관들과 협력하고 있다. OFPRA는 국내적으로 프랑스에 유입된 난민을 보호하고 돕는 것뿐만 아니라 국제적 맥락 혹은 지역적 맥락에서 유럽 공동체 내부의 협력을 통해 난민 관련 계획을 수립하고 그 계획을 실천에 옮기는 데 적극적 움직임을 보이고 있다.

한편, 일각에서는 난민정책 관련 우려되는 사항으로 극우정당의 약진을 거론한다. 구체적으로 2015년 12월, 프랑스 지방선거 1차 투표에서 승리한 극우정당인 국민전선(FN)은 외국인 이민자와 난민이 급증하고 이슬람 근본주의자 테러가 발생한 상황을 이용하여 반이슬람, 반(反)외국인 정서를 자극해왔다. 유럽에서 국가주의, 인종주의, 외국인 배척주의, 반(反)이슬람 등을 슬로건으로 내세우는 극우정당의 득세는 새로운 일이 아니나 앞으로 난민과 관련된 입법과 정책수행에

36) 난민신청은 세계인권선언 제14조, '모든 사람은 박해를 피해, 타국에서 망명을 구할 권리가 있다' 보편적 인권인 망명의 권리에서 비롯된다.

37) Rapport D'tivite 2012, OFPRA 참조

있어 기존의 우호적인 분위기가 퇴행될 수 있다는 우려가 제기된다. 실제로 2016년 2월에는 프랑스 항구도시 칼레(Calais)시 당국이 '정글'로 불려온 난민캠프를 강제 철거하는 과정에서 경찰과 일부 난민이 충돌하였는데 여론이 난민의 참상보다는 폭력성에 주목한 경우가 있다(뉴시스, 2016).

7. 캐나다의 난민제도

1) 최근 난민동향

2011년 한 해 동안 캐나다에서 난민신청을 한 사람은 모두 25,311명으로, 국가별로 살펴보면 헝가리, 중국, 콜럼비아, 파키스탄, 나미비아 순으로 높은 비율을 차지하며 이들 5개국의 신청인 수의 합계는 전체 신청인의 33%에 달한다. 같은 기간 동안 이민난민위원회(IRB)에 송부된 사건은 모두 24,981건이며 역시 헝가리, 중국, 콜럼비아, 파키스탄, 나미비아 순으로 그 수가 많은 반면, 종결된 사건 대비 인용된 비율이 높은 경우는 파키스탄, 나이지리아, 스리랑카, 중국, 나미비아 순으로 살펴볼 수 있다.[38]

2) 난민인정제도

캐나다는 지난해 2012년 12월 15일자로 이민제도를 개선하였다. 캐나다의 난민신청은 캐나다 이민국(CIC)의 '캐나다 이민비자사무소

38) 캐나다 이민국 http://www.cic.gc.ca/english/refugees/index.asp 자료 참조

〈표 4-14〉 캐나다 내 주요 국적별 난민신청자 현황(2009~2012)

	신청인 수			IRB 신청 (2011)	인용	인용률 (%)	결정종료
	2011	2010	2009				
총계	25,311	23,074	33,077	24,981	12,983	38	34,257
헝가리	4,440	2332	2,514	4,423	165	8	1,990
중국	1,874	1615	1,556	1,913	957	53	1,799
콜럼비아	933	1449	2,456	904	639	37	1,732
파키스탄	889	529	427	882	433	67	644
나미비아	847	310	29	859	65	47	139
나이지리아	699	873	783	763	1,042	17	6,110
멕시코	677	1,221	7,606	696	840	63	1,336
스리랑카	634	1172	826	635	281	57	492
기타	14,318	13,573	16,880	13,906	8,561	39	20,015

(Canadian Immigration Visa Office)'에서 진행된다. 이민비자사무소는 출입국항 또는 캐나다 내에 위치하고 있으며, 난민신청이 접수되면 사무소 직원이 1차적으로 신청인의 적격성 판단을 한다. 국경에서 난민신청을 하는 경우, 캐나다 내 사무소에서 신청을 한 경우보다 신속하게 적격성 판단이 진행된다.

난민신청이 유효하다고 판단되면 이민・난민위원회(IRB) 내 난민보호부(RPD)에 사건이 전달된다. 위원회는 독립적 행정위원회이며 난민심사를 진행한다. 이 과정에서 신청인은 '신청양식(Basis of Claim)'을 작성하여 제출해야 하며, 신청인은 보통 60일 안에 면담조사에 참석해야 한다. 때로는 면담조사 없이 신청인의 난민임이 인정되는 경우도 있다. 새로운 법에 따르면 이민・난민위원회에서 심리는 총독(Governor in Council)이 임명한 위원들 대신 공무원 결정권자(public servant decision-makers)가 진행한다.

이민・난민위원회에서 난민인정이 된 경우 난민인정자는 캐나다 영주권을 신청할 수 있으며, 불인정된 경우 신청인은 자진 출국 외에 구제 절차를 신청할 수 있다. 우선 신청인은 불인정 결정 후 15일 안에 연방법원에 사법심사(jucicial review)를 신청할 수 있다.

연방법원의 심사절차는 두 단계인데, 첫 단계인 신청허가(leave) 심사에서는 사건기록을 검토하며 이민·난민위원회 결정을 오류 여부, 공정성, 합리성 등을 판단한다. 신청허가가 부여된 경우(법원이 위원회의 결정을 심층적으로 검토하겠다고 동의하는 경우), 두 번째 단계인 사법심사 신청이 진행된다. 이 단계에서는 신청인이 대리인과 함께 법원에 참석해 변론할 수 있으며, 원심(위원회 결정)에 대한 검토가 이루어진다.

사법심사가 진행되는 경우 퇴거(removal) 명령은 보류되며, 신청인은 사법심사가 끝날 때까지 캐나다에 체류할 수 있다. 법원이 신청인의 주장을 인용하는 경우 사건은 다시 난민보호부(RPD)로 환송되지만, 이것이 원심 결정의 파기를 보장하지는 않는다. 법원이 이민·난민위원회 결정을 인용하는 경우 신청인은 30일 안에 출국해야 한다.

사법심사 후에도 난민지위가 불인정된 경우 퇴거 명령이 내려진다. 이 경우 신청인은 다시 퇴거 전 위험 평가(Pre-Removal Risk Assessment, PRRA, 이하 위험 평가)를 청구할 수 있다. 위험평가 청구 심사에서는 이민국 직원이 난민신청에 대해 다시 판단하며, 이민·난민위원회 결정 후 신청인의 상황 변화가 고려된다. 이민비자사무의 적격성 판단에 유효하지 않다고 판단된 신청인도 위험 평가 청구를 할 수 있다.

새로운 법에 따라 사법심사와는 별도로 이민·난민위원회 산하에서 설립 논의가 이루어지고 있는 난민항소부(RAD)에 난민보호부의 결정에 대한 검토를 요청하는 것이 가능해질 전망이다. 신청인은 난민보호부 심사 시 제출하지 못한 자료를 난민항소부를 통해 제출할 수 있으며, 캐나다 이민국 역시 난민보호부의 난민인정 결정에 대한 검토를 요청할 수 있게 된다. 난민항소부의 심사는 원칙적으로 서면 심사로 이루어지며, 특별한 경우 구두 심리가 진행된다. 이러한 경우를 제외하고는 90일 안에 검토가 진행된다.

또한 새로운 법에 따라서 신청인은 이민·난민위원회의 본안 심리 전에 신청을 철회하고 인도적 보호(Humanitarian and Compassionate, H&C)를 요청할 수 있다. 이 신청은 난민심사 도중에는 불가능하며, 신청인에게 특별한 사정이 없는 한 이민난민위원회의 결정 후 1년 안에는 불가능하다.

한편, 캐나다에서 난민 보호와 관련한 법률로는 Protecting Canada's Immigration System Act, 이민·난민보호법(Immigration and Refugee Protection Act), Balanced Refugee Reform Act 등을 참고할 수 있다. 난민에 대한 정의는 이민난민보호법에 명시하고 있다. 주로 난민협약상의 정의 내용이 국내법 안에 규정되어 있는 형식으로 구성되어 있다. 97조(보호가 필요한 사람들(Persons in need of protection))에서는 추방으로 인해, ① 고문방지협약(CAT) 제1조에서 정의하는 고문을 당할 실질적 근거가 있다고 간주되는 경우, ② 생명의 위협이나 잔인하고 일반적이지 않은 처우나 형벌의 위험이 있는 경우라고 별도로 규정하고 있다.

3) 난민지원제도

캐나다는 난민신청자를 위해서 정부와 민간이 지원하는 시설, 캐나다 정착을 위한 의료, 교육, 주거, 직업 교육, 등 필요에 따른 여러 형태의 지원 시설과 서비스가 있다. 정부의 지원 여부와 상관없이 대부분의 리셉션 센터는 임시 숙소와 정착서비스를 제공한다. 주정부

지원금으로 운영되는 COSTI의 경우 초기 정착 오리엔테이션, 주거 정착 지원, 지역 정착 서비스를 통해서 난민신청자들이 새로운 생활에 적응해 나가도록 돕는다.

민간이 주체가 되어 운영하는 여러 리셉션 센터는 임시 숙소를 제공하고, 법적 절차와 여러 서비스에 접근하도록 지원하는 것을 기본으로 하고 있다. 민간에서 운영하는 로메로 하우스(Romeo House)의 경우 난민신청자가 변호사, 학교와 탁아방, 영어교실, 노동허가, 건강보험, 법률지원, 자원봉사 배치, 의류 및 가구 지원, 번역 등의 서비스를 받을 수 있도록 돕는다. 각 지역의 리셉션 센터를 통해 난민신청자가 새로운 환경에 적응하고 지역사회에 안정적으로 정착할 수 있도록 돕는다.

적십자사에서는 '첫 만남 프로그램'에서 난민신청자에게 초기정보 제공서비스를 실시하고 있다. 적십자사는 난민이 여러 가지 정보와 NGO에 접근할 수 있는 다리 역할을 한다.

캐나다는 주정부의 책임하에 운영되는 다양한 형태의 주거지원 프로그램이 있다. 제공되는 주거는 무료는 아니지만, 주거비용은 주로 보조금으로 제공된다. 또한 장애인, 노인, 미성년자는 정부가 보조하는 임대주택에 우선적으로 입주할 수 있고, 이는 각 주별로 운영하는 주거 담당 부서에서 관할한다. 캐나다의 난민신청자는 집단 거주시설에 수용되지는 않으며 난민신청자에게 주거 결정에 대한 자유가 주어진다. 난민신청자가 주소를 이전한 경우 48시간 이내에 변경사항을 알려야 한다.

난민신청이 인정된 사람에게는 난민보호신청자 증명서를 주는데, 이는 사회적 지원을 신청하기 위한 증명서가 된다. 난민신청자가 거주하는 해당 시·도는 난민신청자에게 매월 최저생계비를 지원하고,

특별한 도움을 필요로 하는 신청자에게는 추가 지원도 해준다.

캐나다 난민정책의 특이한 점은 사적인 난민지원 프로그램을 운영하고 있다는 점이다. 이 프로그램을 통해 매년 수천 명의 난민이 지원을 받고 있다. 이 프로그램에서는 재정적, 감정적 지원을 통해 주거, 의복, 음식을 약 1년 동안 지원하게 되며, 일부 연장이 필요한 난민에게는 3년까지도 지원을 해주고 있다. 이 프로그램에서는 지역공동체, 사회단체나 5인 이상의 집단이 정부와 합의서에 동의해야 하는데 18세 이상의 영주권자나 시민권자는 이러한 지원프로그램에 참가할 수 있다.[39)]

난민보호국에 난민지위를 신청한 난민신청인은 난민신청 결과를 기다리는 동안 취업허가를 신청할 수 있으나, 공적 부조에 의존하지 않으면 생계를 유지할 수 없는 난민신청자에 한하여 취업허가가 주어진다. 이민국적국(CIC)에 취업허가를 신청하면, 약 4~6주 후 취업허가를 받을 수 있고 취업허가증을 받으면 인적자원기술개발부서(HRSDC)에서 사회보험 번호(SIN)를 부여받아 취업한다. 취업허가 기간은 난민신청에 보호 여부가 결정될 때까지 24개월 기한으로 부여되고 연장 가능하며, 난민인정 거부 처분이 있더라도 취소소송을 제기하면 출국 명령이 자동으로 정지되고 난민신청자는 취업허가를 연장할 수 있다.

캐나다의 연방의료(The Interim Federal Health: IFH) 프로그램은 난민이 거주하는 주에서 제공하는 의료보험에 대한 자격요건을 갖게 될 때까지 캐나다에 정착하는 데 도움이 필요한 이민자를 위해 고안된 일시적인 의료보험 서비스이다. 따라서 난민신청자는 이 프로그램을

39) 캐나다 국적이민국 홈페이지 http://www.cic.gc.ca/english/refugees/sponsor/index.asp 참조

통해 난민신청부터 인정 시까지 정부지원에 의해 최소한의 건강관리에 대한 보장을 받게 되며, 난민신청자는 해당 지역의 이민국(CIC)에서 연방의료 프로그램(IFH)을 신청하도록 안내받는다. 그러나 스스로 의료비용을 지불할 수 있는 난민신청자 또는 개인 의료보험을 가지고 있는 신청자는 여기에 지원할 수 없다. IFH 혜택은 치과진료, 필수적인 처방 약물치료, 태아 및 산부인과 진료, 이민자 건강 검진이 포함된다.

난민으로 인정받은 후에 거주하게 되는 주에 따라, 주에서 제공하는 의료보험 적용이 최대 90일까지 걸릴 수 있다. 따라서 주 의료보험의 자격을 얻게 된 경우에는 난민은 안과 진료나 처방전에 따른 의약품 비용 등 일부 서비스에 대해서 캐나다에 도착한 후 12개월까지 IFH의 수혜를 받을 수 있다.

난민신청 결과를 기다리는 동안 각 지역 교육청에서 운영되는 영어, 프랑스어 수업을 들을 수 있다. 더 교육받고자 할 경우에는 언어교육 이수증이 반드시 필요하다. 미성년자는 캐나다에 도착한 동시에 교육을 받을 수 있는 자격이 주어진다. 보호자를 동반하지 않는 미성년자 난민신청자는 난민신청 전 과정에서 대리인을 지정하여 돕게 한다. 아동 양육 기금(Child Tax Benefit)은 18세 미만의 아동 양육을 돕는 지원금으로 캐나다에 거주한 지 18개월 이후에 신청할 수 있고, 소급 받을 수 있다. 사회보장 제도하에 특별한 지원이 필요한 노인에게는 별도의 지원이 주어진다.

일부 주에서는 연방의 예산지원으로 사회통합 프로그램을 시행하고 있거나, 다른 주에서는 이민국이나 네트워크조직, 공동체조직, 교육시설, 빈산 등을 통하여 서비스가 제공된다. CIC는 캐나다 전역에 걸쳐 비교, 책임질 수 있는 사회통합 프로그램이 실행될 수 있도록

조정하는 역할을 수행하고 있다.[40)]

4) 캐나다 난민제도의 특징과 시사점: 난민심사의 독립성

캐나다 난민제도의 특징은 난민인정과정에서 난민신청자에게 난민인정 및 인도적 체류자격을 얻을 수 있는 다층적 기회를 제공한다는 데 있다. 우선 난민지위 여부를 결정하는 이민・난민위원회(IRB)는 독립적 행정위원회로서 난민심사를 하는 데 있어 행정부로부터 자율적 원칙에 따라 난민심사를 진행한다. 우리나라의 경우, 법무부의 일개 과(국적난민과)에서 난민심사 업무를 진행하는 것과 비교할 때, 좀 더 원칙적인 입장에서 전문성을 기초로 난민지위인정 심사를 진행할 수 있을 것이다. 지금처럼 하위부서의 난민심사가 상부의 결재를 거쳐야만 승인이 되는 제도적 상황은 원칙에 입각한 객관적 심사보다 상부의 입장에 종속되는 결정을 크게 벗어나지 못할 것이라 쉽게 예상된다.

이민・난민위원회에서 난민심사를 받기 전에 난민신청자는 제출한 난민신청 사유가 유효하다는 판단을 받아야 하며, 일단 유효하다고 판단되면 일반적으로 60일 내 심사위원과 면담을 하게 되는데, 한국처럼 1년 이상 무작정 결과를 기다리는 경우는 없다. 여기서 비록 난민신청 사유가 유효하지 않다고 하더라도 강제로 퇴거되는 것은 별개의 문제이다.

사실상, 난민심사 후 이의신청 시 사법심사를 받게 되는데, 사법심사에서도 인정받지 못하면 강제퇴거명령이 내려진다. 하지만 캐나다

---

40) 참고자료: http://www.cic.gc.ca/english/refugees/outside/arriving-rights.asp; www.settlement.org; www.cra-arc.gc.ca/bnfts/uccb-puge/pplctn-eng.html.

는 신청인을 구제할 수 있도록 “퇴거 전 위험평가”를 통해서 이민국 직원이 난민신청을 다시 검토 판단한다. 이 위험평가 단계는 앞서 언급한 난민심사 전 신청사유가 유효하지 않은 신청자에게도 신청자격을 주고 있다. 이때 이민·난민심사위원회 결정 이후 신청인의 상황 변화도 함께 고려되는 관대한 접근을 함으로써 인용률은 최종적으로 대체로 국가별 30~40%를 웃돌고 있다.[41)]

이와 함께 신청인은 이민·난민위원회의 본안 심리전에 신청을 철회하고 인도적 보호를 요청함으로써, 난민지위와 상관없이 합법적으로 체류할 수 있는 길을 별도로 열어 놓고 있다. 특히 인도적 보호를 별도 과정으로 마련한 것은 긴급히 피난처를 구하는 난민신청자에게는 더없이 필요한 제도로 보인다. 우리나라에서는 인도적 체류를 난민지위인정 절차와 일원화하여, 난민지위인정 불허자들 중 극소수에게 호혜적으로 인정하고 있는데, 캐나다의 경우 인도적 체류자격의 문호를 넓게 열어 놓음으로써 일단 피난을 목적으로 하는 체류를 가능케 함으로써 난민문제 인식과 해결방식의 접근 자체를 달리하고 있다고 할 수 있다.

8. 소 결

각국 난민제도를 연구 분석하는 이유는 각국의 난민제도가 가지는 장점과 단점 등 특징을 구체적으로 확인하여 우리나라의 난민제도와 정책의 개선 과정에 적절하게 활용하고자 함이다. 우리나라의 난민제도는 20여 년 전에 시작되었지만 실제 난민인정의 경험의 10년 정도

---

41) UNHCR Global Trends 2009-2012, 캐나다 내 주요국적별 난민신청자 현황 참조

는 발전의 초기단계라고 할 수 있다. 그럼에도 불구하고 2012년 아시아 지역 최초로 난민법을 제정하고 2013년 7월 동법이 발효됨으로써 이 법을 어떻게 국제 기준에 맞게 집행할 것인지가 향후 매우 중요한 과제로 대두되고 있다. 이런 점에서 다른 선진국의 난민제도 운영의 경험과 관행은 우리나라의 난민제도 개선의 시금석이 되는 중요한 정보의 원천이라고 할 수 있다.

최근 우리나라에서는 난민법이 발효되면서 이 법이 포함하고 있는 각 조항의 집행 및 국제 기준과의 조화 문제 등과 관련하여 많은 논의와 논쟁이 나타나고 있다. 난민신청자에 대한 생계비 지원, 인도적 체류자의 권리, 영종도 난민지원센터 운영, 난민아동의 무국적 및 교육, 난민신청자의 취업허가, 실패한 난민신청자의 체류 등 다양한 문제가 계속되고 있다. 당장은 이들 문제를 미봉책으로 덮어둘 수 있겠지만, 난민문제는 다분히 국제사회와 정세에 따라 급격히 변하기 때문에 국제사회의 책임 있는 일원으로서 우리나라가 난민문제를 미리 예측하고 제도적으로 준비하지 않는다면 가까운 장래에 더 큰 부작용에 봉착할 수밖에 없음을 다른 나라의 다양한 사례를 통해 확인할 수 있다. 이 책에서 기술하고 논의한 각국별 난민 제도와 경험은 다음과 같은 정책적 의미를 갖는다고 할 수 있다.

우선, 일본의 난민제도 분석에서는 일본 난민제도의 연륜이 10년 이상 앞서고 있음에도 불구하고, 난민에 대한 사회적 인식 및 보호제도는 우리나라가 당면한 문제와 유사함을 알 수 있다. 그런데 일본 난민제도의 독특한 점은 난민인정 신청에서 횟수에 제한 없이 재신청이 가능하다는 점이다. 이러한 관행 때문에 난민 체류를 장기화한다는 비판이 있긴 하지만, 난민 입장에서 본국의 상황이 개선될 때까지는 무제한 체류를 허용한다는 점에서 소극적 대응방법이지만 인도주의적 측면이 있다고 본다. 프랑스 난민제도 또한 난민불인정자가 개인적인 사정변경이 있을 경우 재신청이 가능하도록 하고 있다. 캐나다에서도 신청인은 이민난민위원회의 본안심리 전에 신청을 철회하고 인도적 보호를 요청함으로써, 난민지위와 상관없이 합법적으로 체류할 수 있는 길을 별도로 열어 놓고 있다.

한편, 우리나라의 경우, 지난 2011년 4월 코트디부아르의 내전 발생으로 인해 이 국가 출신 난민신청자의 재신청을 허용한 적이 있지만, 사실상 현 난민법에 난민지위 인정의 재신청과 관련한 특별한 제한은 없기 때문에 제도상 불가능하진 않지만 매우 제한적인 것이 사실이다. 따라서 관계 당국은 이러한 법적 틈새를 명확히 하기 위해 그동안 재신청을 제한해왔던 법적 근거가 난민법과 관련하여 어떻게 규정되고 있는지 아니면 특별한 제한을 두지 않은 것인지 난민신청자에게 명확히 밝힐 필요가 있다. 이 문제는 특히 난민불신청자의 불법체류화와 관련하여 매우 중요한 문제이기 때문이다.

둘째, 최근 한국 정부의 낮은 난민 인정률로 인해 강제퇴거 대상이 되는 난민불인정자가 지속적으로 증가하고 있다. 일부 자발적 귀국의 경우도 있지만, 난민신청자와 면담 경험에 비추어 볼 때, 난민지위를 인정받지 못하였다고 하더라도 대부분 신청자는 돌아갈 상황이 아니어서 불법체류자화 될 가능성이 높은 것이 사실이다. 난민불인정자가 당면한 이러한 상황에 대하여, 정부관련 부처나 UNHCR조차도 이 문제를 관리할 법적인 근거도 의지도 없는 상황이다. 자발적 귀환을 은근히 기대하고 있지만 사실이 그렇지 않다면, 사회단체나 사회봉사에 뜻이 있는 독지가 등이 자발적으로 나서야 할 형편이다. 캐나다의 사례는 이러한 문제에 대안을 제시하고 있다. 5인 이상의 집단이나 조직이 동의하면 난민 한 사람을 체류할 수 있도록 구제 조치를 가지고 있으며, 마을 공동체에서 거주민이 동의하면 일정 수의 난민을 정주시킬 수 있는 제도 등 다양한 난민 정주 제도를 분권화를 통해 해결하고 있다.[42] 우리나라의 경우 출입국사무소에서 독점으로 모든 사건과 난민문제를 해결하기보다는 지방자치제와 난민의 사회통합 문제를 함께 풀어가는 방법도 고려해볼 만한 사항이라고 본다.

셋째, 호주의 강경노선 정책이 초래한 부정적 효과는 우리에게 하나의 타산지석으로 의미를 가진다. 그동안 호주의 신임 총리 토니 압보트(Tony Abbott) 취임 이후, 장기간의 수용소 구금 등 점점 비인도적 경향을 보이고 있는 난민정책은 국제기구의 우려 대상이 되고 있었다. 유엔인권위원회에서는 호주 정부에게 장기 구금 중인 46명의 난민을 석방하라고 촉구하는 성명서를 발표하기도 하였다.[43] 국제인권 커뮤니티에서도 심판의 도마 위에 올라와 있는 상황에서 최근 호주의 난민수용소에서 자살사건이 잇따르고 있는 가운데, 신임 토니 에벗 총리는 2013년 10월 31일 보트피플(선상난민)의 호주 유입을 막기 위한 강경한 난민정책이 성공적이었다고 주장하고 있다.[44] 사실상 호주의 난민정책은 자국민 이익보호 위주의 방어적 조치로서 난민보호라는 국제적 책임과는 거리가 있다고 할 수 있다.

넷째, 최근 국제사회가 난민문제에 관한 공동 해법을 도출하기 위해 연대해야 한다는 목소리가 커지고 있다.[45] 프랑스는 난민문제의 국제적 해결을 위한 유럽 차원의 공동 네트워크를 수립하는 데 많은

42) 캐나다 국적이민국 홈페이지 http://www.cic.gc.ca/english/refugees/sponsor/index.asp 참조

43) New York Times, *U.N. Presses Australia to Release 46 Refugees*, August 22, 2013.

44) AFP, 2013. 10. 31.

45) 뉴스1, "세계난민 문제… 글로벌 정치・경제 안정판 흔든다." 2013. 10. 6.

노력을 기울이고 있다. 난민의 국제적 흐름을 고려할 때, 국내 문제 해결은 다분히 수동적이며, 근본적인 해결책을 찾을 수 없다. 호주 정부 또한 유입되는 선상난민을 해결하기 위해 인도네시아. 파푸아뉴기니, 뉴질랜드 등 주변국과 문제를 공유하기 위해서 노력하는 것은 난민문제의 국제성을 감안할 때, 당연한 것이다. 일본 정부에서도 2010년 4월 한국 정부와의 '구금에 대한 대안조치'라는 주제로 개최한 양국 당국자 간 난민제도 관련 협의가 유익하였다는 평가가 나오고 있다.[46] 따라서 우리나라 난민문제의 지역 차원의 해법을 찾기 위해서라도 일본, 중국, 홍콩, 몽골, 동남아 국가들과의 유기적 협조체제를 갖추는 것이 매우 필요하다.

다섯째, 미국의 경우, 난민신청을 2원화함(적극적 난민신청, 방어적 추방유예 난민신청)으로써 마지막까지 난민신청자의 인권보호를 위해 최선을 다하는 조치를 제공한다. 여기에 미국은 고문방지조약 당사국으로서 난민신청자가 난민협약이 정한 난민요건에 적절하지 않다고 하더라도 고문의 가능성이 있는 국가로 강제송환하지 않는 관행이 있다. 캐나다에서는 난민불인정자를 구제할 수 있도록 "퇴거 전 위험평가"를 통해 이민국 직원이 난민신청을 다시 검토 판단하도록 하여, 이때 이민난민심사위원회 결정 이후 신청인의 상황 변화도 함께 고려하는 관대한 조치로서 난민인정을 위한 부가적 기회를 주고 있다.

우리나라에서도 고문방지협약의 당사국으로서 난민법 제3조에 "난민인정자와 인도적 체류자, 난민신청자는 난민협약 33조, 고문방지조약 3조에 따라 본인의 의사에 반하여 강제로 송환되지 않는다"고 규정하고 있다. 또한 이와 함께 출입국관리법 64조는 "불법체류자가 체

---

46) Naoko Obi, ibid., p.4

류기간 내에 자발적으로 출국하지 않을 경우, 강제퇴거명령을 통하여 송환"하되, 그 방법 중 제4항에서 "본인이 송환되기를 희망하는 국가"로 송환하도록 정부의 의무를 규정하고 있다. 즉 당사자가 원하는 제3국으로 송환하는 것을 정하고 있지만, 실질적 이행은 쉽지 않을 것 같다. 왜냐하면 대부분의 선진국에서는 안전한 국가를 통해 입국하는 경우 난민신청 자격을 인정하지 않기 때문이다. 다만 본국 송환 시 고문의 우려를 확인하기 위해 담당 공무원이 난민신청자의 출신국으로 직접 수행하여 송환한 경우가 있었음을 출입국 공무원과의 면담을 통해 확인하였다.[47] 각국에서 난민이 체류연장과 취업을 위해 난민제도를 남용하고 있다는 비판도 만만치 않지만, 미국과 캐나다를 비롯한 몇몇 국가는 모든 난민신청자를 허위난민으로 전제하고 통제하기보다는 일단 자국 영토로 들어온 난민을 인도적 차원에서 관대한 난민인정 제도를 운영함으로써 난민수용국과 발생국 간의 외교적 마찰도 줄이면서 미래의 공고한 협력 관계를 구국해 나가는 장기적 포석도 필요함을 보여주고 있다. 이는 국제협약의 당사국으로서 조약의 정신을 존중하는 태도이기 때문이다.

47) 2013. 10. 15. 수원출입국사무소 면담.

제5 장

난민을 위한 정책 제언

제5장 난민을 위한 정책 제언

이 책은 난민의 삶을 보다 미시적이고 종합적으로 이해하는 것을 목적으로 이루어졌다. 난민은 과거의 상처와 고통을 가지고 외로움과 싸우며 현실에서 맞닥뜨리는 사회적 차별, 소외와 배제를 견디며 살아가고 있었다. 난민으로서 이들의 삶은 중첩된 고통 속에서 절망과 희망을 경계를 넘나들며 더 나은 미래를 향해 나아가고 있었다. 이제 난민은 낯선 존재가 아니다. 난민신청자의 수는 지속적으로 늘어나고 있다. 이들 역시 한국 사회의 구성원으로, 인도적 차원에서 이들을 보호하고 정착을 지원하는 것은 국제사회의 일원으로서 한국 사회의 책임이다. 이 책은 박해를 피해 한국에서 새로운 삶을 찾아 살아가기를 선택한 이들의 경험에 대한 연구를 바탕으로 몇 가지 정책을 제언하고자 한다.

1. 경제 사회적 지원

1) 노동 및 취업

난민 및 난민지위신청자의 삶은 빈곤하다. 난민신청자는 경제활동을 위한 편법 입국이라는 의심의 시선 속에서 노동권을 보장받지 못하고 살아가고 있다. 안정적 노동의 기회를 가지지 못하고 시간제 노동을 하거나 비정기적인 노동으로 생활하고 있었으며 기약 없는 경제적 어려움에 불안을 호소하기도 하였다. 경제적 불안은 난민이 한국사회에 정착해 적응하고 살아가기 위한 내적 역량을 약화시키고 부적응을 강화시킨다. 따라서 이들의 안정적 정착과 사회통합을 위해서 난민의 노동권을 확대하는 정책이 필요하다.

이를 위해 난민 신청자의 취업 금지 기간에도 인도주의적 차원에서 최소한의 인간적인 삶을 살아갈 수 있도록 생계를 보장하는 방안을 마련하는 것이 필요하며 장기간의 난민심사나 소송 등으로 인해 합법적 취업이 어려운 이들에게도 상황을 고려한 지원방안이 마련되어야 할 것이다. 이 책에 참여한 난민들 역시 대부분 단순 노동을 하고 있으며 자신의 경력과 관심에 따른 직종 선택과 이를 위한 교육 및 지원을 원하고 있었지만 현실적 제약이 많이 있었다. 난민지위를 인정받은 이들의 경우 단기적 생존이 아니라 장기적인 적응과 통합을 원하고 있으며 이를 위해 사회 안에서 자신의 능력을 개발하고 역할과 책임을 찾는 것에 깊은 관심을 가지고 있다. 따라서 이들이 책임 있는 사회 구성원으로 살아갈 수 있도록 역량을 개발하고 지원하는 정책이 요구된다.

2) 주거

한 실태조사에 따르면 응답자의 20%가 주거가 불안정한 상태에 있으며 여성의 경우 안전한 쉼터나 거주지가 없는 것으로 나타났다[1]. 본 연구에 참여한 난민의 경우 수도권 외곽 지역에 거주하고 있었고 대부분 영세한 환경에서 생활하고 있었지만 이들에게 주거비용은 수입의 상당부분을 차지하고 있었다. 주거는 안전과 생존을 위한 가장 기본적인 필요임에도 불구하고 난민들은 비싼 주거비용으로 인한 안정적인 주거환경을 가지지 못하고 있는 것이다.

난민의 주거 어려움은 한국에 도착하고 난민 지위를 신청하는 것에서 시작한다. 한 연구 참여자는 한국에 도착해 난민 신청을 하였지만 임시 보호소나 단기 거주지조차 지원되지 않는 것에 대한 문제점을 지적하였다. 긴급하게 본국을 떠나 도착한 난민에게 최소한의 의식주 제공은 인도적 차원에서 이루어져야 할 필요가 있다. 정착과정에서도 단기 거주 대책과 더불어 장기적인 주거 안정 정책이 필요함에도 오랫동안 이루어지지 못하였다. 난민 지위를 인정받은 경우에도 초기 정착과 생활의 안정이 중요한 만큼 주거 지원은 임대아파트 지원 자격을 부여하거나 주거 상담을 통해 낯선 환경과 언어 장벽, 문화적 차이에서 적절한 생활공간을 찾을 수 있도록 안내하는 제도 등이 이루어져야 할 것이다. 또한 최근 관심을 받고 있는 공유형 주거시설 등을 활용하거나 난민신청자들을 서로 연결해주고 이러한 생활양식에 대해 이해하고 선택하도록 돕는 것도 방법이 될 것이다.

3) 의료

현재 난민의 경우 의료보험 체계가 없어 체계적 의료서비스가 이루어지지 못하고 있으며 긴급 상황이나 출산 등에 필요한 최소한의 필수 의료 지원도 부재하다. 난민법에 따르면 대통령이 정하는 바에

---

1) 김현미 외(2010).

의해 난민신청자에게 의료 지원이 가능하도록 되어 있고 의료 지원 업무에 대해 규정하고 있지만[2] 현재 난민이 취득하는 G1비자는 난민신청자나 인도적 체류자에게 국민건강보험 가입을 허용하지 않고 있어 의료공백이 있는 것이 현실이다. 이들에 국민건강보험 가입을 지원하는 것이 정책 및 제도적 형평성의 문제로 당장에 어렵더라도 필요를 중심으로 의료지원이 가능한 방안을 찾는 것이 필요하다. 긴급 의료지원 등의 혜택을 통해 필수적인 기본 의료지원을 확대하고 이들이 이를 활용할 수 있도록 해야 할 것이다. 또한 지원은 기본적인 지원체계 안에서 일반 국민들의 의료지원에 준하는 장기적인 의료보험 확대 등의 의료지원을 지속적으로 확대하는 노력이 필요하다.

이와 함께 의료지원은 이러한 의료지원이 필수적으로 요구되는 취약 집단인 아동과 노인 등에 대한 의료지원은 인도적 지원 차원에서도 구체적인 논의가 필요하다. 직접적인 의료지원 체계와 제도의 마련이 장기적으로 논의가 필요하다면 기존의 민간 자원과 연계해 이를 활용할 수 있도록 할 수 있을 것이다.

4) 관계망

난민들의 관계망은 제한적이다. 난민에 따라서 같은 민족이나 국가 출신들 간에 지역 공동체를 구성해 살아가기도 하고 개인으로 있기도 하다. 연구에 참여한 난민들은 한국 사회에 적응하고 살아가는 데 동료 난민이나 한국 사회 구성원의 지지와 연대, 협력이 중요한 자원이자 힘이라고 말한다. 대다수의 난민은 고립과 단절 속에서 살아가고

2) 법률 제12421호, 2012년 제정, 2014.3.18. 타법개정.

있으며 심리·정서적 불안과 경제적 어려움 등은 사회적 고립을 강화시키고 있다. 따라서 이들이 난민 공동체로서 자신의 문화적 정체성을 지키고 공동체로서 협력해 살아갈 수 있도록 지원하고 이러한 과정을 통해 고립이 아닌 지역사회 안에 다양한 구성원과 소통할 수 있도록 지원해야 할 것이다.

연구에 참여한 난민들은 박해를 피해 한국에 온 사람으로 자신의 정체성을 거부당하는 것에 대한 어려움을 호소하고 있으며 경제활동 역시 생존을 위한 필요라고 생각하고 있었다. 사회적 소속감이나 공적 인정의 부재가 난민으로 겪는 어려움이었다. 자신을 이해하고 있는 지금의 삶의 어려움을 공감 받고 자신의 신념과 결정을 존중받는 것은 고통을 극복하고 어려움에 대응할 수 있는 회복탄력성(resiliency)을 강화하는 중요한 토대가 될 것이다.

2. 교육지원

1) 직업교육

본 연구에 참여한 난민들의 공통된 필요 중 하나가 교육적 기회를 가지는 것이며 한국 사회에 구성원으로서 직업을 가지고 책임 있게 살아가고자 하는 것이다. 하지만 현실적으로 난민은 박해를 피해 긴급하게 떠나 한국에 정착하게 되면서 자신의 학력이나 자격을 증명할 수 없는 경우가 대부분이며 이로 인해 기존의 경력을 인정받고 이를 한국에서 발전시켜 나갈 수 있는 기회를 갖지 못한다. 이는 난민과 난민신청자가 단순노동 및 임시직 형태의 일자리를 가지고 불안정하게 살아가고 있는 이유이기도 하다. 무엇보다는 한국 사회에 통합되고 받아들여지지 못한다고 느끼고 있으며 이러한 구조화된 사회적 소외와 배제를 경험하며 희망을 포기하고 살아가고 있다. 따라서 난민지위를 인정받은 이들은 한국 사회 구성원으로 안정적으로 통합되고 적응할 수 있도록 직업 교육의 기회를 확대할 필요가 있을 것이다. 또한 난민신청자 또한 인도적 차원에서 인간으로서 존엄을 지키고 최소한의 생존을 위한 필요를 충족할 수 있도록 하고 이에 필요한 지원 방안의 마련이 요구된다.

2) 성인교육

난민 중에 상당수는 교육에 대한 열망을 가지고 있지만 대부분의 경우 교육단절을 극복하지 못하고 살고 있다. 난민지위를 받은 난민은 한국에 살면서 자신의 학력을 인정받지 못해 고등교육 기회를 가지지 못하고 있었다. 또한 한국에서 대학 및 대학원과 같은 고등교육을 받았다 하더라도 난민 1세대로서 언어의 문제, 사회적 이해 부재 등으로 인해 자신의 전문성을 살리지 못하고 진입장벽에 막히는 경우가 많았다. 본 연구의 참여자의 경우 본국에서 교사 활동 경험과 자신의 전공을 살려 영어를 가르치기 위해 대학에서 제2외국어의 영어교육 전문가 과정을 마쳤지만 여전히 단순노동으로 생활하고 있다. 이와 관련한 실태조사에 따르면 대부분의 응답자들은 한국에서 본국에서의 학력이나 경력과 무관한 일을 하고 있었다. 하지만 난민의 학력수준을 보면 대학 졸업자가 응답자의 28.5%, 대학원 졸업자는 16.2%로 고학력자의 비율이 높았으며 이들 직업 역시 정치인 및 전문직 종사자가 15%에 이를 정도로 학력 수준이 높았고 직업 경험도 전문직까지 다양하였다.[3] 위의 통계가 응답자 중에서 나타난 비율이라 한국에 머물고 있는 난민 전체의 정확한 현황이라고 할 수는 없겠지만 이들이 자신의 역량과 무관하게 살아가고 있는 것은 분명한 현실이다.

난민들은 이제 한국 사회의 구성원으로 장기간 살아가게 될 것이며 많은 이들은 한국 사회의 구성원으로 통합되어 세대를 거쳐 살아가게 된다. 교육을 통한 성장과 발전은 난민이 사회적 소속감을 높이고 이를 통한 사회활동의 확대는 궁극적으로 사회통합에 기여할 것이다. 그리고 이는 인도적 차원의 문제를 넘어 한국 사회 전체의 역량을 강화하고 장기적 성장과 발전의 밑거름이 될 수 있는 만큼 자신의 전문성을 키우고 자신의 역량으로 사회적 역할과 책임을 할 수 있도록 이들의 학력을 검증해 교육 단절 극복을 돕고 고등교육 기회를 확대하는 등 제도적 정비가 이루어져야 할 것이다.

3) 아동교육

난민지위에 따라 사회·경제적 지원과 교육지원의 차이는 크게 나타난다. 난민지위를 인정받은 이들은 상대적으로 새로운 난민법 안에서 이들에 대한 지원이 개선되었지만 신청자 등의 상황은 여전히 열악하다. 현행법은 난민신청자의 자녀들이 초등 및 중등교육을 받을 수 있도록 하고 있으나 그 이후 교육은 법적으로 보장되어 있지 않아 이들이 교육 단절이 예상된다. 따라서 인도적 차원에서 미성년자인 난민신청자와 인도적 체류자의 자녀들이 교육기회에 있어 차별받지 않는 정책이 요구된다. 이를 위해 이들이 본국이나 외국 생활에서 받

---

3) 김현미 외(2010).

은 교육이 인정받지 못해 단절되지 않도록 제도적 장치가 마련되어야 할 것이며 국내에서 이수한 교육에 대해서도 학력인정을 받아 교육 단절이 없도록 해야 할 것이다.

3. 문화적 지원

1) 다문화 시민교육 강화

본 연구에 참여한 난민들의 공통된 목소리 가운데 하나는 자신은 돈을 벌려고 온 노동자가 아니라 박해를 피해 온 난민이라는 것이다. 이들은 난민으로서 겪는 고통과 어려움을 공감 받고 자신들의 존재의 존중과 이해를 원하였다. 난민에 대한 기본적인 지원과 더불어 중요하게 생각하는 것이 사회로부터의 공적 인정과 수용을 원하였다. 이는 자신의 신념을 지키기 위해 박해를 피해 온 난민이라는 정체성의 사회적 인정은 이들의 자존감을 지키고 심리적 안정을 만드는 중요한 요소가 되어 있었다.

하지만 한국 사회의 난민에 대한 이해는 전무한 실정이다. 난민에 대한 기본 지식을 가지고 있지 못할 뿐 아니라 한국 사회에 난민이 있다는 사실 자체에 대해 인식이 부족하다. 이러한 부족한 정보와 이해는 난민에 대한 오해와 편견을 만들어 냈다. 이들이 경제활동을 목적으로 입국한 편법 이주 노동자라는 인식을 가지고 난민을 불신하고 한국 사회가 난민을 인정하고 받아들이는 것이 결국 국가와 국민에게 불이익을 가지고 올 것이라는 판단하여 이들에 대한 지원을 달가워하지 않는다.

한국 사회와 난민의 공존을 위해서는 난민에 대한 기본적인 이해를 확대하고 다문화 사회의 구성원으로서 이들과 함께 살아가기 위한 노력이 한국 사회 구성원에게서도 이루어져야 할 것이다. 난민과 인도적 체류자에 대한 정보를 적극적으로 알리는 것과 함께 난민을 보호하고 인도적 차원의 지원이 국가적 책임이라는 것을 인식하도록 할 필요가 있다. 난민을 포함해 다문화 사회의 다양한 구성원을 통합하는 노력은 앞으로 확대되고 지속되어야 할 것이다. 건강한 다문화 사회를 만들기 위해서는 다문화라는 틀 안에서 복잡하고 다층적인 구성원의 삶을 이해하고 구성원의 필요와 욕구를 반영한 다문화 정책이 마련되어야 할 것이다.

2) 문화지원 사업

난민의 사회적 책임과 소속감은 이들이 한국 사회에 얼마나 동화되었는가의 여부보다 자신의 사회문화적 정체성을 인정받고 존중과 배려 속에서 고유성이 지켜질 때 강화될 수 있을 것이다. 자신의 사회 문화적 그리고 역사적 정체성은 생존을 위한 가시적인 필요는 아니지만 인간으로서 필수적인 욕구로 채워지지 못할 때 끊임없이 찾고 추구하게 되는 것이다. 연구에 참여한 난민들 역시 자신의 고유한 문화와 언어, 역사가 잊히는 것에 대해 염려하고 이를 지켜나가기 위해 노력하고 있었다.

난민들 가운데 초기 정착기를 보내고 지속적인 박해의 위협으로 본국에 돌아가는 것이 현실적으로 어렵거나 위협이 해소되지 못해 장기간 한국에서 살아야 하는 난민은 자신 이후의 후속 세대가 어떻게 정체성을 잃어버리지 않고 살아가도록 할 것인가를 중요한 문제로 인식하고 있었다. 일부 난민의 경우 공동체로 살며 고유한 정체성과 신념을 지키기 위해 역사를 정리하여 교육하고 언어를 가르치고 있기도 하다.

난민이 문화적으로 고립되는 대신 자신의 문화적 정체성을 인정받고 발전시키며 한국 사회에 소개하고 구성원과 소통을 확대하는 것은 갈등을 줄이고 사회통합을 이루는 중요한 기회가 될 것이다. 따라서 이들의 고유문화와 역사가 존중받고 지켜질 수 있도록 지원함과 동시에 한국 사회에 자신의 문화를 효과적으로 소통하고 알려나갈 수 있도록 지원하는 정책이 필요할 것이다. 이를 통해 사회에서 적극적으로 참여할 수 있는 기회를 확대할 수 있고 다문화 사회의 통합을 위한 인적자원으로서 사회통합을 이루어가는 중요한 역할과 책임을 수행할 수 있을 것이다.

제 6 장

총 결

제6장 총 결

21세기 글로벌 시대를 특징짓는 중요한 일면으로 전지구적인 연결망의 실시간 작동을 들 수 있다. 오늘날 국경 간 이동 및 이주는 그 어느 때보다 빈번하고 정보와 물류의 흐름은 촘촘한 망을 통해 서로 긴밀하게 연결되어 있다. 지구상 특정 지역에서 일어나는 일은 즉각적이고 연쇄적으로 다른 지역에 영향을 미치며 정보 통신망을 타고 실시간으로 소식이 전해지는 시대인 것이다. 이러한 가운데 이민 형태의 자발적이고 계획적 이주와는 달리 강제적 또는 타의적 이주를 하게 되는 난민에 대한 관심이 그 어느 때보다도 고조되고 있다. UNHCR에 따르면 국내 실향민을 포함해 2016년을 기점으로 6,550만 명의 난민이 전 세계적으로 집계되었으며 이후 가파른 증가세를 보이면서 불과 일 년만인 2019년에는 7,950만 명의 난민이 있는 것으로 파악되었다. 이제는 난민 발생의 지역적 분포도 다양하다. 장기화되고 있는 내전으로 인해 시리아는 가장 많은 난민을 배출하였던 아프가니스탄을 난민 수에서 추월하기도 하였다. 또 이라크, 예멘, 부룬디, 남수단 방글라데시, 미얀마 등 최근의 분쟁지역 뿐만 아니라 인종적, 종교적 박해에 따른 다양한 지역에서의 난민이 발생하는 등 그 원인과 양상 또한 다양하다. 이처럼 난민의 형태는 전쟁난민, 환경난민, 경제난민, 정치난민 등 다양한 양상을 보이고 있는데 이에 대한 대처 방식과 해결 노력은 턱없이 부족한 실정이다.

그런데 난민캠프의 비극이나 지중해상의 난민선 침몰 등의 참상을 각종 매체를 통해 접할 기회가 비일비재한 최근에 이르러서도 우리나라는 난민 문제를 절박한 사안으로 다루어 오지 않았다. 지리적으로 유럽처럼 난민 유입이 대량으로 발생하지도 않았거니와 사회 문제로 다룰 만큼 주요 관심사로 대두되지도 않았다. 경우에 따라 북한이탈주민을 난민으로 분류하기도 하지만, 이들은 대한민국 입국과 더불어 엄연한 국민으로 수용되기 때문에 난민이 겪는 행정절차상의 문제라든지 언어 장벽의 문제로부터 상대적으로 자유롭다고 볼 수 있어 난민으로 분류하기는 어렵다. 따라서 이 연구는 북한이탈자를 제외한, 다양한 경로로 우리나라에 난민신청을 하고 새 터전을 만들어가고 있는 난민을 대상으로 그들의 일상을 엿보고 실제 삶이 어떠한지 난민 관점에서의 경험에 대한 이해와 학술적 분석을 목적으로 하고 있다. 구체적으로 현상학적 연구를 통한 '난민으로 살아가기의 경험'을 알아보고 우리나라에 입국한 난민의 목소리를 가감 없이 담아내려는 노력을 기울였다.

이 연구를 통해 이들은 한국 사회에서 난민으로 살아가면서 중첩된 고통을 겪고 있는 것을 확인할 수 있었다. 그리고 이들은 사회적 냉대와 불합리한 제도 속에서 불안한 현재를 살고 있었으며 한국 사회의 배타적 주변화의 대상으로 사회적 배제의 직접적인 피해자로 살아가고 있었다. 또한 정치경제적, 사회적으로 약자인 동시에 심리·정서적 상처에 치유 받지 못하는 고통을 안고 있었다. 난민이 되는 과정의 아픔과 상처가 더해 관심을 갖고 보살펴주는 이가 거의 없어 힘겹게 살아가고 있었다. 하지만 이들은 피해자의 위치에 머물지 않으려는 노력을 보이며 난민으로서 자신의 존재를 이해하고 스스로를 의식화하며 불편한 현실의 경계를 넘어 스스로의 목소리를 내려고 하였다. 이를 위해 개인이나 집단으로 현실의 조건과 환경을 바꾸는 일에 도전하고 참여하였다. 이러한 삶에서 난민은 긍정과 희망으로 세상을 보고자 노력하였다. 지금의 현실이 불합리하고 고통스럽지만 변화를 만들어 가는 존재로서, 그리고 그 안에 정착해 살아가며 세상을 절망의 공간이 아니라 '언젠가는' 나아질 가능성이 있는 공간으로 바라보고 살아가려는 점을 확인할 수 있었다.

그들의 삶은 절망과 희망, 현실의 한계와 미래의 가능성, 좌절과 도전, 외로움과 새로운 관계가 날실과 씨실이 짜놓은 촘촘한 그물망처럼 연결되어 있었다. 그리고 각각의 경험은 서로를 의지하고 지지하며 난민으로 살아가기의 의미를 구성하였다. 일상에서 난민으로서 고통과 좌절을 '감내해야' 하지만 동시에 그들은 주체적으로 자신의 삶을 '살아내고' 있었다. 그리고 이러한 감내하기와 살아내기를 통해 과거와 현재, 그리고 미래를 단절이 아닌 연속적인 삶으로 이해하고 이어간다는 의미 부여를 하고 있었다.

난민으로 살아가기 경험에 대한 연구를 통해 이주민이자 난민으로서 한국 사회의 난민이 겪는 복합적이고 다층적인 문제들 또한 확인할 수 있었다. 이를 바탕으로 한국의 난민 정책에 대한 실천적 함의는 다음과 같이 제시하고자 한다.

첫째, 한국 사회는 난민을 효과적인 외국인 관리 정책으로 다루기보다 인류 보편적 인권의 실천이라는 관점에서 이들에 대한 적극적 정책적 지원을 준비해야 할 것이다. 난민은 정치, 경제, 사회, 문화적으로 총체적 삶의 위기를 겪고 있는 존재로서 이들을 보호하고 지원하는 것은 국제사회의 일원으로서 당연한 책임이다. 바로 이 점 때문에 UN은 난민협약을 통해 이들의 인간적 존엄을 존중하고 보호할 것을 회원국에 요구하고 있는 것이다. 한국도 난민협약과 난민의정서의 비준국가로서 이들을 단순히 관리의 대상으로 보고 소극적으로 개입하는 난민 정책에서 인권보호에 초점을 두는 적극적 정책 실천이 필요하다. 이는 국제사회의 책임 있는 일원으로서 정치사회적인 당위성도 있지만 이와 더불어 현재의 소극적 지원과 관리적 개입은 오히려 이들의 정착과 적응에 부정적 영향을 주고 있으며 고통을 가중하는 원인이 되고 있기 때문이다.

둘째, 난민의 현실에 부합하는 맞춤 정책지원이 필요하다. 난민은 이주과정에서 정신적 외상에 따른 심리적 고통을 호소하고, 가족과 공동체, 자기 문화와의 갑작스러운 단절로 인한 외로움 등으로 적응에 어려움을 겪고 있다. 갑작스러운 이주지만 난민신청 후 6개월 동안 직업을 가지는 것도 불법으로 되어 있어 경제적으로 빈곤한 상태에 놓이게 된다. 6개월이 지나면 난민법상으로는 구직이 가능한, 고용주에게 고용계약서를 받아야 함으로 자력으로는 취업이 불가능하다고 봐야 한다. 현재의 제도 안에서 난민은 생존 자체를 위협받고 있으며 심각한 인권침해에 노출될 개연성이 높은 만큼 난민의 특수한 상황을 고려한 정책수립과 지원이 필요하다. 실제 이들의 심리・정서적 문제를 지원할 전문 상담센터와 이주 초기에 의식주를 해결할 수 있도록 하는 지원은 가장 긴급하고 중요한 필요 중 하나이다.

셋째, 한국의 난민 문제에 대해 적극적으로 알리고 보호하고 함께 살아가는 것이 사회와 시민의 책임과 역할이라는 사회적 인식을 확장해 나가야 할 것이다. 물론 이는 난민에 국한된 것은 아니다. 한국 사회에 다양한 이주민 역시 사회 구성원으로 살아가고 있지만 이들은 다문화라는 이름으로 단순화되고 탈맥락화되면서 존재를 선명하게 드러내지 못하고 살아가고 있다. 특히 난민의 경우 자기 정체성을 인식하고 한국 사회의 구성원으로 살아가는 것은 난민이 자신의 역사를 기억하고 존재 의미를 확인하며 나아가 정체성을 수립하는 중요한 과정이 된다는 것을 확인하였다. 또한 사회가 난민의 존재를 이해하고 이들에게 관심을 가지는 것은 난민이 자신의 존재를 인식하고 자존감을 회복하는 중요한 조건이기도 하다. 따라서 난민으로서 적절한 정책적 지원과 더불어 한국 사회로부터 존중받고 지지받을 수 있는 사회적 관심과 인식 개선이 필요하다. 이는 다문화 사회로서 한국 사회의 안정적이고 평화로운 사회통합을 위해서도 필수적인 것이다.

넷째, 의식주에 국한된 정책 지원을 넘어 이들이 정치, 사회, 문화적으로 자립할 수 있는 종합적 대책과 다층적 지원이 필요하다. 난민은 단기 체류보다는 불확실성 속에서 장기적으로 정주하며 살아가게 된다. 따라서 이들의 문화적응은 난민으로서 정주하고 살아가는데 중요한 지표가 된다. 일반적으로 장기 거주 난민은 이주 및 정착 과정에서 겪은 사건들로 인해 문화적응에도 상당한 스트레스와 어려움을 겪는다(이기영 외, 2009). 한국의 난민 역시 문화적응에서 통합적 경험보다는 한국 사회에서 존재를 드러내지 못한 채 살아가고 있었다. 하지만 동시에 이들은 적극적으로 소통하고 사회 구성원으로 자신을 드러내고 함께 공존하기를 원한다. 이들은 자신의 문화적 정체성을 지키고 동시에 한국 사회 구성원으로 통합되어 살아가고자 한다. 따라서 단순한 경제적 지원에 국한되어서는 안 되며 사회 구성원으로 통합될 수 있도록 사회문화적 차원에서 다층적 지원이 요구된다.

| 참고문헌 |

강은숙(2013). "난민, 고통과 희망의 경계에 선 사람들". 『진보평론』, 55. 122-136.

고기복(2007). EU국가의 난민인정 제도. 『한·독사회과학논총』, 17(1), 37-69.

고문현(2008). "한국에서의 난민의 현황과 난민인정 절차의 개선방안". 『세계헌법연구』, 14(3). 1-24.

_____(2011). "난민수용의 실태와 인정절차". 『공법연구』, 40(1). 35-62.

김경연(2012). "마이너리티는 말할 수 있는가: 난민의 자기역사 쓰기와 내셔널 히스토리의 파열". 『인문연구』, 64. 301-336.

김광수(2010). "르완다의 국가건설과 국민통합: 르완다 제노사이드(genocide) 이후 귀환한 난민들의 정체성을 중심으로". 『한국아프리카학회지』, 31. 57-102.

김분한·김금자·박인숙 외(1999) 현상학적 연구방법의 비교고찰: Giorgi, Colaizzi, Van Kaam 방법을 중심으로, 『대한간호학회지』, 29(6), 1208-1220.

김성수(2013). 『이민과 난민: 현실, 정책, 법제의 상호작용과 변화, 한국』 토론문. 2013.6.28. 연세대학교 광복관. 이민학회/휴먼아시아/연세대 정치외교학과 동아시아연구사업단.

김성인(2013). "새 난민법 시행에 대한 우려." Amnesty Magazine. 2013. vol.3

_____(2013). "난민인권의 보장과 지방정부의 역할." 『외국인인권침해 예방 토론회』. 2013.8.29. 안산글로벌다문화센터. 경기도외국인인권지원센터.

_____(2019). "한국에서의 난민 인권운동: 예멘 난민 이전과 이후". 『한

국인권법학회』
김성환(2013). “‘1호 난민’은 한국에 없다.” 한겨레 21. 제980호. 2013.10. 07. (http://h21.hani.co.kr/arti/cover/cover_general/35462.html) (검색일: 2013.10.28.)
김종철(2012). “난민법 제정의 의미와 향후 과제”. 『월간 복지동향』, 160. 29-33.
_____(2014). “난민정의에 대한 한국판례의 비판적 고찰-“합리적인 근거 있는 우려”를 중심으로-”. 『서울국제법연구』, 21(2). 53-84.
김진희(2012). “호주사회의 국제난민을 둘러싼 다문화담론과 난민 이주민을 위한 교육”. 『Andragogy Today』, 15(3). 209-237.
김철민(2011). “보스니아 난민 문제 현황과 난민 정책에 관한 연구”, 『동유럽발칸연구』, 26(1). 409-435.
_____(2012). “난민 보호를 위한 인도주의적 개입과 현황: 마케도니아 사례를 중심으로”, 『동유럽발칸학』, 14(1). 355-390.
김철효(2010). “한국 내 난민의 경제적, 사회적 및 문화적 권리: 법률 및 정책의 현황 및 국제법에 따른 검토.” 『난민 사회권의 제도적 보장: 현황과 과제』 발제문. 2010.11.17. 국회 헌정기념관. 국회인권포럼/유엔난민기구/한양대학교.
김현미 외(2010). 「2010 한국 체류 난민 등의 실태조사 및 사회적 처우 개선을 위한 정책 방안」. 서울: 법무부 출입국・외국인정책본부.
난민인권네크워크(2019), 『한국에서 인도적 체류자로 살아가기: 인도적 체류자의 취업과 노동』.
난인인권센터(2010). 『난민을 위한 심리상담 및 실태조사』 결과 보고서, 2010.12.
난인인권센터(2012). [난민자료실] “통역, 그 언어의 벽을 넘어.” 2013.5. 7. (http://www.nancen.org/762) (검색일: 2013.10.28.)
난인인권센터(2012). [난민자료실] “난민에 대한 부실한 통역서비스는 ‘바벨탑의 저주.” 2009.5.9. (http://www.nancen.org/764) (검색일: 2013. 10.28.)

난민인권센터(2013). “국내난민현황(2013.05.31.).”(http://www.nancen.org/1029) (검색일: 2013. 10. 28)

난민인권연구회(2018), 『한국에서 난민으로 살아가기』.

남옥정(2013). “시리아 위기와 난민문제”. 『이민인종연구회』, 8. 89-96.

노영순(2013). “바다의 디아스포라, 보트피플: 한국에 들어온 2차 베트남 난민(1997-1993) 연구”. 『디아스포라연구』, 7(2). 75-108.

뉴시스(2016). “프랑스 칼레시 난민캠프 강제철거 개시…경찰난민 충돌(2016.03.01.).”(http://www.newsis.com/ar_detail/view.html?ar_id=NISX20160301_0013928581&cID=10101&pI D=10100) (검색일 2016.4.1.)

민주사회를 위한 변호사 모임 외(2004). 국내 외국인 난민 인권실태 조사 보고서. 민주사회를 위한 변호사 모임.

박병도(2002). 환경난민의 법적 지위. 『국제법학회논총』, 47(3), 121-144.

_____(2007). “우리나라 난민인정 절차의 개선방안”. 『중앙법학』, 9(2). 169-194.

박선욱(2013). “난민보호에 관한 국제법의 국내적 이행: 국내이행법률로서의 난민법에 관한 논의”. 『가천법학』, 6(3). 21-46.

박재현(2012). “난민법 시행과 난민정책.” 『난민법의 바람직한 이행을 위한 정책 심포지엄』. 국회의원회관. 2012.12.12. 국회인권포럼/유엔난민기구.

박종일, 이태정, 유승무, 박수호, 신종화(2011). “난민의 발생과 국민국가의 대응: 난민 수용 논란을 통해 본 한국의 이주자정책”. 『민주주의와 인권』, 13(1). 199-235.

박진숙, 전혜정(2009). “난민 가정의 문화 정체성에 대한 문화기술지적 사례연구”. 『한국가족관계학회지』, 14(1). 1-31.

박현정(2013). “영어 잘 가르칠 수 있는데…” 한겨레 21. 제980호. 2013. 10.07. (http://h21.hani.co.kr/arti/cover/cover_general/35459.html) (검색일: 2013.10.28)

_____(2013). “아빠, 학교에 오지마세요.” 한겨레 21. 제980호.2013.10.

07.(http://h21.hani.co.kr/arti/cover/cover_general/35460.html) (검색일: 2013.10.28.)

_____(2013). "기본권이라는 이름의 '승강기'." 한겨레 21. 제982호. 2013. 10.21. (http://h21.hani.co.kr/arti/special/special_general/35557.html) (검색일: 2013.10.28.)

법무부(2012). "[보도자료] 법무부, 난민을 위한 통역지원체계 구축." 2012. 5.23.http://www.moj.go.kr/HP/COM/bbs_03/ListShowData.do?strNbodCd=noti0005&strWrtNo=2733&strAnsNo=A&strNbodCd=noti0005&strFilePath=moj/&strRtnURL=MOJ_30200000&strOrgGbnCd=100000&strThisPage=2&strNbodCdGbn) (검색일: 2013.10.28)

법무부 출입국・외국인정책본부(2012). 「2012출입국외국인정책통계연보」.

법무부 출입국・외국인정책본부(2013). "출입국・외국인정책통계월보 2013년 9월호

법무부 출입국・외국인정책본부(2015). "출입국・외국인정책통계월보" 2015년 11월호

사회갈등연구소, 바꿈.(2018). "난민 관련 사회갈등 해소와 사회적 합의 도출을 위한 공통과제와 방향", 『국회정책토론회 자료집』.

사토 노리코(2011). "시리아의 인도지원과 이라크 기독교도 난민들: 인도지원 수령자와 공급자가 담당하는 지원 사업에의 기대". 『교육인류학연구』, 14(3). 197-230.

서울지방변호사회(2018). "난민사건 법률지원 매뉴얼".

송영훈(2019). "제주 예멘 난민신청과 난민담론". 『국제이해교육연구』, 14. 9-38.

송종호(2005). "세계 난민 실태." 『민족연구』, 31-47.

신경림 외(2004). 질적연구방법론. 서울: 이화여자대학교 출판부.

안성경, 윤이숙(2013). "난민의 지위와 인정 절차의 법제화에 대한 비판적 검토: 독일 난민법과 비교를 중심으로" 『유럽헌법연구』, 13. 127-150.

안현의((2007). "복합외상(complex trauma)의 개념과 경험적 근거", 『한국

심리학회지』 Vol.26, No.1. p.106.
어필(2013). [보도자료] "난민법 시행령(안)의 개선 필요성." 2013.6.19.
엄지원(2013). "혐오시설된 난민지원센터." 한겨레 21. 제981호. 2013.10.14. (http://h21.hani.co.kr/arti/special/special_general/35506.html)(검색일: 2013.10.28.)
오경석(2011). "재한줌머인연대(Jumma People's Network in Korea)와 미디어의 재현". 『다문화 사회연구』, 4(2). 71-101.
오승진(2012). "난민법 제정의 의의와 문제점". 『국제법학회논총』, 57(2). 91-112.
유나래(2014). "공동체 기반의 예술치료를 통한 국내 아프리카 난민 여성들의 외상치유에 대한 집단사례연구". 『미술치료연구』, 21(2). 331-361.
유은정(2012). "The Current State of Refugee, Refugee Law and Integration Policy in Korea". 『법한논총』, 25(1). 215-254.
이광수(2007). "1947년 인도아대륙 분단과 '파키스탄 난민'의 정체성 변화: 델리를 중심으로". 『역사비평』, 81. 338-363.
이기영 · 박영희 · 엄태완 외(2009). 이주 난민의 정신건강과 상담. 서울: 나눔의 집.
이용호(2007). 난민의 개념과 그 보호. 『국제법학회논총』, 52(2), 311-338.
이병렬, 김희자(2011). "캐나다, 호주, 독일, 프랑스 난민정책의 특성에 대한 연구." 『한국 사회정책』, 18(2). 33-68.
이상국(2009). "난민촌 밖으로: 카렌족 난민과 외부 세계의 연계에 관한 연구." 『국제지역연구』, 18(2). 79-112.
_____(2013). "태국 거주 미얀마 카렌족 난민의 생계추구 양상에 관한 연구: 국가, 국제구호기구, 지역사회 간의 관계를 중심으로". 『동남아연구』, 22(2). 207-234.
이용호(2007). "난민의 개념과 그 보호". 『국제법학회논총』, 52(2). 311-338.
이재강(2014). "출입국항에서의 난민인정신청 문제에 대한 검토". 『법학연구』, 24(1). 297-341.

이채문(2012). “타지키스탄 내전과 고려인의 난민이주 및 정착: 러시아 볼고그라드 지역을 중심으로”. 『한국시베리아연구』, 16(1). 147-183.
이호택(2005). 한국의 난민 실태. 『민족연구』, 48-68.
_____(2012). “난미법의 바람직한 이행을 위한 제언: 난민/인도적체류자/난민신청자의 처우 및 난민지원시설의 운영.” 『난민법의 바람직한 이행을 위한 정책 심포지엄』. 국회의원회관. 2012.12.12. 국회인권포럼/유엔난민기구.
임아영(2011). “난민신청 4년 지나 ‘불허’ 통지… 알고 보니 엉터리 통역 때문.” 경향신문. 2011.6.15.(http://news.khan.co.kr/kh_news/khan_art_view.html?artid=201106152150015&code=940100) (검색일: 2013.10.28.)
장복희(2003). “국제난민법의 국내적 이행”. 『사회과학연구』, 19, 241-257.
_____(2007). “국제법상 난민보호와 국내법제도 개선—출입국관리법안을 중심으로—”. 『법조』, 56(2). 145-168.
_____(2009). “국제인권법에서 바라본 단일 난민법 제정의 의의”. 『저스티스』, 110. 280-301.
정진경 · 양계민(2004). 문화적응이론의 전개와 현황. 『한국심리학회지』, 24(1), 101.
정복희(2009). 국제인권법에서 바라본 단일 난민법 제정의 의의. 『저스티스』, 110, 280-301.
채현영(2013). “유엔난민기구의 역할과 난민지원, 국제법과 난민법.” 『난민법률지원 커뮤니티 실무교육』 발제문. 2013.03.28. 변호사 교육문화관. 대한변호사협회/대한변협인권재단.
한건수(2014). “한국 에티오피아 이주민의 이주 동학: 경향, 유형 및 난민 연계”. 『사회과학연구』, 38(2). 182-209.
한겨레 21. “어디서 살고 있나.” 한겨레 21. 제980호. 2013.10.07. (http://h21.hani.co.kr/arti/cover/cover_general/35461.html)(검색일: 2013.10.28.)
홍성하(2002). 질적 연구와 현상학. 『대동철학회논문집』, 19, 209-225.
황필규(2009). “한국의 이주민 법제의 시각과 관련 쟁점.” 『조선대 법학논

총』, 제16집 제1호. pp. 7-10.

황필규(2013). “난민법 제정의 의의와 경위.” 『이민과 난민: 현실, 정책, 법제의 상호작용과 변화, 한국』 발제문. 2013.6.28. 연세대학교 광복관. 이민학회/휴먼아시아/연세대 정치외교학과 동아시아연구사업단.

Åberg, Ingvill Bjørnstad(2010). Place, Identity, Power and Agency: Refugees on the Thai-Burmese Border. Lap Lambert Academic Publishing.

Anderson, A.(2004). Issues of Migration, in Educational Interventions for Refugee Children, eds Richard Hamilton and Dennis Moore, RoutledgeFalmer, London UK, pp. 64-82.

Asylum Officer Basic Training Course(2002), Participant Workbook, US citizenship and immigration services—RAIO—asylum division. December 5, 2002

Bustamante, J(1998). Working paper of the working group of intergove rnmental experts on the human rights of migrants, UN Doc. E/CN.4/AC.46/1998/5, para.28.

Changrok Soh, Breda Lund(2014). “The Refugee Act of Korea: the Limits of Civil Society Influence”. 『한국정치학회보』, 48(3). 5-29.

Camino, Linda A. and Krufeld Ruth M(1994). “Introduction” in Camino, Linda A. and Krufeld Ruth M. 1994. Reconstructing Lives, Recapturing Meaning. Refugee Identity, Gender and Cultural Change. Basel: Gordon and Breach Silence Publishers S.A.

Cole, Ester(1998). Immigrant and refugee children: challenges and opportunities for education and mental health services. Canadian Journal of School Psychology, 14(1). 36.

Committee on Economic, Social and Cultural Rights (CESCR) (1999).

General Comment No. 12. para.13.

Demirdjian, Lala(2012). Education, Refugees and Asylum Seekers: Education as a Humanitarian Response. Continuum International Publishing Group.

Djuraskovic, Ivana & Arthur, Nancy(2009). The Acculturation of Former Yugoslavian Refugees. Canadian Journal of Counseling, 43(1), 18-34.

EcoFemme(2012). 『난민과 난민 활동가를 위한 난민인권교육 매뉴얼』.

Edward, A.(2009). "Human Security and the Rights of Refugees: Transcending Territorial and Disciplinary Borders". Michigan Journal of International Law. vol.31. no.3. pp.792-795.

Elwyn, H. et al(2012). "I just want to study": Access to Higher Education for Young Refugees and Asylum Seekers. Refugee Support Network. (Refugeesupportnetwork.org/sites/all/sites/default/files/files/I%20just%20want%20to%20study(1).pdf)(검색일: 2013.10.28.)

Her, Vincent K. & Buley-Meissner, Mary Louise(2012). Hmong and American: From Refugees to Citizens. Minnesota Historical Society Press.

IOM(2012). 『한국 난민정책의 방향성과 정책의제 연구』.

Knezevic Branis & Olson, Seth(2014). Counseling People Displaced by War: Experiences of Refugees from the Former Yugoslavia. The Professional Counselor. 4(4). 316-331.

Kuhlman, T(1991). The economic integration of refugees in developing countries: A research model. Journal of Refugee Studies, 4, 1-20.

Lin, Nancy J; Suyemoto, Karen L; Kiang, Peter Nien-chu(2009). Education as Catalyst for Intergenerational Refugee Family Communication About War and Trauma. Communication Disorders

Quarterly, 30(4). 195-207.

Montgomery, J. R(1996). Components of refugee adaptation. The International Migration Review, 30(3), 679-702.

Potocky-Tripodi, Miriam(2003). Refugee Economic Adaptation. Journal of Social Service Research, 30(1), 63-91.

Qumri, Samia(2012). Iraqi Refugee Children's Quest for Education in Jordan. Peace Review: A Journal of Social Justice, 24(2). 195-201.

Simich, Laura(2003). Negotiating Boundaries of Refugee Resettlement: A Study of Settlement Patterns and Social Support. The Canadian Review of Sociology and Anthropology, 40(5). 575-591.

Smith, Yda J(2012). Resettlement of Somali Bantu Refugees in an Era of Economic Globalization. Journal of Refugee Studies. 26(3). 477-494.

Taylor, Sandra & Sidhu, Ravinder Kaur(2012). Supporting refugee students in schools: what constitutes inclusive education? International Journal of Inclusive Education, 16(1), 39-56.

Vrecer, Natalija(2010). Living in Limbo: Integration of Forced Migrants from Bosnia and Herzegovina in Slovenia. Journal of Refugee Studies. 23(4). 484-502.

Žmegač, Jasna Čapo(2007). Strangers Either Way: the lives of Croatian refugees in their New Home, New York/Oxford: Berghanhn Boo.

<웹사이트>

피난처 http://www.pnan.org/new/sub/info.html

난민인권센터 www.nancen.org

아산재단연구총서

001 전환기의 중국경제
김윤환 외 | 단국대 경제학과

002 폴란드 경제의 변천 개혁과 그 전망
김광수 | 숭실대 경제학과

003 재소한인
이광규 외 | 서울대 인류학과

004 소련산림과 임업
홍성천 외 | 경북대 임학과

005 아세안의 정치경제
김국진 외 | 외교안보연구원

006 태국의 사회변동과 경제발전
최석만 외 | 전남대 사회학과

007 중국의 사회경제 통계분석
신한풍 외 | 고려대 통계학과

008 중국의 정치와 경제
박두복 외 | 외교안보연구원

009 동유럽의 개혁과 시장경제의 도입
허만 외 | 부산대 사범대학

010 동유럽의 개혁운동
박영신 | 연세대 사회학과

011 현대 러시아 연구
기연수 외 | 한국외대 노어과

012 전략적 선택과 기업의 국제경쟁력
이장호 | 서강대 경영대학

013 협동사회의 정착과 정부의 역할
이종범 외 | 고려대 행정학과

014 한국 제조기업 생산성의 동적 분석
노부호 외 | 중앙대 경영대학

015 분배의 정의
변형윤 외 | 서울대 경제학과

016 도덕적 행동의 강화
이훈구 외 | 연세대 심리학과

017 관료부패와 통제
김해동 외 | 서울대 행정대학원

018 한국경제의 내실 있는 성장
정창영 외 | 연세대 경제학과

019 한국국민정신운동의 역사와 발전방향
박수명 외 | 부산대 사범대학

020 한국대학생의 가치성향과 상담효과
이영희 외 | 숙명여대 교육학과

021 가출청소년과 학교관리체제
안창규 외 | 부산대 교육학과

022 동북아 정세변화와 한 · 일관계
한승조 외 | 고려대 정치외교학과

023 언론과 부정부패
정대철 외 | 한양대 신문방송학과

024 한국의 고등학교 교육
이원호 외 | 부산대 교육학과

025 가족과 방송
김학수 외 | 서강대 신문방송학과

026 재정개혁의 전망과 재산세제의 개편과제
오연천 | 서울대 행정대학원

027 청소년을 위한 전자게임 프로그램의 규제 및 평가체계 개발
박혜원 외 | 울산대 가정관리학과

028 정신장애자 가족의 사회심리적 특성
이근후 외 | 이화여대 의과대학

029 가족의 관계역동성과 문제인식
이광규 외 | 서울대 인류학과

030 현대인과 한국전통음식
승정자 | 숙명여대 식품영양학과

031 기업의 초고속정보통신망활용
안중호 | 서울대 경영학과

032 지역발전을 위한 교육자치제의 개선방안
김남순 | 조선대 사범대학

033 전환기의 공무원 가치관
조경호 | 울산대 행정학과

034 지방자치와 사회복지의 과제
김영모 | 중앙대 사회복지학과

035 WTO체제하의 지방중소기업 지원정책
최명주 외 | 계명대 통상학부

036 현대한국의 시민운동
이효선 | 중앙대 사회학과

037 기업 세계화의 단계 및 정도의 측정
허영도 외 | 울산대 경영학과

038 가족복지를 위한 가족주치의 시범사업의 효과
이혜리 외 | 연세대 가정의학교실

039 한국대학생의 삶의 만족도
김재은 외 | 이화여대 교육심리학과

040 지역경제와 지역산업구조의 개편방향
정기화 외 | 전남대 경제학부

041 중국기업의 소유형태별 경영특성
노철화 외 | 부산대 무역학과

042 남북한의 인성 · 사상교육
한승조 외 | 고려대 정치외교학과

043 연계적 뇌기능 조언을 위한 의료용 멀티미디어 시스템의 설계
유선국 | 연세대 의용공학교실

044 다민족국가의 민족문제와 한인사회
최협 외 | 전남대 인류학과

045 저소득층지역 청소년 여가문화와 소집단 활성화
박문수 외 | 서강대 사회학과

046 삶의 질의 국제비교와 지역간 비교분석
이재기 외 | 울산대 경제학과

047 21세기 지역주민의 삶의 질
양종회 외 | 성균관대 사회학과

048 삶의 질에 대한 국가간 비교
조명한 외 | 서울대 심리학과

049 외국인 노동자의 노사관계와 사회적 적응
석현호 외 | 성균관대 사회학과

050 한국의 사법제도와 발전 모델
정종섭 | 건국대 법학과

051 고령화사회와 중상층 노인의 사회활동
조성남 외 | 이화여대 사회학과

052 한국의 서비스 시장 개방정책
한홍렬 | 한양대 경제학부

053 한국과 AFTA간의 교역증진 및 경제 협력방안
손일태 외 | 경희대 경제통상학부

054 물류비 절감을 위한 무역업체의 정보화전략
이영수 외 | 경북대 경제통상학부

055 사회주의 체제전환과 사회정책
오정수 외 | 충남대 사회복지학과

056 남북통일 이후 농업생산체계 개편
홍성규 외 | 건국대 농업경제학과

057 국제화와 세계화
하영선 외 | 서울대 외교학과

058 IMF 개혁정책의 평가와 한국경제의 신(新) 패러다임
조동근 | 명지대 경제학과

059 구조개혁과 실업대책
박동운 | 단국대 경제무역학부

060 21세기 신노사관계
심윤종 외 | 성균관대 사회학과

061 학교에서의 집단 따돌림
이춘재 외 | 가톨릭대 심리학과

062 한국노인의 정신건강실태와 건강증진
조맹제 외 | 서울대 의과대학

063 혁명과 개혁 속의 중국 농민
김광억 | 서울대 인류학과

064 중국의 경제환경과 한국기업의 진출 전략
지용희 외 | 서강대 경영학과

065 김대중 대통령의 시스템 사고
김동환 | 중앙대 공공정책학부

066 실업과 가족해체
최일섭 외 | 서울대 사회복지학과

067 합리적 부채비율 조정방안
오상근 | 동아대 경제학과

068 한국 중산층의 생활문화
문숙재 외 | 이화여대 소비자 · 인간발달학과

069 계층간 갈등상태에서 최적소득세
김진욱 | 건국대 경상학부

070 글로벌 경쟁력 제고를 위한 기업전략과 조직구축
이만우 외 | 고려대 경영학과

071 의료보험과 국민연금의 관리효율화를 위한 통합방안
사공진 외 | 한양대 경제학부

072 정부개혁의 과제와 전략
박우서 외 | 연세대 행정학과

073 책임운영기관 제도에 관한 비교분석
김근세 | 가톨릭대 행정학과

074 새로운 패러다임하에서의 한국기업의 바람직한 지배구조
최운열 외 | 서강대 경영학과

075 현대 한국사회의 계층구조
양춘 외 | 고려대 사회학과

076 한국의 산업정책과 산업구조조정
강인수 | 숙명여대 경제학부

077 기업구조조정
김석진 | 경북대 경영학부

078 지식경영을 위한 인적자원 개발 및 관리체계
장영철 | 경희대 경영학부

079 뉴 비즈니스 모델
전성현 | 국민대 정보관리학부

080 중산층의 정체성과 소비문화
함인희 외 | 이화여대 사회학과

081 외국관광객 유치를 위한 마케팅 전략
박상규 | 강원대 경영학과

082 한국인의 세대별 문학의식
이동순 | 영남대 국문과

083 공공부문의 효율성 평가와 측정
김재홍 외 | 울산대 사회과학부

084 한국 청소년의 정치의식과 형성요인
김광웅 외 | 숙명여대 아동복지학과

085 한국 대학생의 정치의식
배한동 | 경북대 윤리교육과

086 산업의 정보화와 산업발전
이기동 | 계명대 통상학부

087 한국 제조업의 고용조정 분석
이종원 외 | 성균관대 경제학부

088 지식자산에 대한 경영전략적 평가모형 개발
배재학 외 | 울산대 컴퓨터 · 정보통신공학부

089 관광사업을 위한 한국적 이미지의 휴식복 개발
채금석 | 숙명여대 의류학과

090 한국 정치제도의 개혁
신정현 | 경희대 사회과학부

091 e비즈니스와 아웃소싱 전략
정승화 외 | 연세대 경영학과

092 집단 따돌림의 진단 및 치료방안
홍준표 | 중앙대 인간생활환경학과

093 16대 총선과 낙선운동
조기숙 | 이화여대 국제대학원

094 부동층 유권자 행태 분석
진영재 | 연세대 정치외교학과

095 사이버 공동체의 성공요인
이재관 | 숭실대 경영학부

096 온라인 소비자 행동의 이론과 실증
윤성준 | 경기대 경영학부

097 글로벌 시대 정약용 세계관의 가능성과 한계
차성환 | 한일장신대 역사사회학과

098 러시아의 체제전환 과정에서 나타난 국가의 역할과 그 전망
이상민 외 | 부산대 정치외교학과

099 남북한의 경제발전 수준과 산업구조 비교, 그리고 경제교류 협력방향
주성환 | 건국대 경제학과

100 집단따돌림과 교육해체
한준상 | 연세대 교육학과

101 공적연금제도의 효율성과 개선방안
유금록 | 군산대 행정복지학부

102 벤처기업-대기업의 성공적인 협력 모델
나중덕 | 경산대 경영학과

103 북한의 재외동포정책
조정남 외 | 고려대 정치외교학과

104 사이버 공동체 형성의 역동적 모형
장용호 | 서강대 신문방송학과

105 기업이론과 기업의 소유지배구조
김일태 외 | 전남대 경제학부

106 가축분뇨 자원화를 위한 공동이용 조직에 대한 농가선호도 분석
유덕기 | 동국대 생명자원경제학과

107 개혁정책과 전문가 집단
이경원 외 | 제주대 행정학과

108 현대 한국사회의 이중가치체계
신수진 외 | 이화여대 가정관리학과

109 한국의 산업구조 변화와 기업집단 다각화 전략
김용학 외 | 연세대 사회학과

110 지식정보사회의 경제적 모형 설정 및 사례 연구
김범환 | 배재대 경영정보학부

111 변호사징계제도
오종근 | 한림대 법학부

112 인터넷 특허법
김순석 | 광주대 법학과

113 e-비즈니스 시대의 금융 및 재정정책의 새로운 패러다임
이종욱 | 서울여대 경제학과

114 청소년의 하위문화와 정체성
조성남 | 이화여대 사회학과

115 디지털금융시대의 금융구조변화와 정부규제 및 정책
이충열 | 고려대 경제학부

116 지식경영을 위한 기업의 조직설계방안
김경수 외 | 전남대 경영학과

117 전자금융의 발달과 경제정책의 새로운 패러다임
이명훈 | 명지대 경제학과

118 동아시아의 안보와 유엔체제
강성학 편저 | 고려대 정치외교학과

119 유료 치매노인 그룹홈의 개발과 관련 정책
최정신 외 | 가톨릭대 소비자 · 주거학과

120 소비자 지향적 문화산업 정책
홍영준 | 호남대 광고홍보학과

121 국제 · 국가 · 지방 환경규제의 연계
정준금 외 | 울산대 행정학과

122 현행 회사 합병 · 분할제도의 평가와 개선방안
옥무석 외 | 이화여대 법학과

123 배려지향적 도덕성과 정의지향적 도덕성
정옥분 외 | 고려대 사범대학

124 기업구조조정에 대한 채권금융기관 및 금융감독기관의 역할과 책임
이중기 | 한림대 법학과

125 실업대책으로서 한국의 법정기준근로 시간 단축
박영범 | 한성대 경제학과

126 프랑스어의 비분리성 소유개념 표현
노윤채 | 연세대 언어정보연구원

127 지방채의 효율적 관리방안
강태구 | 호원대 법행정학부

128 21세기 산업구조 변화와 과학기술정책
임채성 외 | 그리스도신학대 경영정보학부

129 인터넷 쇼핑몰 이용자의 불평행동
예종석 | 한양대 경영학부

130 한국기업의 성과급제도 현황, 효과 및 개선방안
김성수 | 서울대 경영학과

131 전자상거래와 소비자보호
서민교 외 | 경일대 인터넷국제통상학과

132 평생학습 사회에서의 인적자원개발을 위한 사회적 파트너십 구축
김영화 | 홍익대 교육학과

133 한국 공교육의 새로운 구상과 전략
권대봉 외 | 고려대 교육학과

134 한국의 정부개혁
김태룡 | 상지대 행정학과

135 지방정부 생산성 측정의 이론과 실제
이은국 외 | 연세대 행정학과

136 불가 시문학론
배규범 | 경희대 학술연구 교수

137 남북경제교류의 법적 문제
제성호 | 중앙대 법학과

138 경제위기와 청소년 발달
구인회 | 서울대 사회복지학과

139 생명과학기술의 응용과 기본권보호적 한계
정상기 외 | 한남대 법학과

140 경제발전과 정치환경의 한 · 일 비교분석
정갑영 외 | 연세대 동서문제연구원

141 한국 공교육의 진단
윤정일 외 | 서울대 교육학과

142 우리나라 지방자치 발전을 위한 자치단체장의 역할
정성호 외 | 경기대 사회과학부

143 의료보험제도의 개혁방안
권순원 | 덕성여대 경제학과

144 중등 도덕교육의 현실과 문제
손동현 외 | 성균관대 철학과

145 사이버공동체 발전론
이명식 | 상명대 경영학과

146 남북경협 확대에 대비한 북한 담보제도의 정비방안
박훤일 | 경희대 법과대학

147 한국 공무원 인사제도 개혁
김판석 | 연세대 행정학과

148 교사화법 교육
임칠성 외 | 전남대 국어교육과

149 세계화의 문화정치학
임혁백 외 | 고려대 정치외교학과

150 효과적인 e-SCM을 위한 의사결정조정 시스템 모형
이원준 | 성균관대 경영학부

151 환경거버넌스
김종순 외 | 건국대 행정학과

152 자동차산업의 인적자원관리
이덕로 | 서원대 경영학부

153 한국과 영국 간 지식기반산업 비교
이명호 | 한국외대 경영학과

154 한국 벤처기업의 기술네트워킹 및 기술마케팅 전략
장영일 | 인제대 경영학부

155 회사변호사의 윤리
오승종 | 성균관대 법과대학

156 미디어교육론
이정춘 | 중앙대 신문방송학과

157 조선시대 서원과 양반
윤희면 | 전남대 역사교육과

158 환경문제와 철학
박찬국 | 서울대 철학과

159 노인보건복지 이론과 실제
김명 외 | 이화여대 보건교육학과

160 북한의 법체계
권재열 외 | 숭실대 법학과

161 생명공학기술의 안전성 확보에 관한 법적 고찰
이재협 | 경희대 법학부

162 청소년복지학
김성이 외 | 이화여대 사회복지학과

163 변화하는 세계, 변화하는 복지국가
조영훈 | 동의대 사회복지학과

164 의리의 윤리와 한국의 유교문화
김낙진 | 진주교대 도덕교육과

165 미국의 통상정책과 통상법
윤충원 | 전북대 무역학과

166 사회복지 프로그램 평가
김학주 | 경상대 사회복지학과

167 환경주의와 지속가능한 발전
정대연 | 제주대 사회학과

168 무역과 환경
김기홍 외 | 경기대 경제학부

169 산업계 유해폐기물의 위험과 관리
김금수 | 호서대 경상학부

170 백범 김구의 지적 계발과정 탐색
문용린 | 서울대 교육학과

171 태평양전쟁 발발 이후 일제의 인적 지배와 그리스도교계의 대응
윤선자 | 전남대 사학과

172 거버넌스 상황에서 갈등관리를 위한 대체적 분쟁해결제도
서순복 | 광주대 법정학부

173 시장경제의 유형과 민주주의
최배근 | 건국대 경상학부

174 일본고전소설 총론
김현정 | 국립한국전통문화학교

175 국어 교육을 위한 국어 문법론
이관규 | 홍익대 국어교육과

176 율곡의 군주론
전세영 | 부산교대 윤리교육과

177 동북아시아 환경협력
정서용 | 명지대 법학과

178 기후변화협약과 기후정책
신의순 외 | 연세대 경제학과

179 인터넷과 국제 학술정보 네트워크-하이퍼링크 분석
박한우 | 영남대 언론정보학과

180 국내 기업복지의 활성화 방안
최수찬 | 연세대 사회복지대학원

181 세계화와 인간안보
김우상 외 | 연세대 정치외교학과

182 세계문화유산 종묘 이야기
지두환 | 국민대 국사학과

183 한국 평생교육의 사회철학적 과제
곽삼근 | 이화여대 교육학과

184 강점모델
정순둘 | 이화여대 사회복지학과

185 글로벌시대의 계약법
박영복 | 한국외대 법과대학

186 배심제와 시민의 사법참여
안경환 | 서울대 법학과

187 동북아공동체
김재한 | 한림대 정치외교학과

188 정치 참여와 탈물질주의
김욱 | 배재대 정치외교학과

189 퍼지전문가회로망을 이용한 금융기관의 사이버 기업여신결정 지원시스템의 개발
권혁대 | 목원대 경영학과

190 환경정책과 환경법
송인성 | 전남대 지역개발학과

191 포스트모던 시대의 평생교육학
한숭희 | 서울대 교육학과

192 현대 한국인의 세대경험과 문화
박길성 외 | 고려대 사회학과

193 서구의 근로연계복지
김종일 | 건국대 사회복지학과

194 사회복지운동론
현외성 | 경남대 사회복지학과

195 외국의 역모기지 사례
유선종 | 건국대 부동산학과

196 옛이야기와 어린이문학
이지호 | 진주교대 국어교육학과

197 노인사회복지관광의 정책과제와 방안
김창수 | 경기대 관광학부

198 복지서비스의 민간위탁 시스템 분석
김순양 | 영남대 행정학부

199 새로운 빈곤층의 대두와 정부의 정책과제
김진욱 | 건국대 경제학과

200 문화행정론
김정수 | 한양대 행정학과

201 스칸디나비아 노인용 코하우징의 계획과 적용
최정신 외 | 가톨릭대 생활과학부

202 북한의 자연생태계
공우석 | 경희대 지리학과

203 통계로 이해하는 러시아
전홍찬 | 부산대 정치외교학과

204 사회복지법인의 경영과 회계
이동규 | 충남대 회계학과

205 의약분업 정책과정
차흥봉 | 한림대 사회복지학과

206 지역공동체와 평생교육
오혁진 | 동의대 평생교육학부

207 아동보호서비스의 실제
한미현 | 백석대 사회복지학부

208 그린마케팅
박재기 | 충남대 경영학부

209 아동권리와 아동복지
이혜원 | 성공회대 사회복지학과

210 국제 이주와 인도인 디아스포라
김경학 | 전남대 인류학과

211 질병과 의료의 사회학
조병희 | 서울대 보건대학원

212 북한이탈주민의 사회통합을 위한 지역복지실천의 모색
이기영 | 부산대 사회복지학과

213 치매노인케어론
조유향 | 초당대 간호학과

214 노인상담입문
서혜경 외 | 한림대 대학원 사회복지학과

215 '통일 이후 통일과정'으로서의 독일 통일영화
이준서 | 이화여대 독어독문학과

216 중국의 사회보장
오정수 | 충남대 사회복지학과

217 환경자원의 경제적 가치와 환경오염의 사회적 비용
김재홍 | 울산대 사회과학부

218 사회복지프로그램의 경제적 평가방법
박창제 외 | 상주대 사회복지학과

219 자유의지와 결정론
안건훈 | 강원대 철학과

220 심리학자들이 쓴 행복한 결혼의 심리학
채규만 외 | 성신여대 심리학과

221 현대 해석학 강의
양해림 | 충남대 철학과

222 한국인의 주거 빈곤과 공공주택
하성규 | 중앙대 도시및지역계획학과

223 IMF 경제위기와 한국 출산력의 변화
김두섭 | 한양대 사회학과

224 동아시아의 영토분쟁과 국제법
이석우 | 인하대 법학부

225 독일 복지국가와 사회복지서비스
정재훈 | 서울여대 사회사업학과

226 사회복지사를 위한 실용 비모수통계
엄명용 | 성균관대 사회복지학과

227 피해자학 연구
이윤호 | 동국대 경찰행정학과

228 광고언어창작론
박영준 외 | 부경대 국어국문학과

229 환경규제 패러다임의 전환
한철 | 한남대 법학과

230 고령사회의 노동환경변화와 고용 시스템의 문제점 및 법적 대응
고준기 | 국립군산대 법학과

231 세계화와 소득불평등
이성균 외 | 울산대 사회과학부

232 유비쿼터스 사회의 이해
안중호 외 | 서울대 경영학과

233 국제환경책임법론
박병도 | 건국대 법학과

234 한국의 선거와 민주주의
윤종빈 | 명지대 정치외교학과

235 한국 시민운동의 구조와 동학
조대엽 외 | 고려대 사회학과

236 또래관계
송영혜 | 대구대 재활심리학과

237 해외 한국기업과 현지인 노동자
석현호 외 | 에스코이어학술문화재단

238 독일 국가복지에서 민간복지단체의 역할과 의미
차성환 외 | 한일장신대 사회복지학부

239 청정공학
조정호 | 동양대 생명화학공학과

240 한국전통연희론
심상교 | 부산교육대 국어교육학과

241 정신장애와 가족
서미경 | 경상대 사회복지학부

242 빈곤통계의 작성과 활용
김주환 | 동국대 정보통계학과

243 인터넷과 한국정치
강원택 | 숭실대 정치외교학과

244 북한의 시장경제이행
정영화 외 | 서경대 법학과

245 시스템사고로 본 지속가능한 도시
문태훈 | 중앙대 도시및지역계획학과

246 실버산업과 유비쿼터스 컴퓨팅
고일상 | 전남대 경영학부

247 재활상담과 사례관리
나운환 | 대구대 직업재활학과

248 영유아교육기관에서의 장애 이해 교육
유수옥 | 우석대 유아특수교육과

249 장애의 사회적 의미와 사회통합
박수경 | 대진대 사회복지학과

250 경제분석의 수리적 기초
조인성 | 공주대 경제통상학부

251 비영리부문의 비교연구
김승현 | 서울산업대 행정학과

252 고등교육경제학
반상진 | 전북대 교육학과

253 과학윤리교육의 이론과 방법
조희형 | 강원대 과학교육학부

254 결혼이민자가족의 이해
김오남 | 대불대 사회복지학과

255 동아시아 국가의 공공부조
신동면 | 경희대 사회과학부

256 특수아동 진단 및 평가
이나미 | 대불대 특수교육과

257 계약형 사회복지와 권리옹호시스템
이명현 | 경북대 상주캠퍼스 사회복지학과

258 실내공기질 및 위해성 관리
양원호 | 대구가톨릭대 산업보건학과

259 충남 방언 문법
한영목 | 충남대 국어국문학과

260 교육권론
노기호 | 군산대 법학과

261 도시경관계획론
임승빈 | 서울대 조경 · 지역시스템공학부

262 교통의 새로운 패러다임
김형철 | 경원대 도시계획 · 조경학부

263 노인의 삶의 질 향상을 위한 주거환경 디자인
천진희 | 상명대 디자인대학 실내디자인전공

264 사회복지와 문화
박병현 | 부산대 사회복지학과

265 장애인복지의 이론과 실제
이선우 | 인제대 사회복지학과

266 창의성 개발을 위한 디자인교육 콘텐츠
김선영 | 인천가톨릭대 조형예술대학 환경디자인학과

267 구성주의 사회복지 실천 기술론
고미영 | 서울신학대 사회복지학과

268 장애아교육학
김기흥 | 부산교육대 유아교육과

269 지역사회복지와 자원부문
한상진 외 | 울산대 사회학과

270 환경관리회계
육근효 | 부산외국어대 회계학부

271 인권 관점에서 보는 장애인복지
유동철 | 동의대 사회복지학과

272 정신증상
송지영 | 경희대 의과대학병원 신경정신과

273 사이버공간의 사회심리학
이성식 외 | 숭실대 정보사회학과

274 노인에 대한 사회적 돌봄과 돌봄서비스의 질 보장
최희경 | 신라대 가족노인복지학과

275 아동 심리치료의 실제
신현균 | 전남대 심리학과

276 사회복지와 위험관리
노충래 | 이화여대 사회복지전문대학원

277 국제 탄소시장의 이해
양승룡 | 고려대 식품자원경제학과

278 타자의 초상
신문수 | 서울대 영어교육과

279 한국정치와 환경정치
나정원 | 강원대 정치외교학과

280 북한이주민
윤인진 | 고려대 사회학과

281 음주의 사회경제적 비용
정우진 외 | 연세대 보건대학원

282 지방정치와 동북아 도시거버넌스
박재욱 | 신라대 행정학과

283 노숙인 복지론
남기철 | 동덕여대 사회복지학과

284 유럽통합과정과 지역협력
이규영 | 서강대 국제대학원

285 사회복지재정 연구
지은구 | 계명대 사회과학대학 사회복지학과

286 지역사회 교육개혁을 위한 시민사회 조직의 참여
김영화 | 홍익대 교육학과

287 복지사회를 대비한 국민연금의 구조개혁
박영석 외 | 서강대 경영학부

288 한미 FTA 지재권 협상에 따른 의약품 분야 사회후생 변화
오근엽 | 충남대 무역학과

289 산업입지, 환경 그리고 지역경제
이기동 외 | 계명대 국제통상학과

290 감성지능 개발을 통한 삶의 질 향상
김경수 외 | 전남대 경영학부

291 교육복지론
이용교 외 | 광주대 사회복지학부

292 인간과 행복에 대한 철학적 성찰
박찬국 | 서울대 철학과

293 유럽연합의 사회통합 사례와 교훈
이무성 | 명지대 정치외교학과

294 민영화와 사회후생
이상호 | 전남대 경제학부

295 북한의 교육학 체계 연구
최영표 외 | 동신대 교육대학원

296 한국 지속가능발전의 구조와 변동
정대연 | 제주대 사회학과

297 우리나라의 공익 연계 마케팅에 관한 연구
임승희 | 전주대 경영학부

298 시각장애인복지론
김영일 | 조선대 특수교육과

299 그린에너지와 환경촉매
정석진 | 경희대 화학공학과

300 취약학교 초등학생을 위한 온라인 보건교육 프로그램
박경옥 | 이화여대 보건관리학과

301 신탁제도를 통한 고령자의 보호와 지원
최수정 | 서강대 법학전문대학원

302 사회적 약자계층에 대한 실태분석 및 정책방안
이은우 외 | 울산대 경제학과

303 한류 문화와 동북아 공동체
최혜실 | 경희대 국어국문학과

304 노동유연화와 해고보호법
권혁 | 부산대 법학전문대학원

305 사회복지 위험관리의 이해
박미은 | 한남대 사회복지학과

306 의료기관의 회계와 세무
노준화 | 충남대 경영학부

307 여성인적자원의 전문성 확보를 위한 경력개발
백지연 | 이화여대 국제사무학과

308 정신병리
강선경 | 서강대 신학대학원

309 바다의 반란 적조
윤양호 | 전남대 해양기술학부

310 한국 장애인 복지 발달사
이성규 | 서울시립대 사회복지학과

311 서양예술 속의 동양 탐색
진상범 | 전북대 독어독문학과

312 한국인의 도덕성 발달 진단
문용린 | 서울대 교육학과

313 영국정치와 국가복지
고세훈 | 고려대 공공행정학부

314 인간학적 사유를 여는 중도 · 중복장애 교육학
이숙정 | 단국대 특수교육과

315 개별화 교육과정
이소현 | 이화여대 특수교육과

316 인간의 긍정적 성품
권석만 | 서울대 심리학과

317 지방자치와 지역여성의 전망
이혜숙 | 경상대 사회학과

318 한국 현대 노년소설 연구
전흥남 | 한려대 교양학부

319 정보격차 해소를 위한 창의적 정보교육 프로그램
이영준 외 | 한국교원대 컴퓨터교육과

320 한국 가족과 젠더
손승영 | 동덕여대 교양학부

321 한국의 복지혼합
김진욱 | 서강대 신학대학원

322 사회자본과 자원봉사
김태룡 외 | 상지대 행정학과

323 농촌교육복지연구
박삼철 | 단국대 교양학부

324 사회정체성 평가 차원에 대한 국제비교조사
이명진 | 고려대 사회학과

325 캐나다 복지국가 연구
조영훈 | 동의대 사회복지학과

326 한국의 소수자운동과 인권정책
전영평 외 | 서울대 행정대학원

327 한국과 미국의 보육서비스 전달체계와 품질 비교분석
김근세 외 | 성균관대 국정관리대학원

328 한국사회의 소득불평등과 국민 의료이용
이용재 | 호서대 사회복지학과

329 정보시대의 인간안보
조화순 | 연세대 정치외교학과

330 가족의 사회경제적 특성과 아동발달
김광혁 | 전주대 사회복지학과

331 초 · 중 · 고등학생의 학업소진 진행과정 및 경로분석
이상민 | 고려대 교육학과

332 다문화사회의 사법통역
이지은 | 이화여대 통역번역대학원

333 동아시아 지역주의
유현석 | 경희대 정치외교학과

334 환경친화적 공공시설관리와 지역공동체의 삶의 질
이소영 | 중앙대 실내디자인 · 주거환경학과

335 의료보험의 법정책
김나경 | 성신여대 법과대학

336 양극화 시대 가족해체와 청소년의 적응에 관한 한국과 미국의 비교 연구
오승환 외 | 울산대 사회복지학과

337 기업의 사회적 책임과 지역경제사회 발전 연구
허영도 외 | 울산대 경영학부

338 노인의 삶의 질 향상을 위한 온라인 소셜 네트워크 구축 방안
김진우 | 연세대 경영학과

339 청소년 생활역량
윤명희 외 | 동의대 평생교육학과

340 외국인 배우자의 다양성과 국제결혼의 안정성
김두섭 | 한양대 사회학과

341 정보인권의 규범구체화
이민영 | 가톨릭대 법학과

342 한국 사회복지실천의 고유성
최성재 외 | 서울대 사회복지학과

343 스웨덴의 환경책임 실천모형
최희경 | 경북대 행정학부

344 자율운동과 주거공동체
윤수종 | 전남대 사회학과

345 한국인의 공공봉사동기
김상묵 | 서울과학기술대 행정학과

346 한국 이혼가정 아동의 성장
김혜숙 | 경인교육대 교육학과

347 동양 사상과 노인 복지
홍승표 외 | 계명대 사회학과

348 노동과 사회보장의 연계
오문완 | 울산대 법학과

349 학습장애 위험군 아동의 조기선별을 위한 읽기검사 표준화 연구
김애화 외 | 단국대 특수교육학과

350 신 · 재생에너지에 기초한 녹색성장과 사회통합
김인호 | 이화여대 법학전문대학원

351 문화교류역량과 다문화 경영이 기업 경영성과에 미치는 영향
임병학 외 | 부산외대 경영학부

352 빈곤영유아의 발달과 적응
정익중 외 | 이화여대 사회복지학과

353 민사법질서와 인권
양천수 | 영남대 법학전문대학원

354 성년후견제도와 사회복지제도의 연계
신권철 | 서울시립대 법학전문대학원

355 한국 다문화사회의 이방인
김순양 | 영남대 행정학과

356 현대 시민사회와 소비자계약법
이병준 | 한국외대 법학전문대학원

357 개인의 사회적 정보보호를 위한 공공 정보서비스 개선 연구
장항배 | 상명대 경영학과

358 여성교육투자에 대한 교육경제학적 탐색
백일우 외 | 연세대 교육학부

359 사회적 기업과 지속가능한 지역발전
임업 외 | 연세대 도시공학과

360 다문화가정 구성원에 대한 투트랙 한국어 교육방안 연구
박시균 | 군산대 국어국문학과

361 아시아의 빈곤과 한국기업의 역할
한인수 | 충남대 경영학부

362 유치원 · 초등학교 연계 환경교육
박희숙 | 공주대 유아교육학과

363 비정규 고용과 사회정책
구인회 외 | 서울대 사회복지학과

364 사생활의 자유에 관한 비교법적 연구
이창현 | 서강대 법학전문대학원

365 다중융합 환경 기반의 미디어스킨을 활용한 문화콘텐츠 디자인 적용방안에 관한 연구
오문석 외 | 광운대 미디어영상학부

366 북한이탈주민 여성의 성인식 관련 기초조사
한인영 외 | 이화여대 사회복지학과

367 노인주택 파노라마
유선종 | 건국대 부동산학과

368 시설보호 청년의 적응
정선욱 | 덕성여대 사회복지학과

369 다수 집단과 소수 집단의 심리
김혜숙 | 아주대 심리학과

370 바이오 휴머니티
권택영 | 경희대 영어학부

371 프랑스 다문화교육의 이해
이경수 | 상명대 불어교육과

372 한 · 중 서비스산업의 비교분석과 교역 확대 방안
김상호 | 리츠메이칸 아시아태평양대 국제경영학부

373 현대의학에 있어서 생명의 시간과 인간의 존엄
김학태 | 한국외대 법학전문대학원

374 0~3세 영유아의 영상물 과몰입 실태조사 및 정신건강증진 프로그램 개발과 적용
이경숙 | 한신대 재활학과

375 복지국가의 조세와 정치
양재진 외 | 연세대 행정학과

376 청소년기 자살행위 실태와 관련 요인
박선희 | 경희대 간호과학대학

377 기술혁신에 따른 지역 간 정보격차
최정혜 외 | 연세대 경영대학

378 한국 사회의 이중구조와 생애주기적 불평등
안상훈 편 | 서울대 사회복지학과

379 소비자의 친환경행동에 영향을 미치는 사회적 · 경제적 가치에 대한 고찰
송재기 | 텍사스테크대 경영학과

380 어머니 양육행동 관련 변인들과 유아 사회정서행동 간의 구조모형 분석
심숙영 | 숙명여대 원격대학원

381 조선족 여성, 동남아시아 여성 그리고 새터민의 적응 유형 분석 및 삶의 질 향상 방안 모색
정태연 | 중앙대 심리학과

382 세계의 연금, 한국의 연금
허만형 | 중앙대 공공인재학부

383 노인요양원과 문화 변화
최재성 | 연세대 사회복지학과

384 시민사회와 국제개발협력
손혁상 | 경희대 공공대학원

385 복지국가의 변화와 빈곤정책
김윤태 | 고려대 사회학과

386 다문화가정의 미디어 이용과 사회적 자본의 관계
진창현 | 경기대 경영학과

387 사회진출 대졸 초년생의 탄력성 변화 양상
이상민 | 고려대 교육학과

388 사회자본과 경제발전 그리고 정부의 질
도수관 | 대구가톨릭대 행정학과

389 망명과 귀환이주
서장원 | 고려대 독일문화학과

390 근거기반실천과 사회복지
김유진 | 경북대 사회복지학부

391 인터넷상 정보 유통에 대한 새로운 저작권 규율 방향 모색
박준석 | 서울대 법학전문대학원

392 한국 사회의 인종차별적 담화구조
이창수 | 한국외대 통역번역대학원

393 사회복지사의 사회복지 가치 지향
김용석 | 가톨릭대 사회복지학과

394 개인정보의 국제적 유통에 따른 법적 문제와 대책
박훤일 | 경희대 법학전문대학원

395 정신장애인의 인권
서미경 | 경상대 사회복지학과

396 취약계층 비만청소년들의 체중관리를 위한 건강증진 프로그램의 효과
김영호 | 서울과학기술대 스포츠과학과

397 한국 전통의 돈의 문학사, 나눔의 문화사
서신혜 | 한양대 창의 · 융합교육원

398 와이파이 공간과 모바일 정보 격차
이건학 | 서울대 사회과학대학

399 도시정비사업의 법적 쟁점과 해설
성중탁 | 경북대 법학전문대학원

400 사회서비스 제공기관의 조직요인과 성과
신창환 | 경북대 사회복지학부

401 도시 사운드스케이프 디자인
전진용 외 | 한양대 건축공학부

402 지방의회 의원윤리연구
김택 | 중원대 경찰행정학과

403 발달장애인 자립생활 증진을 위한 역량탐색 및 주거로서의 해결과제
김라경 | 광주교육대 교육학과

404 외국인고용제도개선과 인권
김상호 외 | 경상대 법과대학

405 사회복지연구에서 질적방법과 분석
김인숙 | 가톨릭대 사회복지학과

406 현대미술에서의 예술적 성장과 창의적 인재양성
백경미 | 울산과학기술원 기초과정부

407 현대인의 삶과 문화예술교육
곽삼근 | 이화여대 교육학과

408 문화적 배경과 체화된 인지
민동원 | 단국대 경영학부

409 아동 섭식행동평가 척도 표준화 및 섭식문제 현황 조사
정경미 | 연세대 심리학과

410 잊혀질 권리: 이상과 실현
문재완 | 한국외대 법학전문대학원

411 인권의 지역화: 일상생활의 인권 증진을 위하여
김중섭 | 경상대 사회학과

412 다문화 시대 이주민의 한국어 의사소통
민병곤 외 | 서울대 국어교육과

413 다문화 시대의 문화교육 커리큘럼
윤여탁 외 | 서울대 국어교육과

414 다문화 시대의 통일교육
박성춘 외 | 서울대 윤리교육과

415 다문화 시대 사회 통합을 위한 시민 교육
이진석 외 | 부산대 일반사회교육과

416 다문화 관련 법률 및 제도
박성혁 외 | 서울대 사회교육과

417 생태복원의 인문학적 상상력
김성도 외 | 고려대 언어학과

418 다국내 출생 다문화가정 청소년의 아픔과 분투: 사회적 차별로부터의 회복과 성장
서영석 | 연세대 교육학과

419 종교심리학의 이해: 죽음인식의 논의를 중심으로
김재영 | 서강대 종교학과

420 글로벌 시대의 사회통합: 세계적 추세와 한국의 위상
장용석 외 | 연세대 행정학과

421 소규모 사회적기업과 소셜미디어 마케팅
박철 | 고려대 글로벌비즈니스대학

422 동아시아 가면극의 역사와 전승양상
전경욱 | 고려대 국어교육과

423 무엇이 우리를 행복하게 하는가?
구교준 외 | 고려대 행정학과

424 디지털 중독의 이해와 대응 방안
오원석 외 | KAIST 경영대학

425 지속가능발전목표(SDG) 시대 한국의 복지와 행복지표 측정
한준 외 | 연세대 사회학과

426 지방정부 간 사회복지 불균형과 시민 행복
장용석 외 | 연세대 행정학과

427 일 · 여가의 변화와 행복 복지
유홍준 외 | 성균관대 사회학과

428 가족시간과 삶의 질
이윤석 외 | 서울시립대 도시사회학과

429 사회복지사의 유데모니아: 사회복지의 가치와 보람, 그리고 행복
송인한 외 | 연세대 사회복지대학원

430 행복을 위한 움직임
안문경 | 국민대 교양대학

431 읽기 장애 조기 선별검사의 측정학적 적합성 연구
여승수 | 부산교육대 유아교육학과

432 문화적 다양성과 창의성: 심리학적 관점
장재윤 | 서강대 심리학과

433 내일의 종언(終焉)? 가족자유주의와 사회 재생산 위기
장경섭 | 서울대 사회학과

434 산림공유자원관리로서 금송계 연구
배수호 외 | 성균관대 행정학과

435 한국 경제발전의 문화적 기원: 추격성장, 발전국가 그리고 문화적 혼종성
김명수 | 한양대 정보사회학과

436 4차 산업혁명의 일자리 진화
이민화 | KAIST 미래전략대학원

437 금융 분야에 있어서 4차 산업혁명 시대와 일자리 대책
고동원 | 성균관대 법학전문대학원

438 노동의 디지털화와 산업노동의 미래: 독일 산업 4.0을 중심으로
임운택 | 계명대 사회학과

439 4차 산업혁명과 고등교육 개혁
김민희 외 | 대구대 교직부

440 4차 산업혁명과 일자리 정책의 미래
권혁 외 | 부산대 법학전문대학원

441 복지공급론: 보건복지의 수단과 체계
강창현 | 단국대 공공관리학과

442 생각 중심 교육
박주용 | 서울대 심리학과

443 청소년 독자의 정체성과 문식 활동
이순영 | 고려대 국어교육과

444 인간의 심리를 조작하는 사회공학기술
김석수 | 한남대 멀티미디어학부

445 한국사회 이타적 행동에 대한 이해
강철희 외 | 연세대 사회복지대학원

446 이주민의 사회적 배제: 세대 간 전이와 민족 계급화를 중심으로
최혜지 | 서울여대 사회복지학과

447 사회복지, 업의 변화와 마케팅
이원준 | 청주대 경영학과

448 충남 민속의 이해
이필영 | 한남대 역사교육과

449 한국 청소년들의 공동체지향목표
신종호 외 | 서울대 교육학과

450 저출산 · 고령화와 한국의 연금개혁: 세대 간 공정과 지속가능성
석재은 외 | 한림대 사회복지학과

451 지방 인구구조의 변화와 지역 사회복지 전달체계
기정훈 | 명지대 행정학과

452 고령 친화적 도시재생뉴딜: 일본의 고령 친화 주거지재생 정책 사례 연구
김현주 | 서울연구원 초빙 부연구위원

453 저출산의 심리적 요인: 저출산 원인의 심리학적 요인 분석을 중심으로
진경선 | 성신여대 심리학과

454 남자가 출산휴가를 간다면?: 아빠노동자 형성을 위한 남성 육아휴직 사례 연구
최새은 외 | 한국교원대 가정교육학과

455 한국 다문화 사회의 교육과 복지 실천
김영순 외 | 인하대 사회교육과

456 뉴미디어와 이주민: 소셜미디어시대 서울 지역 중국동포들의 미디어 이용과 적응
김용찬 | 연세대 언론홍보영상학부

457 제1기 헌법재판소: 헌법재판의 황무지에 단단한 초석을 놓다
임지봉 | 서강대 법학전문대학원

458 저소득층 초등학생을 위한 식생활교육 프로그램 개발: 심리 · 사회적, 영양학적 요인을 중심으로
김경원 외 | 서울여대 자연과학대학 식품영양학전공

459 지역공동체 참여의 이론과 현실: 지속가능하고 포용적인 공동체를 위한 대안의 모색
한상일 | 연세대 글로벌행정학과

460 한국가정과 다문화가정 내 배우자 폭력의 유형 및 특성 비교 연구
그레이스 정 | 서울대 아동가족학과

461 한국 유교 圖像의 역사
유권종 | 중앙대 철학과

462 기업과 노동의 사회 책임: CSR에서 ISO26000을 넘어 기업 인권으로
이승협 | 대구대 사회학과

463 청소년을 위한 긍정적 정신건강의 평가와 개입
고영건 | 고려대 학생상담센터

464 이주 시대의 젠더: '다문화' 한국사회와 필리핀 출신 여성들
김민정 | 강원대 문화인류학과

465 상식의 긴 팔: 과학하는 인간의 베이즈주의
여영서 | 동덕여대 교양대학

466 사회복지실천기록: 사회복지사의 기록실무를 위한 지침
백은령 외 | 총신대 사회복지학과

467 대한민국에서 난민으로 살아가기: 의미 탐색과 정책 과제
박순용 외 | 연세대 교육학부

아산재단연구보고서

001 한국인의 도덕성 연구
배해수 | 고려대 국문학과

002 산업화와 청소년 진로
이원호 | 울산대 교육학과

003 공동체의식과 시민운동
김영섭 | 한양대 행정학과

004 한국청년의 삶의 의미 충족도와 만족적 태도
안정수 | 경희대 철학과

005 중국조선족의 사회발전과 한 · 중관계의 위상
손장권 | 고려대 사회학과

006 해송림 "솔껍질깍지벌레"의 천적 및 주요 종의 생태
김규진 | 전남대 농생물학과

007 사회정의와 실천윤리
박종대 | 서강대 철학과

008 동구개혁의 영향
김달중 | 연세대 정치외교학과

009 한국청소년의 의식세계
김문조 | 고려대 사회학과

010 고강도 철근 콘크리트 구조의 실용화
정헌수 | 중앙대 건축학과

011 신기술의 연관형태 및 출현예측의 구조모형
권철신 | 성균관대 산업공학과

012 민간기업의 연구개발을 위한 조세정책
권영훈 | 한양대 경제학부

013 기술개발 활성화방안
송승구 | 울산대 화학공학부

014 부패의 현상과 진단
이문조 | 영남대 정치외교학부

015 연구투자의 지역적 편중화와 부산지역의 기초과학연구 활성화방안
윤웅찬 | 부산대 화학과

016 GATT의 신구 덤핑방지협정과 그 대응 방안
전창원 | 동국대 무역학과

017 한국사회의 도덕성 제고를 위한 진단과 처방
황경식 | 서울대 철학과

018 새로운 노사관계 방향
이진규 외 | 고려대 경영학과

019 21세기 동북아 정세예측과 한국의 전략적 대응방안
최평길 외 | 연세대 행정학과

020 소련의 한국에 대한 정책목표분석
신승권 | 한양대 정치외교학과

021 메모리 커패시터용 $Pb(Zr_xTi_{1-x})O_3$ 강유전체 박막의 제작과 특성
장지근 외 | 단국대 전자공학과

022 러시아 국제법학의 전통
김용구 | 서울대 외교학과

023 유럽연합의 현황과 전망
김동현 외 | 성균관대 행정학과

024 중국의 정치동원
송영우 외 | 건국대 정치외교학과

025 산업적 활용을 위한 이동로보트 시스템의 개발
박민용 외 | 연세대 전자공학과

026 중국조선족의 정치사회화과정과 동화적 국민통합의 방향
전인영 외 | 이화여대 사회생활학과

027 공적부조의 이론과 실제
최일섭 외 | 서울대 사회복지학과

028 대외통상환경의 변화와 법제개편
서헌제 | 중앙대 법학과

029 기업금융의 국제화
최생림 | 한양대 경영학부

030 자동차부품공업의 노사관계
김호진 외 | 고려대 행정학과

031 산업화 과정에서의 한국가족의 실태와 전망
정창수 외 | 성균관대 사회학과

032 공무원 가치관 실태와 정립방안
배병룡 외 | 경상대 행정학과

033 해외귀국청소년의 국내적응연구
이장영 | 국민대 사회학과

034 초고속정보통신망에서 LAN서비스 제공방안
이재용 | 연세대 전자공학과

035 WTO체제의 정책적 대응
김병진 외 | 경희대 행정학과

036 유럽의 통합정치
최수경 외 | 충남대 정치외교학과

037 유기질폐기물을 이용한 고단백사료원인 조류의 생산공정
최정우 외 | 서강대 화학공학과

038 초고속정보통신망의 수용성과 정책방향
박영상 외 | 한양대 신문방송학과

039 중국의 강남사회와 한중교섭
조영록 외 | 동국대 사학과

040 세계화시대의 사회 · 문화의식
신행철 외 | 제주대 사회학과

041 국내 외국인 노동자의 문제와 대책
성규탁 외 | 연세대 사회복지학과

042 노인인력 활용정책과 프로그램
김정후 외 | 강원대 법과대학

043 한일간 학술교류 현황과 활성화방안
정홍익 외 | 서울대 행정대학원

044 계량모형에 의한 한일 경제관계의 이해
김명직 외 | 한양대 경제학부

045 직장인의 음주행태와 삶의 질
진기남 외 | 연세대 보건행정학과

046 유통정보 시스템의 구조와 설계
정용길 | 충남대 경영학과

047 남북통일 이후 사회통합을 위한 교육의 역할
안기성 외 | 고려대 교육학과

048 대중음악에 심취한 청소년들의 심리적 특성
김인경 외 | 연세대 인간행동연구소

049 멀티미디어 시스템을 활용한 교육환경의 개선방안
김한일 | 제주대 컴퓨터교육학과

050 탈냉전기 한일관계의 쟁점
최상룡 | 고려대 정치외교학과

051 자치시대 새로운 '삶의 질' 지표의 모색
김형기 외 | 경북대 경제통상학부

052 유럽통합의 역내외 협력과 갈등
이호재 외 | 고려대 정치외교학과

053 21세기를 대비한 신노사관계
김재원 | 한양대 경제학부

054 대학의 시간제학생 등록제
안규철 외 | 전남대 교육학과

055 21세기에 대비한 방송통신정책
한진만 외 | 강원대 신문방송학과

056 주민참여를 통한 혐오시설 관리운영방안
박균성 외 | 경희대 법학부

057 여성의 정치적 권리인식과 정치참여
전경옥 외 | 숙명여대 정치외교학과

058 한국인 위장질환과 식생활 · 환경요인 및 *H. pylori* 감염과의 관계
이양자 외 | 연세대 식품영양학과

059 학생과 시민의 자원봉사활동
윤정일 외 | 서울대 교육학과

060 동북아 환경문제와 지역환경협력의 모색
신연재 외 | 울산대 정치외교학과

061 노인 자원봉사활동을 통한 사회통합 프로그램 개발
김동배 | 연세대 사회복지학과

062 물류정보 시스템
김태현 | 연세대 경영학과

063 전자식 문서교환을 이용한 항공화물 운송체계
민재형 | 서강대 경영학과

064 청소년과 성
이근후 | 이화여대 의과대학

065 민족통합과 무궁화호 위성의 남북한 공동활용방안
방정배 | 성균관대 신문방송학과

066 채식주의가 20대 여성의 영양상태와 에스트로겐 대사에 미치는 영향
성미경 | 숙명여대 식품영양학과

067 가상정보공간을 통한 지역개발 활성화 전략
유재천 외 | 한림대 언론정보학부

068 조산아 관리현황 및 정책수립 방안
박상기 외 | 조선대 의과대학

069 남북한관의 의식조사와 통일교육 개선 방안
김동규 외 | 고려대 북한학과

070 동양 전통 자연사상 탐구
장동순 | 충남대 환경공학과

071 초고속정보망의 시뮬레이터 구현
한기준 | 경북대 컴퓨터공학과

072 유통원가 시스템의 유효성
정다미 | 명지대 경영학과

073 국악과 문화관광의 만남
정익준 외 | 동아대 국제관광통상학부

074 기업의 지식경영 활용사례
김창은 | 명지대 산업공학과

075 선진국과 한국의 직업교육 · 훈련제도의 특성과 한계
정주연 | 고려대 경제학과

076 제주지역 성인 여성의 자원봉사활동
이상철 외 | 제주대 사회학과

077 M&A와 문화충돌 관리
박원우 | 서울대 경영학과

078 폐금속광산 인근 주민들의 중금속 오염실태
정종학 외 | 영남대 의학과

079 북한 농촌 · 농업실태와 인력자원개발 시스템을 통한 북한 농민의 구호방안
박성열 | 건국대 교육공학과

080 중소 소매점의 경쟁력과 소매성과
채명수 외 | 한국외대 무역학과

081 고령자를 위한 쾌적한 실내온도와 착의량의 설정
정운선 | 안동대 의류학과

082 지역문화 이벤트 PR
박종민 | 경희대 언론정보학부

083 인터넷 지역정보화의 실태와 전략
유평준 외 | 연세대 행정학과

084 여성 삶의 질 향상을 위한 사회교육 활성화 방안
김양희 | 중앙대 가족복지학과

085 벤처기업과 벤처금융
강대석 외 | 충남대 무역학과

086 구조조정기에 있어서 실업대책과 사회 안전망 구축
박천익 | 대구대 경제학과

087 한국 유아의 조기교육
이명조 외 | 한국외대 교육대학원

088 남북한 경제공동체 형성전략
이상만 | 중앙대 경제학과

089 지방자치회계의 투명성과 주민의 알 권리
권찬태 외 | 경북대 경영학부

090 정치지도자의 정책리더십
이해영 | 경일대 행정학과

091 경제위기와 한국인의 복지의식
신광영 외 | 중앙대 사회학과

092 북한의 노동
김강식 | 한국항공대 경영학과

093 우리나라 중소기업의 정보기술 활용 현황과 경쟁력 강화를 위한 제안
정승호 | 부산외대 정보시스템학과

094 인간배아복제의 법적 · 윤리적 문제점과 그 해결방안
최병규 | 한경대 법학부

095 가치변화에 따른 투표행태
조찬래 외 | 충남대 정치외교학과

096 인터넷 경매에서의 계약체결과 소비자 보호
이기수 외 | 고려대 법과대학

097 세계화시대 남북한 통합의 방향과 과제
윤민재 | 서울대 사회발전연구소

098 글로벌 시대 지방정부의 문화마케팅 전략
박흥식 | 중앙대 행정학과

099 대졸여성실업의 실태분석 및 대학-노동시장 간 효율적 연계방안
이은우 외 | 울산대 사회과학부

100 그린 투어리즘의 분석
이응진 | 대구대 관광학부

101 지방자치단체장의 부정부패
오일환 | 한양대 아태지역연구센터

102 산업화가 유교체제하 중국여성의 지위에 미친 영향
천성림 | 배재대 사회과학연구소

103 움직이는 말하기
유혜숙 외 | 나사렛대 교양학부

104 장애학생을 위한 특수교육공학의 활용
김용욱 | 대구대 중등특수교육과

105 지식기반사회의 평생교육 이해와 평생교육 프로그램 개발
박성열 | 건국대 교육공학과

106 N세대의 미술교육
김동철 | 대구교육대 미술교육학과

107 노후계획과 투자
권택호 | 여수대 국제통상학과

108 영화산업
양영철 | 경성대 연극영화학부

109 동유럽의 변혁과 언론의 역할
정대수 | 경남대 정치언론학부

110 환율, 임금, 물가가 국제경쟁력 및 수출입산업에 미치는 영향
하인봉 | 경북대 경제통상학부

111 일본기업의 기술혁신 전략
위정현 | 중앙대 상경학부

112 노후보장정책과 역저당연금제도
조덕호 외 | 대구대 행정학과

113 유비쿼터스 라이프와 미래 사회
김석수 | 한남대 멀티미디어공학과

114 죽음과 관련된 생명윤리적 문제들
구인회 | 가톨릭의과대 인문사회과학교실

115 경제적 세계화와 빈곤문제, 그리고 국가
김준현 | 한일장신대 인문사회과학부

116 한국의 세계불교유산
김종명 | 한국학중앙연구원 한국학대학원

117 복지레저서비스론
고태규 | 한림대 국제학부

118 자생적 철학체계로서 인간중심철학
선우현 | 청주교대 윤리교육과

119 전략적 통합과 한반도 평화체제
김승채 | 고려대 정책대학원

120 환경사법론
전경운 | 경희대 법학부

121 인터넷 자료를 통해 본 한국의 이혼문화와 사회복지
성정현 외 | 협성대 사회복지학과

122 유럽연합의 사회정책에 관한 연구
문진영 | 서강대 신학대학원 사회복지학과

123 여성건강의 통합적 관점
김혜원 | 관동대 간호학과

124 복잡계 네트워크 과학
강병남 | 서울대 물리천문학부

125 경제적인 3세대 전원주택 개발
박근준 | 호서대 건축공학과

126 사회복지와 인적자원개발
이상일 | 인제대 국제경상학부